U0586358

潜智慧

英雄的十则潜智慧

王浩一 著

北京时代华文书局

图书在版编目（CIP）数据

英雄的十则潜智慧 / 王浩一著. -- 北京 : 北京时代华文书局, 2017.10
（历史笔记）
ISBN 978-7-5699-1880-9

Ⅰ. ①英… Ⅱ. ①王… Ⅲ. ①历史人物－人物研究－中国－古代 Ⅳ. ①K820.2

中国版本图书馆 CIP 数据核字（2017）第 262888 号
北京市版权局著作权合同登记号　图字：01-2017-6539

英雄的十则潜智慧

YINGXIONG DE SHIZE QIANZHIHUI

著　　者 | 王浩一

出 版 人 | 王训海
选题策划 | 梁明德　邵鹏军
责任编辑 | 周连杰
装帧设计 | 格林文化
责任印制 | 刘　银　訾　敬

出版发行 | 北京时代华文书局　http://www.bjsdsj.com.cn
北京市东城区安定门外大街 136 号皇城国际大厦 A 座 8 楼
邮编：100011　电话：010-64267955　64267677
印　　刷 | 山东泰安新华印务有限责任公司　0538-6119320
（如发现印装质量问题，请与印刷厂联系调换）
开　　本 | 150mm×230mm　1/16　　印　　张 | 20.75　　字　　数 | 214 千字
版　　次 | 2018 年 1 月第 1 版　　印　　次 | 2018 年 1 月第 1 次印刷
书　　号 | ISBN 978-7-5699-1880-9
定　　价 | 48.00 元

YING
XIONG

英雄的十则潜智慧

目　录

自序

给你一个想法和解释

在我们的身边，有许多人可能吃得饱但睡不好，可能睡得好但活得累，肩上有社稷的人究竟是少数，大多人困在人与人之间，有家人龃龉的，有爱情困顿的，有人事浮沉的，有朋友圆缺的，有社会动荡的……在灰色与蓝色的日子里，许多人卡住了。

当经济不景气时，社会学家说口红会卖得好；当气候异常时，大气科学家说再上升几度，海洋会淹没我们的家；当身边出现许多说京片子的人们时，政客说我们快丧失自己的岛屿母亲；当大嫂团在银幕上指责她们的先生不浪漫时，小三正在精品店挽着她们的先生；当大学教授忧心教育时，学生正为了 Lady Gaga 通宵排队。大家都很累，日子的期望值大家都在设定，但是，大家都惶恐，眼神都很干涩，也虚空。大家真的很累，大时代动得很快，但是，我们的步伐却是如此缓慢。大家真的很累很累了，社会新闻却是不断地撞击我们内心最后的宁静。

不快乐的时候，心理学家告诉我们有很多选项远离它；寂寞的时候，哲学家告诉我们孤独是创作的起点；伤心的时候，音乐家说莫扎特的旋律有疗愈功能；迷失的时候，神学家说祷告与忏悔可以修补我们的性灵；无法作决定的时候，算命师会摇动着灵签指出迷津。但是，有没有一支“智能手机”，它有 GPS 功能，当我们 key 上任何有关“人生”的关键词时，它就可以帮忙画出生命的路径，帮忙理出情绪与态度，甚至告诉我们人生“潜智慧”里的那些游戏规则。

什么是“潜智慧”？

孔子说他三十而立，四十而不惑，五十而知天命，六十而耳顺，七十而从心所欲，不逾矩。许多人羡慕孔子的成长进阶，也努力追寻属于自己的养成，然后，在不同年纪里，印证与孔子相同的“生命节奏”。但是，大多数的人，却是三十还立不了，四十依旧有惑，五十仍然搞不清楚自己的天命是什么。中间的差异是，孔子他在古老的“智慧地图”中寻找到了自己生命的坐标，而许多失去信心、对现状不满、迷惑的人们依然随波逐流，载浮载沉着。

什么又是“智慧地图”？

孔子在将近五十岁时说过：“加我数年，五十以学易，可以无大过矣。”他深感《易经》是一部揭示天地万物演变规律的高深天书，说出“五十而知天命”，即是阅读后的感慨。此后，孔子孜孜不倦，专注修习研究《易经》。《今帛传 · 要》载：“夫子老而好《易》，居则在席，行则在橐。”如此深度学习《易经》的故事，司马迁在《史记. 孔子世家》中有详细的记载：“孔子晚而喜《易》，序《彖》、《系》、《象》、《说卦》、《文言》。孔子读《易》，韦编三绝。”说的是：当时的书，用漆写在竹简上，以皮带串订，称作“韦编”，孔子反复阅读《易经》，串订的皮带断了三次。

《易经》，是三千多年来人类的“智慧地图”，我如此定义这本书，那是因为《易经》是过去所有的智者他们判断是非、建构思想理论的依据。《易经》是群经之首，但又被古人视为“难经”——是我们文化典籍里最难懂的著作。虽然是过去所有黄金头脑的人都要阅读，甚至钻研的一本“天书”，可是，它的知识门槛确实是窒碍。所以，如何让人“易而难，难而易”进而领悟，再到成为借以发挥个人思想的工具，这个过程一直困扰着《易经》门里和门外的人。

我尝试以“历史人物”当是《易经》的敲门砖，对照着古人的生命经验，看懂每一状态下的抉择与成败，这些人们都跟我们一样有喜怒哀乐，也有相同的脆弱或是坚强的心理指数。如此，以不同的古人生命起伏与过程，印证不同的卦理，我想，应该可以让《易经》更容易亲近与理解，进而比对我们的行为，调整我们偏失掉的思考模式。

人的思维方式大致有二：一类是逻辑智辨，一类是体悟融通，各有利弊。智辨者多以逻辑思维切入事物的深层次，再精准掌握其中的道理，但如果表象朦胧未清之际却难以确定立足点，在大势未明时，就容易陷入迷惑，简单地说，当数据不足时即无法扒梳出逻辑道理。而融通者却能在朦胧的感性中多有体悟，集中感受，得到理解，可是往往却无法深入解析、论述。

我说《易经》是“古老的智慧地图”，说的就是《易经》的思考模式异于上述二者，《易经》可以举偏概全，载道广应，卦词爻句都如走盘之珠，晶莹剔透却又温润，拨弄之间，明白万事万物的运动变化，明白有时会由量变累积而导致质变的规律。所以，仔细端看古人的风起云涌，或是云淡风轻，总有许多智能亮点与人性温度蕴藏其中，透着几个有趣的想法或是一些抽象的阴阳观念，直到人生、历史或哲学，都是一场不断变换诠释的过程。这样的说法，可能仍没说出“云深不知处”的《易经》的入口与去处。

换另一种现代人的说法：人生有六十四个怎么办，就是《易经》里六十四卦的规律。现实生活里，个人主义方兴未艾，享乐主义洋洋得意，拜金主义甚嚣尘上，生活中充满了苦闷、冷酷、彷徨、纠葛、失落的阴影，而许多的“人生的怎么办”，都不一样，如何取得哲人的指点迷津，对症下药，现代人显得比古人更迫切与需要。

当你找不到自己的位置怎么办？

当你疏懒的时候怎么办？

当你孤独的时候怎么办？

努力了还不成功怎么办？

当别人不理解你怎么办？

当你气疯了，想揍人的时候怎么办？

当你要向别人推荐自己的时候怎么办？

当你特别得意的时候怎么办？

当你想虚伪的时候怎么办？

当你面临大的过渡怎么办？

当你当断不断的时候怎么办？

当你在升进顺境的时候怎么办？

当你要停止的时候怎么办？

当你如日中天的时候怎么办？……

再换古人不同的说法：孔子讲“君子不器”，器是可用的物，任何东西都必须经过雕琢、约束才能成器，而成器之后，它就被固定为特定的用途和司职，好像盛水的勺子就不能砍柴，点灯的烛心就不能当餐具。一个观点也像一个“器”，可以用来切中某个状态、某个议题、某个感受，甚至某个时空，所以任何一个器，无法也无须道尽其义。许多事不见得能一针见血，鞭辟入里，但是，有时一个想法，却能轻易开启灵动的领域。

我在高中时期开始接触《易经》，起初是好奇，但读到《乾》卦，看到里面有潜龙勿用、见龙在田、或跃在渊、飞龙在天、亢龙有悔不同阶段的样貌，我看到一道弧线，先缓缓上升，再陡峭爬高，接着逐渐趋平，到了最高点，然后不可避免地下滑，在那个年轻的岁月，我很清楚，我已经看到万物万事都是同样的抛物线，上升和下坠，只是，那个最高点你自己要如何设定？而当它开始下坠之时，要做的只是如何延迟下落速度，如何让落点漂亮。我是从苍龙看懂《易经》的，从《乾》卦进入神奇的智慧地图。

我觉得万物在萌发阶段也可以比拟是“龙”，东方，春天，属《震》的方位，是阳气初生阶段，所以东方称之青龙。八卦的“震”指的是长子，震又通“娠”，怀孕的意思，震是青龙——正在萌生的龙。人类胎儿初期的胚胎，窝卷的样子，就像玉玦的造型——古老的玉饰——有螭龙的首和尖而卷曲的尾端，首尾环成一个圆弧，但是有一缺口，古人每用玉玦表示决断或决绝之意。

龙有萌，也有藏、有现、有行、有跃、有飞，当然也有悔，我理会万物万事都是龙态。这是当年，年轻的我所看到古人智慧的光芒。之后，我行行走走于易理之间，灵活转换视点。

《乾》卦是六十四卦的首卦，以“能隐能现”的龙来作说明，爻词简洁，不言而喻，当时年轻的我，读着这些神奇的文字，知道如果话讲得太死，就难以灵通；道理讲得太实，不易推尽易理，一理通，万理就通，如此的理解竟让我有了窥探天机的喜悦。之后，进入职场，随着岁月更迭，认识了许多工作场域上的潜规则，体验了许多言语不能点破的游戏法则。所看到的不愉快，我不会把它归纳为黑暗面；所看到的残忍竞争，我也不会把它说是病变。这些的理解和解释，我一一的在《易经》里，找寻到古人智慧的入口。我也明白，龙可以改变形体，把自己原来的样子隐藏起来，这只是变化、藏匿的巧妙罢了！

说来惭愧，我自己非学历史出身，到了中年后，才开始精读历史和一些传记，把这种与古人神交的经验，当是动人心旌的至高享受，也是一种绝佳的精神悠游。之后，再从自己的历史笔记里，把这些古人的精彩生命亮点，在《易经》的地图里找寻他们的坐标，而我只是再一次印证这美好的智能地图。

历史，是可以自由组合的内存，你可以亲切有味地看着古人，然后从他们的生命轨迹里找到智能的路径，从而成为一个成熟的思考者，尝试“预言”未来，这就是“鉴往知来”。明白过去的途径，就容易推敲出未来的去向，如果能臆测将来，那眼前的第一步如何跨出，显得容易多了，也笃定不少。

所以，容许我在此权当一名地图导游，当看法改变了，想法可能也会改变！

什么是太极、两仪？

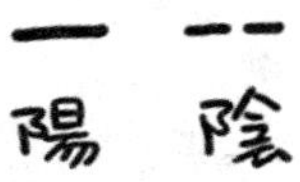

⚊ ⚋
陽 陰

“易有太极，是生两仪。两仪生四象，四象生八卦”。“太极”有两个解释：其一为卦画，就是以S形分割左右为一白一黑的饼图；其二说的是卦象形成前，混而为一的状态，即是天地未分的“浑沌”。之后，产生了“阳”直线、“阴”断线的符号，合称“两仪”，分别称之阳爻、阴爻。

什么是四象、四向？

⚌ ⚍ ⚎ ⚏
老陽 少陰 少陽 老陰

“两仪生四象”的“四象”，是指阴阳两爻相交所得到的。“四象”如同“四时”，少阴为春，老阳为夏，少阳为秋，老阴为冬，天地能长养万物，就是有春去秋来、寒来暑往的交替变化，也有生、长、收、藏的生命现象。“四象”

也有“四向”的意思，少阴为东，老阳为南，少阳为西，老阴为北。

什么是八卦、六十四卦？

☰ ☱ ☲ ☳ ☴ ☵ ☶ ☷
乾 兑 離 震 巽 坎 艮 坤
天 澤 火 雷 風 水 山 地

“四象生八卦”的“八卦”，是指少阴、老阳、少阳、老阴再与阴阳两爻相交之后所得。

八卦所代表的基本物象是乾象天、兑象泽、离象火、震象雷、巽象风、坎象水、艮象山、坤象地。古人认为这是宇宙最明显的八种物象。

尽管如此，八卦数量太少，不足以说明复杂的自然现象、社会现象，于是八卦再自相重叠，排列组合就产生六十四卦，如《蹇》卦就是由下艮上坎两卦组合而成，《升》卦就是由下巽上坤两卦组合而成。

什么是多数服从少数？

《易经》中有一个“多从寡”的基本原则，就是“贵寡”，以

蹇 升

"阴阳相生"代替"阴阳相抵"。简单地说，《易经》反对"众暴寡"的霸道哲学，而以"物以稀为贵"当作思维价值 。在八卦中，除了乾纯阳卦、坤纯阴卦之外，其他六卦是一阴二阳或一阳二阴组合。如果一阴二阳之卦，如巽、离、兑则为"阴"卦，甚至象征长女、中女、少女：如果一阳二阴之卦，如震、坎、艮则为"阳"卦，甚至象征长男、中男、少男。至于乾、坤则分别代表生育子女的父、母。

什么是内卦、外卦？

《易经》八卦排列组合，产生六十四卦时，上下两个卦形成一个组合，此时下卦称之"内卦"，上卦称之"外卦"。"卦"是《易经》特有的表达思维的工具，任何有关《周易》的诠释皆以卦名、卦画、卦象、卦义四种。至于卦名、卦画更是释卦的前提，所以，"画卦"的规矩就

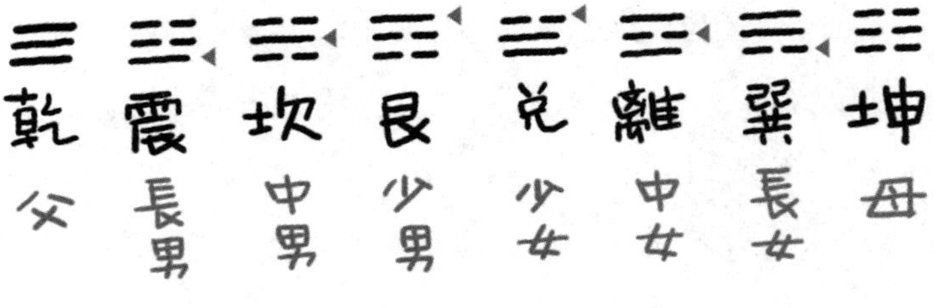

乾	震	坎	艮	兑	離	巽	坤
父	長男	中男	少男	少女	中女	長女	母

必须了解：“由下往上画！”释卦的时候也是由下往上，依序而成，讲究的就是“由内而外”。

什么是爻序号？

因为画卦“由下往上数”，依序称为初爻、二爻、三爻、四爻、五爻、上爻。凡是阳爻则称之“九”，阴爻则称之“六”。组合起来就成了初九、九二、九三、九四、九五、上九。或是成了初六、六二、六三、六四、六五、上六。

什么是中正当位？

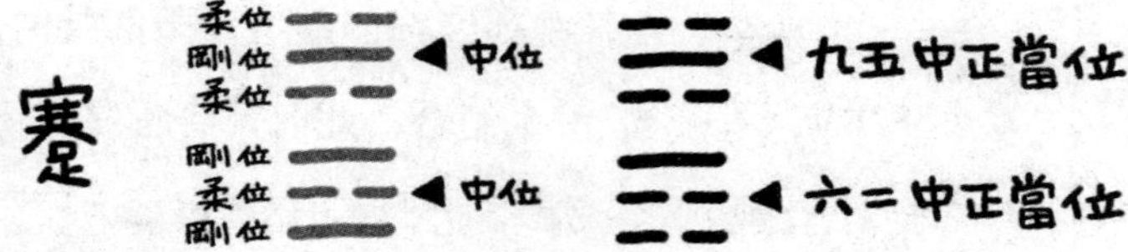

清楚了“由下往上”的爻序号，下面开始了解阴阳位置，初爻、三爻、五爻奇数位是“阳位”或是“刚位”。二爻、四爻、上爻偶数位是“阴位”或是“柔位”。如果把六个爻三分，则初、二是“地位”，三、四是“人位”，五、上是“天位”。其中五是尊位，所以我们常常听到“九五之尊”或是“位登九五”，就是这个意思。

其中二是下卦的中位，五是上卦的中位。所以任何爻占据二位、五位都可称“得中”或是“得正”。而阳爻占据刚位，或是阴爻占据柔位，即可称之“得位”“当位”。六二、九五即是“中正当位”，六二以柔居阴又是下卦的中位，九五以刚居阳又是上卦的中位。

什么是承乘比应？

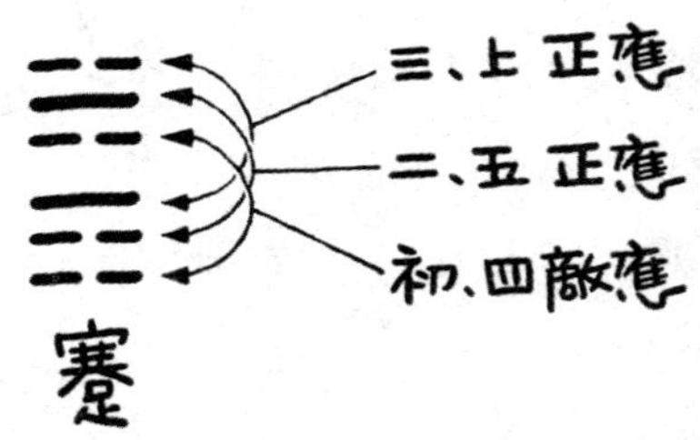

每卦共有六个爻，“由下往上”排列。凡是两个相邻的爻称之为“比”，比就是比邻、比近的意思。如果相比的两个爻，一阴一阳，就更加亲近一些。“应”是对应、应合的意思，六个爻分成下卦、上卦，下卦的第一爻与上卦第一爻（第四爻），下卦的第二爻与上卦第二爻（第五爻），下卦的第三爻与上卦第三爻（第六爻），有相对应的关系。如果是一阴一阳的相对应，有阴阳相济称“正应”，如果两爻都是阴或都是阳则称之“敌应”，或是中性“不应”。

“承”“乘”则是相邻两爻的关系，承是在下承接，乘是乘驾在上。相邻的两个爻，在上对在下的就是“乘”，在下对在上的就是

“承”。如果阳爻乘阴爻、阴爻承阳爻则称为“顺”，反之称为“逆”。

卦的“错综互杂”是什么意思？什么是综卦、覆卦？

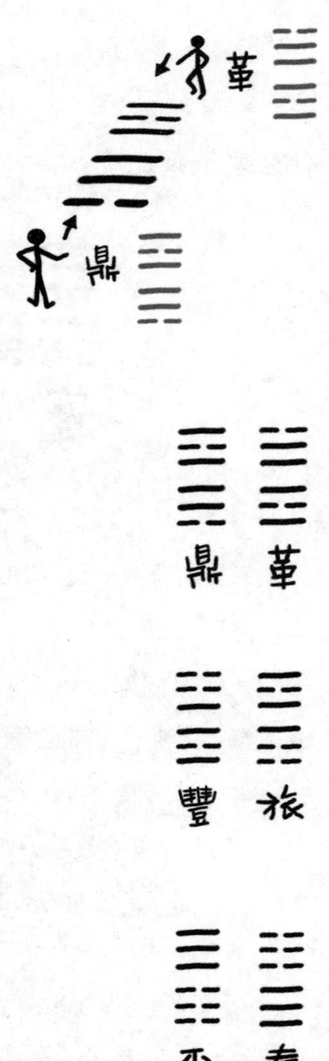

综卦就是覆卦，又称反卦，就是把卦反着看，“横看成岭侧成峰”，立场不同观点就不同。综卦的理，是告诉我们万事要客观，因为立场不同，观念就完全两样。许多事情的真相，往往前后、正反都能端详一番，更能够清楚彼此的差异，也更能加深彼此了解。在六十四卦里，许多两两相反的覆卦摆在一起，更富哲理。例如《鼎》的覆卦是《革》,《丰》的覆卦是《旅》。要鼎立新风就要先破除陈旧，所以鼎革这两个字常常一起使用;《丰》说的是事物丰盛硕大,《旅》说的是羁旅居外、萍踪浪迹，丰卦是家太大、亲故太多，旅卦相反，“失其居”而“亲寡”。

至于“否极泰来”“泰极否来”则是大家耳熟能详的用语了。

什么是错卦？

離 坎

错卦，是阴阳交错的意思。六爻皆阴变阳，阳变阴，所得的卦即为错卦，表示从另一个立场来看事情。错者交错也，鳄鱼的利牙都是交错的，所以特别有力量，立场相同，看法却不同，便是相错，相错者相辅则相成，相背时则力量抵消。例如乾和坤，天和地同时存在，但风格正好相反。离与坎，也是一样，火水虽相反，但也有互补之效。

姤 復

“见微知著”的《姤》卦的错卦则是“返初复始”的《复》卦，姤表示有相遇的机会，抓住机会，也有复的可能，偶遇的机会也将较多。“男女感应”的《咸》卦的错卦是“锦上添花”的《损》卦，损己利人则有咸，损人利己则无咸，损和咸间有交错关系。

咸 損

以《易经》的道理去看人生百态，一举一动，都有相对、正反、交错，有得意就有失意，有人赞成就有人反对，人事物理都一定是这样的，离不开这个宇宙大原则。六十四卦是独立的卦，但也是彼此相互牵动的，世间万事本来就是复杂的，有时是蝴蝶效应，有时是墨菲定律，有时牵一发动全身，有时无心插柳柳成荫。我们不喜欢说“可怜之人必有可恶之处”，但是连动式的骨牌，却又使我们对“生命逻辑”的“不是不报，是时间未到”有深刻感受。

周瑜

若饮醇醪，不觉自醉

《随》卦，上卦兑泽，下卦震雷，卦象就是大泽中响着雷声，

水泽随着迅雷的霹雳而震动，像是人际关系的“随从动态”的情况，

也说明事物当有了主从、上下、前后的“随从”相对位置之际，

便是有了对应着的“随机应变”的抉择。

周瑜十六岁时认识了同年纪的孙策，便有了“追随”的契机，

直到袁术的颓势已现，他便与鲁肃渡过长江，追随孙策的江东集团。

之后，周瑜面对曹操挖角时，他的选择与表态。

即便是婚姻，周瑜也随同孙策分别娶了小乔、大乔。

在孙策死后，周瑜在孙权与孙翊之间，

他的选边站思维都说明了《随》卦的哲理。

从苏东坡的《念奴娇》，重新认识年轻而真实的周瑜

在《三国演义》中，周瑜被罗贯中描写成为心胸狭隘，与诸葛亮明争暗斗的反面人物。年轻的时候读到“诸葛亮三气周瑜，周瑜呕血而死”的情节，总被故事里孔明连环计的高潮起伏所牵引，对于“既生瑜，何生亮”有些懵懂的认知，总觉得周瑜“死得好”。

因为罗贯中笔下的周瑜总是嫉妒诸葛亮的才智，所以后人总会编出奚落周瑜的故事，来烘托孔明的机智。下面的杜撰故事便是这般：周瑜总想找借口杀孔明，在一次宴会上，周瑜说：“孔明先生，我吟一首诗你来对，对的出有赏，对不出以杀头问罪如何？”诸葛亮从容笑道：“军中无戏言，请都督说。”

周瑜：

有水便是溪，无水也是奚，
去掉溪边水，加鸟便是鸡。
得志猫儿胜过虎，落坡凤凰不如鸡。

孔明：

有木便是棋，无木也是其，
去掉棋边木，加欠便是欺。
龙游浅水遭虾戏，虎落平阳被犬欺。

周瑜不悦，再吟，不过这次是人身攻击了：

有手便是扭，无手便是丑，
去掉扭边手，加女便是妞。
隆中有女长得丑，百里难挑一个丑。

隆中是孔明的居处，他知道这话是在嘲笑自己的夫人黄绶长得丑，应答：

有木也是桥，无木也是乔，
去掉桥边木，加女便是娇。
江东吴女大小乔，曹操铜雀锁二娇。

周瑜知道这话是在奚落自己的夫人被曹操觊觎，怒目相视，几次都想发作，剑拔弩张之时，鲁肃在一边和了句：

有木也是槽，无木也是曹，
去掉槽边木，加米便是糟，
当今之计在破曹，龙虎相斗岂不糟！

诗罢众人一齐喝彩。周瑜见有人从中和解，无奈只好收场。你瞧！是不是把周瑜抹黑了，应对诗文中显得孔明气定神闲，而周瑜则是气急败坏，两人的才智与气度高低立判。哎！被污名化的周瑜，真的给罗贯中害惨了，连后人们也要编个故事数落数落，甚至落井下石。

到了中年，重新细读苏东坡的《念奴娇. 赤壁怀古》:“遥想公瑾当年，小乔初嫁了，雄姿英发，羽扇纶巾，谈笑间、樯橹灰飞烟灭。”公瑾就是周瑜的字，孙权、刘备联军在周瑜的指挥下，曹操号称八十万的水师，因为黄盖诈降火烧连环船，燔烧曹军船只后火势延及岸上营垒。曹军人马伤亡惨重，狼狈退却。“谈笑间”获得赤壁之战的大胜利，苏轼说的是周瑜，并非孔明。

写下这阕《念奴娇·赤壁怀古》的苏轼，四十三岁，被谪居在黄州待罪中。我们可以从《东坡题跋》清楚地知道苏东坡的内心世界:“周瑜二十四经略中原，今吾四十，但多睡善饭，贤愚相远如此。”苏轼面对赤壁的汤汤江水，遥想年轻的周瑜意气风发，所以从怀古归到伤己，自叹“人间如梦”，举杯同江上清风、山间明月一醉消愁了。

我好奇想要了解，这位让苏东坡慨叹的江东美周郎，究竟是什么样的人?

周瑜他出力最多、战功最著名的“赤壁之战”，是中国历史上著名的以少胜多的战役，也直接决定了三国时代魏蜀吴三国鼎立的局面。但是，我们误解了周瑜多少?《三国演义》里把赤壁之战的关键功劳都给了诸葛孔明，而真正大功劳的周瑜，却在计谋多出的诸葛孔明的光芒下，显得那么“暧暧不明”，甚至成了孔明手中的一枚棋子。史书说“周瑜年轻便成就大功，加上本人谦虚宽容，相貌堂堂，精熟音律。”也说周瑜“长壮有姿貌”，又说他“出众人之表，实奇才也。”如此，少年英雄周瑜，他是如何英姿勃勃?

当然我也好奇周瑜死后，他的爱妻小乔后来怎么了？他有后代吗？

士族之家的才俊，从小旅行家、小音乐家到小兵法家

周瑜出生在士族家庭，就是说他们家是世代做官的贵族。汉代崇尚儒术，士人多以经术起家做官而声名显赫，因此很重视经学。他们不但授徒讲学，而且其子孙也往往继承家学，形成世代习儒的文化传统。一般来说，士族家庭出身的大都文化素养较高。在东汉那个重视世家的年代，周瑜的人生起跑点，占了先天的优势。

周瑜的曾祖父周荣，前后在东汉章帝、和帝两朝担任“尚书令”。堂祖周景、堂伯周忠也前后任职管理军政事务的“太尉”，位列三公掌握大权。东汉所谓“三公”，即是司徒（丞相）、司空（副丞相）、太尉（国防部长）三位国政首长。周瑜的父亲周异，也曾担任过洛阳县令，在当时也算是小有实力了。

汉灵帝熹平四年，一七五年，周瑜出生的那一年，大旱，蝗灾纷起，第二次的“党锢之祸”尚未落幕，李膺、杜密等百余人，被下狱处死，在各地陆续被逮捕、杀死、流徙、囚禁的士人达到六、七百名 。因为宦官当权滥政，官府腐败，盗贼四起，民不聊生。

汉灵帝刘宏凭着运气登上皇位。他的上一任是汉桓帝，三十六岁驾崩，但没有子嗣，朝廷找来一位破落皇族，十二岁的刘宏继承帝位。但继承皇位却非幸运之事，因为汉桓帝留下的是一个千疮百孔的国家，外戚准备干预朝政，宦官觊觎皇权，士人不平，饥民遍野。周瑜生逢乱世，就在这样的时局中慢慢长大。

周瑜，庐江舒县人，今天安徽的庐江县，自小熟读诗书，爱好舞枪弄棒。十二岁拜当代大儒颜衡为师，研读儒家经典。可是天下大乱，人心思变。充满机遇的乱世已经来临，年少的周瑜也察觉到了，治世要娴熟儒家，可是要在乱世当英雄，那是要靠兵家谋略了，只会用儒家那一套，很快就会被其他豪强吞掉。也就是说，周瑜明白在乱世中唯有兵学可以救国救民，儒学只能彰显于盛世，教化万民。于是，他决定同时自习兵法。关于这样的转变，他的父亲不在意，听之任之，对于儿子的教育，这位父亲可以用“疏懒”来形容他的风格，周异任由自己儿子发展。于是，十四岁的周瑜常常云游四方当个小背包客，揽山川形势，读天下兵法，也练得了一身本领。

小周瑜在自己房舍门联写着上联“小榻琴心展”，下联“长缨剑胆舒”，横批“剑胆琴心”。对于乱世，时局不靖，烽火连延，战端四起，年轻的周瑜已经有“廓清天下”之志。同时，这位“剑胆琴心”的小周瑜也精于古琴，对于音乐他天生敏锐，也异常钟情。史书《三国志》记载:“曲有误，周郎顾”，就是说他即使是酒后，仍能听出演奏的音乐中很细微的错误，每当这时，他总要转头看一看。

十六岁时，他认识了一位大他一个月的新朋友，从此周瑜的生命主轴有了明确的方向。“文武筹略，万人之英”的周瑜，开始写下属于自己的一页历史。

当周瑜遇上孙策，少年英雄的时代要揭开序幕了

孙策说：“周公瑾英俊异才，与孤有总角之好。”总角之好，就是指小时候很要好的朋友。与周瑜同龄的孙策，十六岁时，两人英雄惜英雄，开始相知相挺，后来甚至一人娶了大乔，一人纳了小乔，历史上精彩的“豪杰哥俩好”，我们来看看他们的故事。

也是周瑜十六岁的这一年，中平六年，公元一八九 年，荒诞的汉灵帝死了，外戚大将军何进辅佐十四岁的刘辩即位。当时的政治实力者是宦官，他们的权力非常大，不但把持朝政，也经常对其他势力打击陷害，何进为了对付宦官，召陇西军阀董卓率军进京。结果，何进大意反被宦官斩杀，于是袁绍等人带兵冲入宫中，将宦官全部杀光。但是，“螳螂捕蝉，黄雀在后”的董卓成了此事件的大赢家，他趁乱拥兵进入洛阳，利用汉末战乱和朝廷势弱占据京城，废立皇帝刘辩，甚至逼十七岁的他自尽，东汉政权从此名存实亡。而且董卓生性凶残，犯下诸多罪行，成了全民公敌，引起全国其他州郡军阀联盟讨伐。

孙策的父亲孙坚，是长沙太史，勇猛刚毅。早先在讨破黄巾军的时候已经是所向披靡，后来参加镇压长沙乱贼“区星”的战

役，得封乌程侯。孙坚加入了扬州的袁术集团，准备出兵参加讨伐董卓的战争。初平元年，关东联盟起兵，孙坚在动身赴洛阳作战之前，他把家眷安置在庐江舒城——周瑜的家乡。

十六岁的周瑜正值少年，长得高大健壮，相貌出众，为人慷慨。听说孙坚把家属安顿在舒城，就前去拜访孙坚的长子孙策，这两人都喜欢交结朋友，而且在政治上都有远大的抱负，又是同样的年纪，两人谈得十分投机。于是，周瑜进一步将孙策全家安置在周家一座路南的大宅院里，孙策的母亲搬来居住后，周瑜还正式拜见了孙母以示尊重。

从此，周瑜与孙策为邻，情同手足，结成莫逆之交。

讨伐董卓的关东联盟，盟主是袁绍，之所以称之“关东”，那是因为联军多来自函谷关之东。虽然联军十余万大军，可是各路人马按兵不动，所谓勤王义师，只是幌子。群雄号称一起对抗董卓，却各有心机，谁也不愿意自己的军队打前锋，和董卓强大的西凉军对抗，所以大家转为开拓自己的领土，包围洛阳不过是表表态罢了。整个对抗董卓的军事行动，力图恢复汉室，只有三十五岁的曹操与三十六岁的孙坚两人积极任事。最后曹操失望地退出关东军团，开始走他自己的路。

至于反董卓的关东联盟，也因为军粮用尽，相继解散撤退。孙坚退兵至南阳后，孙策与家人便离开了庐江舒城，跟随父亲而去。

至于周瑜，这时也开始思考自己的未来，如何才能实现自己的抱负。周瑜家族中有两人担任过东汉最高军事指挥官，这份荣耀让他也具备很强的号召力，但是父亲已逝，自己还年轻，难成气候。周瑜只得投奔叔父——丹阳太守周尚。周尚有些部队，年轻的周瑜开始了他的军旅生涯。

少年霸气的孙策决定脱离袁术，周瑜率军助阵夺江东

孙坚去世时，孙策才十七岁，孙权更是只有十岁，还有两位年纪更幼小的弟弟，四兄弟无法继承父业，所以，孙坚兄长的儿子孙贲暂管军团，并归属于袁术。可是袁术是一个反复无常、不会用人的军阀，从“信赏必罚”看袁术的小气领导，就可以知道他真是个“历史的负面教材”，他的后续故事我们后面的文章会再谈到。

袁术曾答应孙策让他担任九江太守，后来却改任用其他人。之后袁术派孙策攻打庐江太守陆康，因为有些过意不去，便对孙策说：“本来要你担任九江太守，却错用陈纪，我引以为恨。现在你去攻打陆康，如果得胜，庐江太守就是你的了。”然而，孙策大胜，袁术却又不守承诺，让他的旧部属刘勋当了庐江太守。满嘴是空话的袁术，使得想要有一番作为的孙策非常失望与寒心，他不动声色继续蛰伏，开始等待自立的机会。

淮南一带已是袁术的势力范围，他一直想要进一步跨过长江，南下扩张地盘，抢占扬州江东诸县。

兴平二年，一九五年，二十一岁的孙策自告奋勇要帮袁术平定江东，袁术以为孙策一片诚心要帮他打天下，拨了一些兵马给他。在《三国演义》罗贯中笔下，说到孙策要前往江东，他与朱治、吕范等人商议，用父亲孙坚所留的传国玉玺作为抵押，以母舅吴景有难，向袁术借雄兵数千。

另有一说：灵帝熹平六年，袁绍入宫诛杀宦官，段硅携帝出逃，玉玺失踪。汉献帝时，董卓作乱。孙坚率军攻入洛阳，兵士见甄官中一井在早晨时有五彩云气，遂使人入井，得传国玺。孙坚将玺秘藏于他的妻子吴氏的住处。后袁术拘孙坚妻威胁，夺得玉玺。

不管孙策有无用传国玺借兵马，最终，袁术得到了玉玺是真的。袁术把他父亲孙坚的旧部交给他，孙坚的旧部有数千人，小气的袁术却只还给了孙策一千多人和几十匹马。不过，这些就足够了，因为这一千多人里有后来成为东吴栋梁的程普、黄盖、韩当等人。孙策离开袁术，一路招兵买马，部众从千余人增加到五、六千人。他决定利用这个机会脱离袁术，称霸江东。

渡江前，孙策进军历阳，他写信告诉周瑜，邀他共襄盛举。周瑜立即带领叔父周尚的一部分部队和大批舟船粮秣前去迎接。对于周瑜应邀而至，孙策大喜过望地说："吾得卿，谐也！"有你的帮助，事情就有成功的希望了！周瑜于是跟随孙策率兵渡过长江。孙策进击江东的军事行动，进展得十分顺利。在周瑜与江东名士程普、张昭等人协助下，孙策攻打扬州牧刘繇，占领牛渚营屯，"尽得邸阁粮谷、战具"就是说，孙策夺取了刘繇所属的全部粮草和兵器。接着又攻下“秣陵”，就是今天的南京，又称金陵、建业。

接着进军刘繇的大本营“曲阿”城，当孙策进军至刘繇城下时，这时“太史慈”这位美髯将军、神箭手从山东赶来帮助刘繇，刘繇的部下纷纷劝刘繇以太史慈为大将对抗孙策，但是刘繇却有其他杂念不敢重用，只派遣太史慈侦察城外。不料，太史慈却碰上了孙策，孙策当时只带着三十骑人巡逻，战将黄盖、韩当皆在其中。太史慈知道这一群人为首的是孙策，于是单骑而上，与孙策正面相互对打，打了个平手。这时两方军队各自前来，于是二人各自退回。不久刘繇与孙策对战，但战败，于是刘繇弃军遁逃，诸郡守也皆弃城而走，曲阿城尽归孙策所有。

接着说说这位有美须髯，猿臂善射，弦不虚发的“太史慈”，太史是复姓，山东人。刘繇逃走后，太史慈则前往泾县，顽强抵抗，最后仍被孙策所俘。孙策相当赏识太史慈，决定收拢他。刘繇败走后，尚有上万的军卒未降，孙策令太史慈前往安抚。众人都认为太史慈会趁机离开，不会再回来，然而孙策却坚信太史慈必会遵守“不过六十日后返回”的承诺，太史慈果然在期限内回来。太史慈言出必行，而孙策也有绝佳的识人能力。

还有一段后话。投降孙策后，某次太史慈随孙策讨伐麻保贼时，有一敌将于城楼上揽着城上的屋檐横梁，由城楼高处向下鸟瞰，对着孙策军大肆叫骂，正当孙策军苦无对策时，太史慈便引弓一射，一箭贯穿此人抱着梁木的手背，直挺挺地将其钉在城楼的短梁上，动弹不得，只得哎哎叫痛，弓术如此精妙，此“贯手著棼”一事更成为千古佳话。也因为如此神勇，在北方的曹操派人送他一盒药材“当归”，隐喻曹操惜才，希望太史慈能够“当归”北方为曹操效力，这种心思，大概也只有曹操做得出来吧。可惜，太史慈于赤壁之战前病逝，死时四十一岁，因为无法在历史的大场景露脸，后人对他也就陌生多了。

刘繇败走后，这时孙策的部众已经扩展到几万人，发展极快。他对周瑜说道:“吾以此众取吴会平山越已足。卿还镇丹阳。”我以这班士兵夺取吴郡、会稽郡，平定山越已足够，你先回去镇守丹阳吧！周瑜遂回师丹阳。

不久，袁术派其弟袁胤取代周尚为丹阳太守，他也想招揽周瑜为将军，但周瑜认为袁术终无所成，托辞请求回“居巢”出任县长，袁术听信了这一请求之后，也就同意了。

居巢离长江很近，大将军不当，干个小县长，周瑜有自己的想法，这样方便从居巢顺流而下可直奔江东，追随孙策而去。他等的是时机。

在易经有一卦《随》，说的是“相互顺从，随时变通”的道理，理的是“择善而从，择类而从”的论述。《随》卦有“兑”的悦和“震”的动，动而悦就是“随”。震是动，兑是悦，内动之以德，外悦之以言，则天下之人，咸慕其行，而随从之，故谓之“随”也。既见随从，能长之以善，通其嘉礼，和之以义，干之以正，则功成而有福。

所谓“随道”为何？当随之时而不知适变，则“失时”；徒知适变而不能守正，则“失己”。所以，《随》卦的六爻专取其“相比相随”，不必其应。至于阳爻居刚位则会加上诫辞。回头看卦象：上下两卦，阳爻都在阴爻之下，有“阳刚随从阴柔”之象。六十四卦之中，“刚来而下柔”，唯有此卦。能以刚下柔，以贵下贱，多问于寡，舍己从人，则德业自进，这就是所谓的“随道”。

从《易经·随卦》看三十四岁的周瑜，如何指挥孙、刘联军打赢赤壁之战

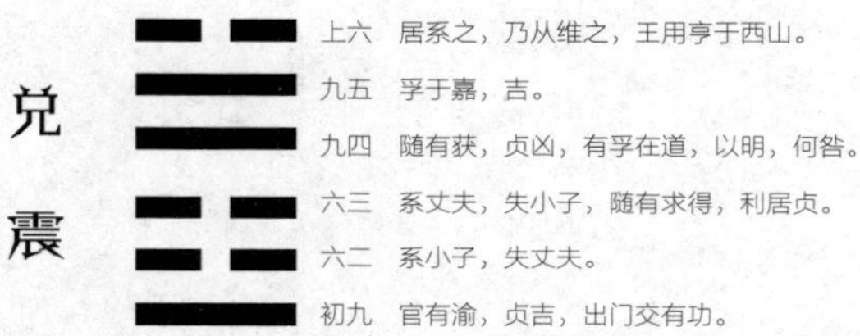

《随》卦，上卦兑泽，下卦震雷，卦象就是大泽中响着雷声，泽随雷动，喻示“随从”的情况，全卦展示事物当“随从”之时，有随机应变的意思，但是，无论是人随己，己随人，下随上，上随下，均应遵循“从善”、“从正”的基本原则。

第一爻・初九　官有渝，贞吉，出门交有功。

初九，阳居刚位，是下卦震体之主爻，就是动之主，于《随》之初，动则随从于人。官，言其守也；渝，变也。有渝，言其“有变”。由主变从，所以称之“官有渝”。惟其有“守”，所以能贞而吉。守什么？既然已经有所变，不能保其无偏私，所以必须依正道而变。“正道”就是要“守”的对象，因为若变而背离正道，不如不变。

惟其有渝，所以能出，而且与物接。“出门交有功”，因为居家多以亲昵而苟随，难免为私情所牵系。出门和别人交友，可以建立功业。初九乃步出门庭，遇见六二，以刚随柔，见善则往而从之，当然有功而且无过。此爻辞说周瑜要离开袁绍，渡江去投靠孙策共创功业。

次年，已经紧抱几年传国玉玺的袁术，一直幻想自己是真命天子，终于在寿春城称帝，国号“仲家”——一点都不大气的名字。

话说传国玉玺乃奉秦始皇之命所镌，其方圆有四寸，上方的印纽有五龙交错纠结，正面刻有李斯所书“受命于天，既寿永昌”八个篆字，以作为“皇权神授、正统合法”之信物。嗣后，历代帝王皆以得此玺为“符应”——上天显示的与人事相应的征兆。历朝奉若奇珍，国之重器。得之则象征其“受命于天”，失之则表现其“气数已尽”。

东汉末期，想称帝的不少，敢称帝的不多，偏安扬州的袁术不明白自己的处境，以为有了传国玉玺，就是“受命于天”，称帝后可以“既寿永昌”。袁术称帝，不论在当时的人还是现在看来，都是一种不计后果的大凶险恶，用市井小流氓的话讲叫“找打”。

孤立的“仲家皇帝”袁术帝国，成了众矢之的，南境不断地被孙策挖掘，西境又受到刘表的监视，至于北境则屡受刘备、吕布等攻击，而曹操、袁绍也妄图吞并。袁术这种愚蠢的作茧自缚，引发众叛亲离，因为，在这个节骨眼，谁也不想莫名其妙地成了汉室的叛国贼，于是，亲信纷纷逃避。建安三年，一九八年，周瑜决定与如此不智的袁术决裂，周瑜把官印一丢，舍弃居巢县长一职，同时拉着东城县长鲁肃，结伴东渡长江，率众投靠孙策。

话说鲁肃。周瑜当居巢县长时，久闻鲁肃大名，便选了个日子带人去拜访他，顺便求助一些兵粮。鲁肃家里有两座圆形米仓，各装有三千斛米，五斗为一斛，他慷慨地让给周瑜一仓，共一万五千斗，爽朗干脆，毫不吝惜，周瑜非常感动，更加肯定鲁肃绝非等闲之辈，两人结为好友。

后话是袁术死后，扬州这块肥肉最后落到了袁术他最信得过的部下刘勋手下，之后，又被孙策智取。袁术病死在投奔袁绍的路上，袁术的妻子则流落江东。袁术的爱将徐璆携着玉玺至许昌，这时曹操挟汉献帝在此。至此，传国玺落入曹操手中，他封徐璆为高陵太守，当是谢礼。二二〇年，曹丕篡权，逼献帝禅让，汉亡。曹丕使人在传国玺肩部刻下隶字“大魏受汉传国玺”。

孙策亲自在江边迎接周瑜。周瑜正式加盟孙策集团后，因为周瑜是庐江的名门望族，他有“恩信着于庐江”，于是，第一份工作是“出备牛渚”，接着“后领春谷长”，牛渚、春谷两处都是扼守江东的咽喉要地。牛渚亦谓之“采石矶”，是沟通大江南北的重要津渡，山势险峻，风光绮丽。至于春谷，在当时除盛产稻谷外，尤为“丹阳铜”的主要生产区，地位十分显要。因为铜可铸钱币、造兵甲、制器物，攸关军政国计。周瑜成了东吴的门神，也兼财神。

此时，周瑜二十四岁，鲁肃二十七岁，他们离开江北，投奔在江南的孙策。这两人已经站在人生的另一个起点。

第二爻・六二　系小子，失丈夫。

周瑜英名远播，他选择身边的孙策，拒绝曹操的挖角

六二在《随》之时，选择近比的六三之阴，所以有“系”于“小子”之象。系，绑牢不松脱。小子指九三，丈夫则是九五。阴柔的六二放弃与刚阳的九五正应，而近比六三与其相系，舍正应而从不正。此爻辞像是周瑜跟随只略有小地盘的孙策，放弃“挟天子以令诸侯”的枭雄曹操的招手。

出镇牛渚的周瑜，领有两千名将士，五十匹战马。被授予“建威中将郎”，拥有代表荣誉的鼓乐队，新建造的屋舍。孙策给予周瑜的赠赐之厚，是无人能比的。孙

策还在发布的命令中道："周公瑾英俊异才，与孤有总角之好，骨肉之分。如前在丹阳，发众及船粮以济大事，论德酬功，此未足以报者也。""公瑾"是周瑜的字。孙策赞扬说："周公瑾才华杰出，与我是从少相识的好朋友，有兄弟的情义。就像之前在丹阳，发动人力及船粮以帮助成就大事，论德酬功，这些赠赐实在不足回报周公瑾在关键时刻给予的帮助啊！"

二十四岁的周瑜，仪容俊美，风流倜傥，已有功名，江东人都亲切地称呼他为"美周郎"。

建安四年，一九九年，孙策准备发兵攻荆州，以周瑜为中护军，领江夏太守，这是虚职，因为当时江夏并不隶属孙策，这是鼓励周瑜如果能攻克江夏，江夏就是你的了。接着孙策为报杀父之仇，开始行动了，周瑜与孙策率兵攻打刘表的江夏太守黄祖。

同时间，袁术死去了，他的部将张勋、杨弘等拟率其部众投奔孙策，却被庐江太守刘勋截击于皖城，袁术的部众尽为其所夺，中间包含袁术的棺柩和他的遗孀。孙策担心在江淮之间有很强兵力的刘勋成了袁术第二，决定使用三十六计的"笑里藏刀"消灭他。孙策派使节特以卑下的言辞和财宝，要求刘勋代为攻取储积丰富的上缭，说自己愿意出兵以为外援，刘勋相信孙策，更因收得财宝而十分高兴。

刘勋果然中计，领兵前往攻打上缭。本来正与黄祖对峙的孙策与周瑜，立刻率领两万人的部队，偷袭刘勋所辖有的皖城，掳获袁术的遗孀、刘勋的妻子及部众三万多人。刘勋听说皖城失守，急急回师救援，却在半路被孙策的堂兄孙辅击败，奔向黄祖求援，黄祖派兵五千助战，又被孙策与周瑜打败。战后，孙辅被任职为庐江太守，这是后话。

战事暂时告一段落。孙策听说乔公和他的两位国色天香的女儿，正避居在皖城东郊。孙策慕名前来求亲，周瑜和他一道前来，于是便有了孙策纳大乔、周瑜纳小乔的韵事。婚礼后，孙策倒是跟周瑜说道："乔公二女虽流离，得吾二人作婿，亦足为欢。"乔公二女虽然光彩照人，不过，得到我们两个人做女婿，也算快慰了吧！这一年，周瑜二十五岁。而远在荆州南阳，正过着晴耕雨读的日子的诸葛孔明，才十九岁，未婚。

婚后，周瑜又随着孙策继续领兵西击荆州的黄祖，几个回合，孙策掳获对方兵众三万余人，战船七千多艘，实力大增，豫章、庐陵一带也尽归江东所有。周瑜以中护军，领江夏太守职务，镇守巴丘，防范荆州刘表的东侵。

孙策在江东声势大振，东汉丞相曹操以汉献帝的名义，任命他为"讨逆将军"，封为"吴侯"。另一方面，曹操暗中派出仪表、才气皆过人，也善于辩说的江淮人士蒋干当说客，他也是周瑜年少时的同学，他以私访的名义去见周瑜。虽然一身布衣，头戴葛巾，周瑜一眼就识破了蒋干的用心，夜宴后，周瑜以有机密之事要处理，先让蒋干在旅店坐了三天冷板凳。

之后，周瑜领蒋干参观军营、军资、器仗。再设宴饮酒，炫耀美女与珍宝后，周瑜开门见山地说："丈夫处世，遇知己之主，外托忠臣之义，内结骨肉之亲，言行计从，祸福共之。即使苏、张更生，郦叟复出，犹抚其背而折其辞，岂足下幼生所能移乎！"

就是说即使苏秦、张仪再生，郦食其老先生复出，都无法改变我追随孙策的志向。碰了个软钉子的蒋干只有苦笑告辞。

面对挖角，周瑜“系小子，失丈夫”，他选择有潜力的“小子”孙策，放弃已成气候的“丈夫”曹操，他知道成就孙策，就是成就自己。至于蒋干，回到许都觐见了曹操，对曹操说，周瑜器量端雅，趣致高卓，言词说他不动。天下之士，因此愈加佩服周瑜。这是周瑜选边靠的智慧。

第三爻、六三　系丈夫，失小子，随有求得，利居贞。

> 六三在《随》之时，近比于九四之阳，所以有“系”于“丈夫”之象。舍弃六二之阴，所以说“系丈夫，失小子”。六三之随九四，乃有求必得，而且“随”之道在于从善、从正，故云“利居贞”。此处有诫六三应依正道自处，方能随有求得，而无邪妄媚上之嫌。此爻辞像是周瑜的不卑不亢，以正道自处，而得到他人由衷的尊敬。这一爻，是说孙策猝死，领导中心摇摇欲坠，周瑜选择继承者的正统，而非年纪的考虑。

程普早年曾跟随孙坚四处讨伐黄巾余党，破董卓于洛阳，“攻城野战，身被疮痍”，数有战功。之后追随孙策进驻江东，也是多有战功。一次跟随孙策进攻祖郎，可是孙策反而被围困，程普单骑单矛杀入重围救人，策马疾呼，敌军大败，孙策解围而出。立下大功的程普，被拜封为“荡寇中郎将”，领零陵太守。

老部将程普，众人尊称“程公”，容貌、计略兼具，善于应对，喜欢与士大夫交往。可是他见周瑜年纪轻轻，就得到如此特殊礼遇，很不服气，他不喜欢周瑜，常仗着年长资深，多次出言羞辱周瑜。但是周瑜心胸开阔，宽容大度，从不跟他计较。最后，程普为周瑜如此宽容的气度所打动，说道：“与周公瑾交，若饮醇醪，不觉自醉。”同周瑜结交，就像喝美酒一样，不知不觉地就被他陶醉了。

建安五年，二〇〇年，当天下的焦点都集中在曹操与袁绍对峙在官渡之时，孙策准备浑水摸鱼，他要偷袭曹操的大本营——许昌，迎汉献帝到江东。

但是，出师前出事了。

事件的源头是许贡，所以要先介绍一下许贡，他本来是吴郡太守。西汉时，“会稽郡”管辖着春秋时期吴国与越国故地，那是长江以南一大片辽阔的土地，算是当时辖境最为广阔的一郡。到了东汉，这块江南之地已经开始繁荣，需要重划新的行政区了，所以钱塘江以西，就增置了“吴郡”，治所就是今天的苏州城。

当孙策与周瑜努力在江东扩张领域之时，吴郡受到极大威胁，所以，太守许贡写了上表要给汉献帝——其实就是给曹操，表内说：“孙策骁雄，与项籍相似，宜加贵宠，召还京邑。若被诏不得不还，若放于外必作世患。”意思是孙策跟项羽一样骁勇不驯，请皇上把他调到朝廷里就地看管，否则必有后患。结果，这张上表被孙策部下拦截，有“小项羽”之称的孙策责备许贡，许贡耍赖，回答无此书信，气疯了的孙策立即命令武士将许贡绞杀。所以，许贡的门客们便潜伏民间当刺客，等待时机想要为许贡报仇。

孙策打猎时，仗着自己艺高胆大，为了追捕猎物常常只身策马入林。四月，清明刚过，孙策在等待军粮、辎重到来之际，他打猎去了，这次打猎的情况如同往昔的习惯，不同的是中途出现三人，他们就是许贡的门客，孙策问:“尔等何人？”门客回答:“我们是韩当的兵卒，在此射鹿耳。”孙策不信，因为所有的兵卒他都认识，于是，双方展开对射，孙策先射杀其中一名，但自己脸颊被射中。另外两名刺客虽被赶到的士兵刺杀，但是，孙策伤重倒地。

孙策死前，召孙权来病榻前。说:“任用江东人才，在军阵之间与天下群雄一争雌雄，卿不如我；但拔擢贤能，使他们各尽心力，保全江东，我不如卿。”二十六岁的孙策死了，接班的孙权才十八岁——跟现在的高三生同年。当时江东的孙氏政权只是小有规模，并不巩固。不但外有强敌曹操、刘表，境内还有很多小股的山贼势力，江东统治中心许多人态度开始摇摆，局势动荡，人心惶惶。

张昭等老臣希望由孙翊接掌政权，十六岁的孙翊小孙权两岁，性格骁悍果烈，有兄长孙策之风。两组接班人，江东政权眼看就要陷入分裂危机。这时，周瑜从驻守地巴丘赶到苏州（吴城）赴丧。周瑜强兵在握，他“从正”“选边”了孙权——孙策将印绶交给二弟孙权——这是正朔，也是政权的正当性。周瑜这次“系丈夫，失小子”，他率先毕恭毕敬，用君臣礼节对待年轻的孙权，不理孙翊。从此，其他人也就不敢再有什么意见，摇摇晃晃的政权立刻稳住。丧礼后，孙权把周瑜留在苏州，暂不让他回去驻地，周瑜与长史张昭共同掌管军事与行政事务，全力辅佐孙权。

第四爻 · 九四　随有获，贞凶，有孚在道，以明，何咎。

九四阳也，而上比于九五，所以能随九五之中正。九四又获有下之二阴，此求有得，“随有获”之义也。《系辞传》有一段话：“凶吉者，贞胜者也；天地之道，贞观者也；日月之道，贞明者也；天下之道，贞夫一者也。”所以，吉凶常相胜，“贞凶”就是凶胜吉，明为凶，但是却暗藏致吉之道。

九四乃近君大臣，获有六三来随。身为大臣，而人心从己，有招纳之嫌，这是隐形的“危疑致凶”，唯有诚实信孚积于中，动静举止合于道，明察事理，恪守臣道，将恩威全归于上，众心皆随于君，方可无咎。年轻的孙权尚无君威，可是，周瑜展现超级柔软又尊崇的姿态，带头表示臣服，以此巩固东吴领导中心，这是周瑜的智慧。

周瑜亲自挽留准备北行的鲁肃，把一直没有获得孙策重用的政治家推荐给孙权。孙权很快便安排与他会谈，对鲁肃的政治见识十分赞赏。在辞退别的宾客以后，孙权单独留下鲁肃，不拘礼地同坐在一张床上，边喝酒边议论国家大事。席间，鲁肃向孙权提出了“鼎足江东”的榻上策。鲁肃认为，孙权不应急于仿效齐桓公、晋文公图霸王之业，那并不实际，因为曹操已取得控制汉献帝的有利地位。汉室已不可能恢复，曹操的力量也不能连根拔起。

鲁肃为孙权提供的对策是：割据江东，等待时机。利用曹操无暇南下的机会，进攻刘表，占据荆州，然后建号称帝，逐步夺取天下。鲁肃对孙权的“榻上策”与孔明对刘备的“隆中对”，在许多观点上是一致的，但是鲁肃早了孔明七年。

鲁肃从此受到孙权的信任和重用，但是引起一些特权大老的反感，包含资政大老长史张昭，那个年代，丞相府和将军幕府都设有“长史”官，相当于现在的秘书长或幕僚长，老先生张昭屡次诋毁二十九岁的鲁肃，说他“谦下不足”、“年少粗疏”，建议孙权不要使用他。有没发现？历朝历代，包含现在，一定有或多或少的长者，永远不满那些嘴上无毛的小子们，不知“敬老尊贤”，然后压制年轻人“出人头地”。幸运的是，孙权知道鲁肃的本领，并没有听信这些诋毁言论，依然尊重他，而且把鲁肃比作是东汉的开国功臣邓禹。

同时间，黄河沿岸的“官渡之战”结束了，曹操获得大胜利，消灭了北军团的主力，惨败的袁绍缩回冀州。尔后，袁绍再次重整其鼓，与曹操爆发“平丘之战”，再度失败，惭愤，发病呕血。建安七年，二〇二年，袁绍病逝。他的儿子袁尚与袁谭，祸起萧墙，两兄弟相互火并，曹操当然不会放弃这天大的好机会，乘机出击，率军北伐。

军威大胜，势力大张的曹操开始试探江东虚实，他下书给孙权，要求孙权派子弟去许都做人质。孙权召集群臣讨论对策，大老张昭等人因为曹操兵威日盛，犹疑不决，周瑜则是坚决反对派送人质。

孙权引周瑜单独去见太夫人——孙权的母亲，周瑜慷慨激昂地向太夫人陈辞："昔楚国初封于荆山之侧，不满百里之地。继嗣贤能，广土开境，立基于郢（楚国都，就是江陵），遂据荆、扬（占领荆州与扬州，长江中下游），至于南海，传业延祚九百余年。"

说完春秋战国的楚国，接着又说东吴的现况："今将军（指孙权，孙权被朝廷册封为讨虏将军），乘父兄余资，兼六郡之众，兵精粮多，将士用命。铸山为铜，煮海为盐，境内富饶，人不思乱。泛舟举帆，朝发夕到，士风劲勇，所向无前，为什么要送子于人呢？一旦送人质到曹操手上，就不得不听命于他，曹操他一下命令，我们就不得不服从，受制于人。如果听命于曹操，顶多增加一枚侯印、仆从十余人、车几乘、马数匹，这能跟南面而王相比吗？"

最后补上结论："我们不派人质，先看看天下如何变化再说，若曹操率义以正天下，将军再去投奔他也不晚；若曹操暴虐天下，那他自取灭亡，将军韬勇抗威，以待天命，何送质之有？"太夫人频频点头，说："公瑾议是也。"就是说，周瑜说得太对了，太夫人还要求孙权，要他对待周瑜如同兄长，多听听他的意见。当时，曹操忙着扫荡袁绍的残余势力，送人质的事也就不了了之。

可是，几年后的建安十三年，二〇八年，曹操在北方的军事已经忙完了。七月，他亲率二十万大军，号称百万，南下荆州，准备并吞刘表，然后顺流而下，消灭东吴。江东陷入“山雨欲来风满楼”，人人惴惴不安。

这一年，周瑜三十四岁。而在荆州的孔明，二十八岁，他已经离开隆中，开始辅佐刘备了。

第五爻、九五　孚于嘉，吉。

孚，诚信；嘉，善也。“孚于嘉”是说其道嘉美，又对嘉美之道心存诚信，这样才能真正推行嘉美之道，所以得吉。随道之吉，就是在于随善从正而已。九五之尊，居中得正，信孚于善德，又能以刚从柔，居尊尚贤，尊礼上六。自身如此，所以臣民无不随从这样的君王，天下大治，理当得吉。赤壁之战前夕，刘备与孙权都是“居尊尚贤”者，刘备尊随孔明，孙权尊随周瑜，联军再以周瑜为主帅，随善从正，当然得吉。

建安十三年，二〇八年，曹操在动员南征前夕，他处死孔融当是出师祭旗。孔融，孔子的第二十世孙，他一直瞧不起曹操，也不满曹操的专权、觊觎汉室的阴谋。当然，曹操也忍了孔融对他的蔑视很久了，这次，他利用一次小事件，干脆处死了孔融，当是出阵的血祭。

七月，曹操的先头部队张辽开始南下了。

刚获得孔明辅佐的刘备说："终于来了！诸葛孔明，拜托你了！"就在这紧要关头，老病又孱弱的荆州牧刘表眼睛一闭，死了，在荆州襄阳的领导中心乱成一片，最后，蔡瑁、张允、蒯越等等"投降派"拥立了刘表的次子刘琮为继任人。果然，这些人在曹操移军至新野一带时，就半强迫刘琮降了曹操。曹操可高兴了，荆州——乱世的乐园，竟然得来全不费工夫。

另一方面，刘备军队与十余万襄阳百姓，在孔明的规划之下一路南下，逃避曹军。逃难队伍绵延百里，负责殿后压阵的是张飞。最后，一路深追的曹军终于在"长坂"这个地方，赶上刘备军民们，"只见张飞倒竖虎须、圆睁环眼、手绰蛇矛、立马桥上。"张飞面对曹操大军，厉声喝："我乃燕人张翼德也！谁敢与我决一死战！"声如巨雷。这一场景就是《三国演义》脍炙人口的第四十二回："张翼德大闹长坂桥，刘豫州败走汉津口"。同时，关羽则早已悄悄率领水师下汉水了，准备与刘琦——刘表的长子——在汉津会合。最后，所有的人马全部会集到"夏口"——孔明一开始就设定的终点站——长江中游南岸邻近东吴疆域。

又在另一方面，东吴阵营也有如炸开的锅子。曹操南下荆州，同时已经获得荆州大批的水师战船，加上据有了粮食武器储备丰足的江陵。面对军威鼎盛的曹操，江东朝廷上下十分不安。九月，孙权亲自在前线坐镇，鲁肃向孙权强烈建议联合刘备，共同抗拒曹操，而且自己请缨以为刘表吊丧为名，前去联络刘备。孙权采纳了他的意见，派遣鲁肃前往。这一年鲁肃三十七岁，周瑜三十四岁，而孔明才二十八岁——现代人可能刚从研究所毕业的年纪，孙权更年轻，二十七岁。历史大战役——赤壁之战——正等着这批年轻人建立赫赫大功。

鲁肃见到了刘备，表达了孙权与之结盟的意愿，刘备早有此意，随即派孔明随鲁肃去东吴，讨论联军的细节。十月，两人抵达柴桑拜谒孙权，此时，曹操的威胁信刚到："我统领水军八十万，想和孙权将军你在吴地一同打猎。"一些老臣们皆被曹操气势汹汹的兵威给吓到了，双方实力悬殊，江东只有迎降曹操才是出路，失败主义已经在江东漫开。鲁肃则多次劝说孙权抵抗曹操，也建议把在鄱阳练兵的周瑜召回。

周瑜一归来，便力挽狂澜。他针对"迎曹派"的观点向孙权指出："不然。曹操虽托名汉相，其实汉贼也。将军以神武雄才，兼仗父兄之烈，割据江东，地方数千里，兵精足用，英雄乐业，尚当横行天下，为汉家除残去秽。况曹操自送死，而可迎之耶？"

周瑜进一步分析对方实力："第一，曹操西北方尚未巩固，有马超、韩遂在关西，这是曹操的后患；第二，曹操舍长就短，放弃骑兵，倚仗舟楫，来与吴越水上较量，这是他们的不利；第三，现在又逢寒冬，马无粮草；第四，北方部队远来江南，不习水土，必生疾病。以上四点，都是用兵之患也，而操皆冒行之。将军擒拿曹操，就在今日！"

孙权听完，内心笃定："你说应当起兵抗拒，正合我意！"接着，拔出佩剑，狠狠地砍掉书桌的一角，凛然说道："诸位文武大臣，敢有再说向曹操迎降的，就跟这书案一样！"

新任“左都督”的周瑜，请得精兵三万，率领水军船队，沿江西上夏口。刘备也率军会合，继续溯江前进，在赤壁，终于与曹操的先头部队相遇。一场惊天动地的赤壁之战就此展开。

黄盖的苦肉计，周瑜的赫赫战功，写满历史亮丽的整整一页

第六爻·上六　居系之，乃从维之，王用亨于西山。

西山，指的是周朝王业的肇兴之地——岐山。《随》卦发展到第六爻，穷极则变，由随从转向离散。九五尚贤，在上六转向离散之际，仍强予挽留，有“拘系”上六之象，像是用绳索牢牢捆绑，不让其离散的样子，这里的绳索即是“至诚”，以至诚维系上六贤人，使之不离散，以成就王业。

整个爻辞意思是说：像捆在一起紧紧追随，就像君王去西山祭祀天地一样的虔诚。

周瑜用计，让黄盖先取得曹操的信任，准备诈降。

到了约定日，昨夜刚下过雨，黄盖准备了十艘轻巧船只，满载薪草膏油，外用赤幔伪装，上插旌旗龙幡。当时东南风急，船只在中江顺风前进。曹操在北岸准备相迎，因下过雨，薪材都已被濡湿了，曹军判断如果黄盖诈降，也就不须怀疑火攻的可能。黄盖的船队渐渐靠近，离曹军二里许，黄盖遂令点燃暗藏的干燥柴草（这是孔明预先留下的），十艘船只同时发火，火烈风猛，船

速如箭，撞烧北船，火势延及岸上各营。“顷之，烟焰张天，人马烧溺死者甚众。”在对岸的孙刘联军也跟进横渡长江，大败曹军。曹操见败局已无法挽救，当即自焚余船，引军退走。

联军大破曹操，孙权大乐，带着诸将领迎接鲁肃，鲁肃拜见孙权，孙权起来还礼，说：“我这样亲自迎接你，你够光彩了吧！”鲁肃竟然答道：“不！”在场每个人，包括孙权，都惊讶地愣住，心想鲁肃真是不知好歹。入座后，鲁肃才说：“愿将军一统天下，完成帝业，再来征召我，那才有面子呢！”听得孙权大笑。这时，周瑜仍在荆州清理战场，而孙权对东吴有了新的生涯规划。

另一方面，战败的曹操不愿在荆州久留，他派曹仁、徐晃戍守江陵；乐进戍守襄阳。余部统统跟他北上回邺城。

周瑜与程普率领几万联军，继续追击曹军，到了江陵城，隔江与曹仁对峙。江陵城内粮草充足，加上曹仁防守严备，周瑜一直无法攻下。这时，刘备建议周瑜说：“我加派张飞带一千人马随你进击，你分两千人马给我，同我绕一圈北上截击曹仁的后路，曹仁听到消息，必然弃城而逃。”周瑜同意，拨了两千人马给了刘备。他自已则继续在江陵对峙，不久，周瑜也取得了战略位置夷陵城，造成曹仁防守上的更大压力，但是，双方依然无法突破对方阵营。

可是，“A 了周瑜两千人马”的刘备率军离开主战场后，他并没有依约前往北方——曹仁的后方，反而开始执行孔明的“三足鼎立”的计划，引兵南下，乘机夺取了长沙、武陵、零陵、桂阳四郡。荆州有七个郡，一时之间，执行“三分天下”的刘备，已经统有荆州的长江南岸四郡，他进一步自号“左将军”——长江以南称之左岸，刘备也开始把目光朝向益州——有“天府之国”之称的四川。

看着刘备鲸吞荆州，周瑜却陷入与曹仁的对峙，一年多过去了，周瑜决定发动一次强攻，拔掉曹军在荆州的这个据点。建安十四年十二月，周瑜亲自跨马布阵，准备指挥军队出击，不料一支流矢飞来，射中右肋，他只好回营治伤。曹仁知道周瑜受伤不轻，当然不愿放过良机，挥师进逼，最后一搏。战况危急，周瑜咬紧牙关，负伤提枪上阵，现身以激励东吴的部队，果然有效！曹仁慌乱退兵，后来干脆弃守江陵城，撤军北返。对于周瑜的赫赫战功，孙权下令拜周瑜为“偏将军”，兼南郡太守。当时“将军”就是现在的上将，“中将郎”就是中将，而“偏将军”则是“准”上将了。

赤壁之战让周瑜声名大噪。曹操忍不住写信给孙权：“我败走，并不感到耻辱，赤壁之战的时候，我正好患病，是我自己烧了船退走，却让周瑜虚得了胜利的名声。”显然曹操骄傲的内心是受伤的。至于刘备怎么说？刘备私下对孙权说：“周公瑾文才武略，是万里挑一的英雄，看他的度量如此之大，恐怕不会永远作别人的臣子。”看来，抹黑是一定要的。

建安十五年，二一〇年，周瑜去京口面见孙权，说明现阶段“三国鼎立”的缺失，他认为应该把战略目标定在“南北两极”对立，就是天下由魏吴均分。孙权同意周瑜夺取益州的计划，命他回江陵做好出征的准备。结果周瑜回江陵的途中，刚到巴丘，就因箭伤复发而病倒。周瑜病危时，写了一封信给孙权："人生有死，我生就短命，诚不足惜，只恨志愿未遂，不能继续为您效命了。当今曹操在北，故事未息；刘备寄寓荆州，有似养虎，天下形势到底如何发展，尚未可知，这正是文武大臣废寝忘食，主公日夜焦虑的关键时刻。鲁肃忠贞可靠，办事认真，可以代替我的职务。人之将死，其言也善。这些话如有可取之处，我就死而不朽了。"周瑜最后死在巴丘，年仅三十六岁。小乔也成了寡妇，她才三十二岁。

后续是，孙权悲痛不已，素服节哀说："以后我依靠谁呢？"

孔明也在为周瑜哭丧时，说："从此天下，知音何方？"

当年周瑜卒，小乔护柩回故里，抚养遗孤。周瑜与小乔生有二子一女。后话，女儿被孙权聘嫁为太子孙登之妃；长子周循娶了公主，官任骑都督掌羽林骑兵，有周瑜弘雅潇洒的遗风，可惜早死；次子周胤初为兴业都尉，妻为孙家宗女，屯于公安，封都乡侯。后因罪徙庐陵郡，病死。

至于，小乔守寡之后，史册没有太多着墨，有一说：小乔四十七岁病逝，这十五年她深情守寡，"朝朝啼痕，夜夜孤衾，含辛茹苦，抚育遗孤"。小乔葬于庐江县城西的真武观之西，与城东的周瑜墓遥遥相对。明人曾有诗曰："凄凄两冢依城廓，一为周郎一小乔。"小乔墓无表，平地起坟，汉砖砌成。元朝至正年间，修缮过一次，明朝崇祯时，毁于兵乱，现存一座土冢。这是"庐江小乔墓"的传说。第二个"岳阳小乔墓"的传说，略过。

第三个"南陵小乔墓"的传说：在皖南青弋江上游的南陵县

境内，中山公园边上，有一座小乔墓。据《南陵县志》记录 ，此墓修建于乾隆四十四年，一七七九年。起因倒是神奇，当时的知县高怡梦见小乔，诉说她的墓在香油寺侧，遂令典史江鲲在香油寺西苑，重建了小乔墓。

南陵小乔墓前有一块巨碑，阳刻“东吴大都督周公德配乔夫人之墓”，两侧阴刻着一副对联，上联是安徽宿松文人许文权撰，下联是芜湖儒士陶宝森作：

千年来本贵贱同归，玉容花貌，飘零几处？
昭君冢、杨妃茔、真娘墓、苏小坟，
更遗此江作名姝，并向天涯留胜迹。

三国时何夫妻异葬，纸钱酒杯，浇典谁人？
笋篁露、芭蕉雨、菡萏风，梧桐月，
只借他寺前野景，常为地主作清供。

周瑜

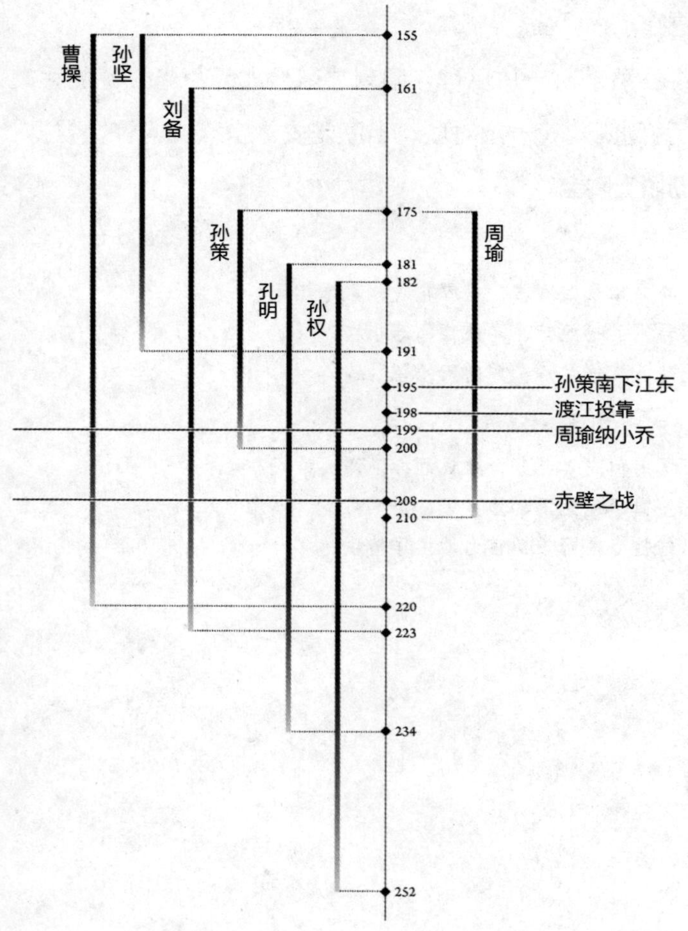

曹操
孙坚
刘备
孙策
孔明
孙权
周瑜
155
161
175
181
182
191
195
198
199
200
208
210
220
223
234
252
孙策南下江东
渡江投靠
周瑜纳小乔
赤壁之战

李白

昔年有狂客，号尔谪仙人

《旅》卦，上卦离，为火；下卦艮，为山。

卦象就是山上燃烧着火，火势流行不止，火势不断地向前蔓延，像是人不停地急着赶路。

如果在电视新闻上看到森林大火，直升机的空拍，

会发现火线一路奔前漫烧，这就是《旅》卦的想象。

李白二十五岁离开故乡四川，便不曾再回去，他不断迁移旅行，

新的空间、新的人物、新的尝试，李白一生四处流离，他静不下来。

人少的时候，对影成三人，他是孤独的，

人多的时候，将进酒的热闹喧哗声中，他也孤独。

李白在旅行中寻找孤独，在孤独中他看着月亮，他喝着酒，他在跋涉颠沛中寻找灵感。

从“锦心绣口”的李白诗句说说他的月色与秋发

对于李白，在我心目中，他是个活泼泼的影子，让人喜欢又心疼的影子。

各朝各代各个族群喜欢他的，理由都不尽相同，而且差异甚大。当然，所有的人一定喜欢他的行云流水，宛若天成的诗句。面对中国历史上最杰出的浪漫主义诗人，李白的弟弟李令问，一次在酒间，带着醉意问哥哥李白：“兄心肝五脏皆锦绣耶？不然，何开口成文，挥翰雾散？”哥哥的五脏都是绣花缎吗？要不，为什么开口就说得那样漂亮，下笔就那样哗哗不止呢？李白大笑。从此成语“锦心绣口”，就被用以“称赞人文思巧妙，文辞优美”了。

但是也有人羡慕他天马行空、浪漫奔放；

有人景仰他任侠精神、剑法不凡的江湖主义；

有人向往他花间饮酒、长安醉酒的任性；

有人激赏他仁民爱物、关爱百姓的民胞物与；

有人赞叹他上晤皇帝、下语村妇的从容。

文学评论家李长之说：“我有许多时候想到李白。当我一苦闷了，当我一觉四周围的空气太窒塞了，当我觉得处处不得伸展，焦灼与渺茫，悲愤与惶惑，向我杂然并投地袭击起来了，我就尤其想到李白了。”

我呢？对于他的诗句，曾在年轻的苦涩岁月时找到慰藉；曾在青年眉宇任性时找到长啸；曾在爱情花间里找到月色；曾在失恋惆怅里找到秋发。过了五十岁，我开始在他的诗句中，找寻可以对仗的心情。

李白的少年时期：读书、习剑、养鸟、学道

李白是哪里人？或是问他是哪一国人？长久以来，总是让人好奇他的身世。目前的证据是他出生在中亚的“吉尔吉斯”北部，托克马克西南边的“碎叶城”，是汉族人，是华侨，这是一些历史学者从《旧唐书》、《新唐书》的记载中推论出来的。当然，当时唐朝的疆域是涵盖着吉尔吉斯这个区域的。

至于，他的童年“肯定”是在四川度过的，虽然不知他的父亲何时举家搬迁到四川定居，据考应该是李白五岁前。可以确定的是，因为唐朝的国姓“李”，所以这位吉尔吉斯富商也就“自称是李家人”，又因为李爸爸迁居四川，究竟是身在异乡为异“客”，所以李白的父亲就叫李客。

四川的哪里？根据他的同时人李阳冰的记载，在他五岁时，确切在四川北部彰明县青莲乡。那一年，七〇五年，虽然是武则天当政，但是过完年不久，武则天病重，以张柬之为首的大臣们抓住时机，联合羽林军，发动了政变，杀死了武则天宠幸的张易之、张昌宗兄弟，由唐中宗监国，改元神龙。武则天执政时代结束了，至于远在四川的李白，童年生活没有受到任何政治影响，他依然到私塾上课，日复一日。

在今天教科书里，或是政府单位的青少年读物，总喜欢说：“别看李白是伟大的诗人，可他小时候还逃过学呢！”说的是年幼的他，不耐一天到晚读的都是些深奥难懂的文章。这些深奥的文章每篇都要背诵，如果背不出文章，严厉的老师就用竹板打屁股。李白觉得读书难，于是就不想上学了。

故事是这样的：有一次，当李白独自在一条溪边快活地玩耍时，看到溪边的茅屋外，有一个老婆婆正在一块石头上磨铁棒。那老婆婆聚精会神地磨着，没有发现李白。小李白好奇地问：“老婆婆，你在干什么呀？”老婆婆看了他一眼，说：“磨针！”李白听了很惊奇，脱口而出地说：“这么粗的铁棒做针，那要磨到什么时候呀？”老婆婆十分自信地说：“只要功夫深，铁棒磨成针！”说完仍低下头磨她的铁棒。这是个励志故事。当然有人找碴：“磨杵作针”的故事来自何处？陈仁锡《潜确类书》：“李白少读书，未成，弃去。道逢老妪磨杵，白问其故，曰：作针。白感其言，遂卒业。”这位陈仁锡，他是明熹宗天启二年的进士。他的时代与李白相隔九百年，这个故事他也说得太远了。但是，小李白的故事太迷人了，后人还是津津乐道。

不过，年少李白的基础教育真的非常扎实，想必应该是用功的学生。他自述“十五观奇书，作赋凌相如”，李白在诗文里很少提起他的父母，只有一次说他小时候父亲曾经要他读司马相如的赋，而这段十五岁的自叙诗，则说他写的赋也已经比司马相如还好了。他也说“十五好剑术”，这是他读书之外，早也学习武术的活动，年轻的他已经向往侠客的浪漫。

李白二十多岁，大约二十五岁吧，就离开了四川，从此没再回到他的童年故乡，虽然他常常在内心受伤后，想起故乡的明月，但总是吟诗慰乡情后，抖抖精神再昂首前行。对于故乡的描述，有一首诗《访戴天山道士不遇》，这是现在保存下来的李白最早的作品，大约十五岁时：

犬吠水声中，桃花带雨浓。树深时见鹿，溪午不闻钟。
野竹分青霭，飞泉挂碧峰。无人知所去，愁倚两三松。

李白年少时，曾经与一位隐士，也是道士的“东严子”，隐居于岷山——成都青城山附近。而且一住就是好几年，不入城市，就在山中生活，他们养了上千只的稀奇禽鸟，喂食时，一声呼唤，便从四处飞落阶前，这些鸟儿甚至就飞到手上啄食。这段清静无扰但又早熟苦闷的时期，正是李白最用功勤奋的时期。

从奉节到江陵，李白的俊逸与诗情被惊誉有“仙根”

李白在四川，他刻苦读书，也打下了日后写作的基础，树立了从政的抱负，但是，他也萌生了求仙学道的念头。重要的是，在四川的山水中，他获得了富有创造性的壮美风格。

四川的故乡明月，成了他一生青年漫游、中年壮游、老年漂游的精神支撑。

二十五岁的李白，出了川，他满怀壮志地说："以为士生则桑弧蓬矢，射夫四方，故知大丈夫必有方之志，乃仗去国，辞亲远游"。这里出现了一个成语"桑弧蓬矢"，意思是：古时男子以桑木作弓，蓬草为矢，射天地四方，象征男儿应有志于四方，后来用作勉励人应有大志之辞。

他顺着长江三峡东下，经荆门、江夏、到浔阳登庐山。他船才到湖北宜都，就恋恋地写着《荆门浮舟望蜀江》，回头看着他成长的故乡，他依旧想着重庆（月峡）、成都（锦江），而船下的这一泓春水，就是从故乡四川流出来的：

春水月峡来，浮舟望安极？正是桃花流，依然锦江色。
江色绿且明，茫茫与天平。逶迤巴山尽，摇曳楚云行。
雪照聚沙雁，花飞出谷莺。芳洲却已转，碧树森森迎。
流目浦烟夕，扬帆海月生。江陵识遥火，应到渚宫城。

四川的山似乎也依依不舍地跟着送他，可是，他已经远远地望到江陵城的灯火，甫到江陵，又有诗说了：

朝辞白帝彩云间，千里江陵一日还。
两岸猿声啼不住，轻舟已过万重山。

"江陵"从秦朝开始就是南郡的郡治，也是三国时期的荆州城，长江中游，江汉平原西部，南临长江，北依汉水，西控巴蜀，南通湘粤，古称"七省通衢"。春秋战国时，这里就是楚船官地和楚王行宫——渚宫，所以李白的诗句“应到渚宫城”，就是说明早晨还在四川奉节的，到了晚上，就到江陵古城了。

李白没有想到在江陵会有一次不平凡的会见，他居然见到了唐朝三代皇帝都敬重的道士司马承祯。天台道士司马承祯不仅会一整套的道家法术，写得一手好篆，诗也飘逸如仙。唐玄宗非常尊敬他，曾向他请教道教的经法，还为他造了阳台观，并派胞妹玉真公主随其学道。

李白能见到备受皇上恩宠的道士，自然十分开心，他送上了自己的诗文供司马读阅。李白器宇轩昂，资质不凡，司马承祯刚见也十分欣赏，等到阅读了他的诗文，更是惊叹不已，称赞其“有仙风道骨，可与神游八极之表”。因为他看到李白不仅仪表气度非凡，而且才情文章也超人一等，又不汲汲于当世的荣禄仕宦，这是他几十年来在朝在野都没有遇见过的人才，所以他用道家最高的褒奖的话赞美他——说他有“仙根”——有先天成仙的特异本质 。

司马承祯对李白如此高的评价，使李白欢欣鼓舞。他决心去追求“神游八极之表”这样一个永生的、不朽的世界。兴奋之余，他写成大赋《大鹏遇希有鸟赋》，以大鹏自喻，写大鹏的巨大勇猛，这是李白最早名扬天下的文章。 从江陵起，他喜欢自喻为大鹏鸟，离开四川，也开始了他的飞翔。

庐山、金陵、扬州、苏州，李白见识了吴姬越女的明媚情意

自此之后，他的第一段漫游就开始了，这是他二十五岁到二十七岁之间。可是，正当李白泛舟洞庭时，与李白自四川同游的好友吴指南暴病身亡。李白十分悲痛，伏在朋友的身上，号啕大哭，“泣尽继之以血”。最后，李白将其暂时殡葬于洞庭湖边，自己继续东游，决心在东南之行后再来迁葬。

李白来到了庐山，在此写下了脍炙人口的《望庐山瀑布》一诗：

> 日照香炉生紫烟，遥看瀑布挂前川。
> 飞流直下三千尺，疑是银河落九天。

他继续东游，到了六朝古都金陵，也就是现在的南京。虽然金陵的古都霸气已云淡风轻，但金陵的儿女却饱含深情地接待李白。当李白告别金陵时，吴姬压酒（米酒酿制将熟时，压榨取酒），金陵子弟殷勤相送，频频举杯劝饮，惜别之情如东流的江水，流过了李白的心头，使他难以忘却：

> 风吹柳花满店香，吴姬压酒劝客尝。
> 金陵子弟来相送，欲行不行各尽觞。
> 请君试问东流水，别意与之谁短长？

李白告别金陵后，再往扬州，扬州是当时的一个国际大都市。李白从没有看过如此热闹的城市，与同游诸人盘桓了一些时日。到了盛夏，李白又与一些年轻的朋友“玉瓶沽美酒，数里送君还。系马垂杨下，衔杯大道边。天边看绿水，海上见青山。兴罢各分袂，何须醉别颜。”好不惬意的扬州日子。在这段期间，他大笔挥霍，花了三十万金，从家乡携来的巨款，三年不到，已所剩不多。到了秋天，他在淮南病倒了，卧病他乡，思绪纷乱，既感叹自己建功立业的希望渺茫，又深深思念家乡，唯一能给他带来点安慰的，便是远方友人捎来的书信。

李白在淮南病好之后，又到了苏州古城。这里是当年吴王夫差与美女西施日夜酣歌醉舞的地方，李白怀古有感，写了一首咏史诗《乌栖曲》：

姑苏台上乌栖时，吴王宫里醉西施。
吴歌楚舞欢未毕，青山欲衔半边日。
银箭金壶漏水多，起看秋月坠江波，东方渐高奈乐何！

这首诗后来得到了年纪长他四十多岁的老诗人贺知章的赞赏，称其“可以泣鬼神矣”。苏州的历史遗迹固然引起了李白的怀古之情，但是美丽单纯、温柔浓情的吴姬、越女更让李白赞赏不已。在昔日西施浣纱的苎萝山下，李白为在浣纱石上的越女留下了美丽的速写：

西施越溪女，明艳光云海。

未入吴王宫殿时，浣纱古石今犹在。
桃李新开映古查，菖蒲犹短出平沙。
昔时红粉照流水，今日青苔覆落花。
君去西秦适东越，碧山青江几超忽。
若到天涯思故人，浣纱石上窥明月。

李白由越西归，回到了荆门。在荆门他一待就是三个月。虽然思乡心切，但没有一点成就，他自觉难以回归家园。最后，他决定再度漫游。

二十七岁的李白，在安州被前宰相许圉师招亲为孙女婿

首先，他来到洞庭湖，把友人吴指南的尸骨移葬到江夏，便踏上了通往安州的驿道。孑然一身的李白，有些惆怅。

可是驿车外，正是暮春季节，纷落的花瓣随处可见，特别是一想到这次出游的地点是云梦古泽，李白不由地神采飞扬起来。从李白小时候，父亲就要他读汉代辞赋家司马相如的《子虚赋》。司马相如在《子虚赋》中把云梦古泽写得极为壮丽。写山则奇峰隆崇，崖倾壁削，直上云霄；言水则上下天光，激流推移，涌泉清池。叙述得令李白心仪不已，心驰神往。现在，李白就在这里。

他在江夏结识了僧行融，又从他那里了解到孟浩然的为人，于是便转往襄阳拜见孟浩然，由此写下了著名的五言律诗《赠孟

浩然》

吾爱孟夫子，风流天下闻。
红颜弃轩冕，白首卧松云。
醉月频中圣，迷花不事君。
高山安可仰，徒此揖清芬。

诗中描绘了孟浩然不图名利，白首归隐，醉酒月中，爱花不仕的高雅形象。孟浩然长李白十二岁，两人自此结下深厚友谊。不久，李白到了安陆，在小寿山中的道观住了下来。然而，隐居并非长久之计，他年轻，不若孟浩然那般田园诗人的性格，有着“故人具鸡黍，邀我至田家”的与世无争。李白虽然羡慕孟浩然的“隐世”，仍然想寻找机会，以求仕进。

孟浩然当了媒人，二十七岁的李白，文才得到了武则天时期宰相许圉师的赏识，招为孙女婿。婚前，李白写下《静夜思》：床前明月光，疑是地上霜。举头望明月，低头思故乡。短短二十字，把旅人思念故乡的情怀，寄托在银白色月光之中。这首诗成了“千古思乡第一诗”。

李白的夫人许氏才貌出众，能歌善剑，他俩在离许家较近的白兆山的桃花岩下寓居，过了一阵子幸福美满的婚姻生活，李白的漂泊生涯暂告一段落。可是，李白外出漫游以图功业的心志依然旺盛，千山万水依然等待着他不安定的灵魂，他的创作需要有不同空间与山水的持续刺激，所以流浪的血液会让他停不下来。

在易经有一卦《旅》，说的是“颠沛流离，安然为先”的道理，理的是“失其本居，势涣情疏”的论述。《旅》卦上卦“离”为火、有光明之意、具明察秋毫本质。下卦“艮”则有安稳慎重之意。《旅》六爻之中，阳爻为旅者，阴爻为旅居之地。说的是一种生命哲学，“羁旅”之世，物无正主，近则相依。

人生像“旅行”，旅行是一种不安定的状态。在不安定的状态中，就容易不正常，所以，如何守正又柔顺持中，求得安然度过是大原则。首要从大处着眼，求安定，不斤斤计较小节，计划必须要审慎策划，再三地翔实检讨，方可行动。

李白终其一生不停地在旅途中寻觅，有时状似悠闲恬适，有时却有生命颠沛的窘迫，他有高调的入世理想，却不时出现不如归去的退隐心态。我们细细地认识这位伟大的诗人，他驿动旅行的人生。李白一生创作了大量的诗歌作品，流传至今的有九百多首，作品内涵丰富，明朗自然，想象超绝而且取材宏富。他以一生的旅行，流离或是闲适，都展现了其昂扬奋发的进取精神和追求自由理想的思想意识。李白身处“旅道”，不以自身安定为考虑，凭着潇洒不羁的才气，他选择走颠簸的旅途。

从《易经·旅卦》看二十七岁婚后的李白，如何漫游、壮游、漂游

离

艮

上九　鸟焚其巢，旅人先笑后号咷，丧牛于易，凶。
六五　射雉，一矢亡，终以誉命。
九四　旅于处，得其资斧，我心不快。
九三　旅焚其次，丧其童仆，贞厉。
六二　旅即次，怀其资，得童仆，贞。
初六　旅琐琐，斯其所取，灾。

《旅》卦，上卦离，为火 ；下卦艮，为山。卦象就是山上燃烧着火，火势流行不止，火势不断地向前蔓延，像是人不停地急着赶路。上离下艮，喻示“行旅”的情状，全卦展示羁旅居外的不同处境，揭明正确的“处旅”之道。

第一爻、初六　旅琐琐，斯其所取，灾。

“旅”者，客寄也（就是羁旅），并不是指游山玩水的旅行，而是指凡是失去了本来居住的地方而在四处客寄的羁旅。“羁旅”之世，物无正主，近则相依。《旅》卦六爻，从六二到上九皆是阴阳相邻，只有初六孑然处在六二之下，其细已甚。琐琐，就是细小的样子；斯，隶也。初六以阴居阳，失中不正，又居卑下，乃柔质用刚。在此困旅之人，身穷志短，常斤斤计较琐碎小事，拘泥小节。

六二近于九三，为九三所取，初六穷而无依，虽尚有九四正应，但九四乃阳处离体，其性炎上而不就下，所以虽有正应但无所益于其困阨。因内心琐碎的性情，惹人厌烦，灾难乃自取而来。所以说，“旅琐琐，志穷灾也”。从四川来的知识青年李白，面对文明成熟的江南世界，有近乎耽溺的探索好奇。

结婚后，李白安分了一阵子。一天，打听到孟浩然已从外远游归来，住在鹿门山。鹿门山就在襄阳城郊，李白决定去拜访他。孟浩然是李白的知己，想不到匆匆一别已过多年。

二人一见面，李白的不快为之一扫。李白的血液中有两种矛盾——学道与从政。他的确想当一名把天下治得太平的宰相，然后功成身退，像范蠡、张良一样飘然而去。可是他也有学道的心，想当神仙。在政治的热心上升时，他就放弃学道，政治愿望失落时，他就又想学仙。两边心思不断拉扯，矛盾的人生旅程就显得怏怏不快。

他们一起游览襄阳胜景，饮酒赋诗，叙谈别情。李白在鹿门山小住了些时日，三月中旬，便偕孟浩然同往江夏。孟浩然此行是经江夏而往扬州。烟花三月，李白在黄鹤楼下同孟浩然道别。李白望着渐渐远去的帆影，依依不舍，写下了脍炙人口的名篇《黄鹤楼送孟浩然之广陵》：

故人西辞黄鹤楼，烟花三月下扬州。
孤帆远影碧山尽，唯见长江天际流。

孟浩然的离去，李白又开始陷入“书室坐愁”的思绪，“扪松伤心，抚鹤叹息”慨叹时运不济，“误学书剑，薄游人间。紫微九重，碧山万里。有才无命，甘于后时”，他又感伤自己不为世用。他在政治上的不顺遂，只让他以安陆为中心，各处游荡，李白陷入深深的低迷。一个人在前进的道路上遇到挫折后，最害怕的就是意志消沉，这道精神的堤坝一崩溃，什么都完了。李白夫人在这段期间扮演着坚强的支撑力量，她生有一儿一女，儿子叫伯禽，女儿叫平阳。李白感激夫人对他的纵容与支持，曾有《赠内》诗，心怀歉疚地对她说：“三百六十日，日日醉如泥。虽为李白妇，何异太常妻。”太常妻意指夫妻不同居，这是东汉“太常”官员周泽的典故。

李白想济世却无门，想致仕却无路，这是天才的苦闷。

开元二十五年，七三七年，三十七岁的李白，已经结婚十年了。李白举家迁居山东，在山东，他最常住的地方是任城——现在的济宁，他把家安顿在此，也住了相当久。李白在这里，认识了一群山东名士好友：孔巢父、韩准、裴政、张叔明、陶沔，他们隐居在徂徕山的竹溪，所以世人皆称他们为“竹溪六逸”。他们在此纵酒酣歌，啸傲泉石，举杯邀月，诗思骀荡。李白得到某种程度的解放，他的心理流浪寻找到新的时空。

后人仰慕他们，尽管总觉得“竹溪六逸”有些狂妄而不可狎近。可是，他们的隐士与逸民的心理特征，性之所至，高风绝尘，又让人羡慕不已。台南古迹“大天后宫”拜亭的壁画，原绘者丁清石就画他们六人在山水林泉之间，桀骜不驯，放荡不羁。那是一种悠然自在的文化态度，更是一种理想而浪漫的生存方式。李白在竹溪找到了自在，心灵干渴而导致的“穷而无依”的困顿，得到了舒缓。

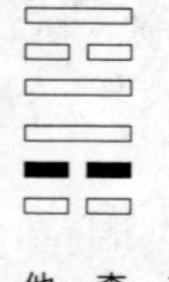

在山东纵酒酣歌，李白等到皇帝的诏书，他快意地赴京了

第二爻 · 六二　旅即次，怀其资，得童仆，贞。

六二、九三之所即为“次”也，指的就是旅舍。六二以柔居阴，柔顺中正，上承九三，下比初六。六二深得处旅之道，柔顺则众与之，中正则处不失当，“次舍”就是旅之所安。资，就是财货，是旅时重要的经济资源。至于，童仆是旅之所赖，古时长途旅行，身边如有仆役或小厮帮忙协助，省事不少。

六二得以“次舍”，怀有旅资，又得有童仆相助，这些都是“旅之善者”。初六柔弱在下，有童象；九三刚强在外，有仆象。

六二柔顺中正，得有内外之心，所以说“得童仆，贞”。李白要进长安了，他需要上上下下的朋友们相助。

在山东，李白的酒喝了不少，但政治仕途当然毫无进展，不过他自称他的剑术又高明了些。这时，从长安送来了皇帝的诏书，要李白赴京。

天宝元年，七四二年，八月，唐玄宗诏令天下“道门龙凤”来集京师，就是皇上征召对道教有深入研究的精英到长安来。已经四十二岁的李白，在朋友元丹丘的推荐下，也接到朝廷召他入京的诏书。李白以为这下子幸运时机来了，他又惊又喜，额手相庆，不仅“呼童烹鸡酌白酒”，而且“仰天大笑出门去”，高歌“我辈岂是蓬蒿人”！真是“春风得意马蹄疾”，李白只用了十天，就跨越两千余里赶到了长安，他以为从此仕途通达。可是，到了长安城，皇门深似海，皇上不是随便可以见到的，李白只能静静地等待奇迹。

李白进长安京城后，结识了卫尉张卿，所谓“卫尉”就是主掌宫门警卫和管仪仗帐幕的大官，可以直接进出宫廷。李白当然寄望卫尉张卿能引荐他，在朝廷中任得一官半职，让他有机会谋国竭节为苍生造福。李白并且透过张卿向玉真公主献了诗：“玉真之仙人，时往太华峰。清晨鸣天鼓，飙欻腾双龙。弄电不辍手，行云本无踪。几时入少室，王母应相逢。”历史上有段超级绯闻，李白与同年次的王维，这两大诗人与玉真公主的三角恋情，这段杜撰情缘在此不表。

李白这次在长安还结识了贺知章，贺知章生性旷达豪放，善谈笑，好饮酒，又风流潇洒，为时人所倾慕。翰林学士老诗人贺知章，这时已经八十四岁，他长了李白四十多岁。事情是这样的：李白有次去紫极宫，不料竟遇见了贺知章。他早就拜读过贺老的诗，这次巧遇，自然以晚辈之礼上前拜见，并呈上袖中的诗本。贺知章颇为欣赏《蜀道难》和《乌栖曲》，兴奋地解下衣带上的金龟，叫人出去换酒与李白共饮。李白瑰丽的诗歌和潇洒出尘的风采，令贺知章惊喜万分，竟说："谪仙人也！"你是不是太白金星下凡到了人间？

贺知章的诗豪放狂放，人称"诗狂"，他的《咏柳》写于年轻时，却是清新俊逸："碧玉妆成一树高，万条垂下绿丝绦。不知细叶谁裁出，二月春风似剪刀。"这也难怪这般浪漫的老少诗人，因此成为忘年之交。贺知章要求李白搬到他家住，以便促膝谈论天下大事，饮酒赋诗。

一天，渤海国使者呈入番书，文字非草非隶非篆，迹异形奇体变，满朝大臣，均不能识。所谓"渤海国"当时统治有东北地区和朝鲜半岛北部。唐玄宗怒道："堂堂天朝，济济多官，如何一纸番书，竟无人能识其一字！不知书中是何言语，怎生批答？可不被小邦耻笑耶！"文武百官皆汗颜无语。

李白知道了贺知章所说的朝廷难事，说："番字亦何难识，惜我不为朝臣，未见此书耳。"于是，贺知章向唐玄宗推荐了李白："臣有一布衣之交，西蜀人士，姓李名白，博学多才，能辨识番书，乞陛下招来，以书示之。"这一段话是《隋唐演义》里的对白。但是，李白却拒绝了，他向皇上的特使谢辞：“不敢奉诏！”贺知章知道李白的心思，他向皇上解释李白不肯来的原因：“今以布衣入朝，心殊惭愧，所以不即应召故也。乞陛下特恩，赐以冠带。”简单地说，他帮李白 A 了五品官职。

李白终于要与唐玄宗见面了。

第三爻・九三　旅焚其次，丧其童仆，贞厉。

九三以第一人称，“六二，我之次也”，而初六隶于六二。九三已经有了六二这个“次”，又想“下”初六，想并有初六当是“亦我之童仆矣”。九三以刚居上，得而忘义，结果一举而两失。

九三以刚居阳，过刚不中，又是艮主，高傲自是！但是“旅道”讲究的是柔顺谦逊，显然，骄亢的九三将拂逆于上，导致焚（上卦为离，有焚象）其次而失其所安。过刚的九三又有“暴下”之象，故失其童仆。这两项的危厉都是自取的困境。在人生旅途不断滚动的李白，不懂高密度的政治竞争，天真的理想幻灭了，他深陷泥淖。

李白得到了唐玄宗的接见，大秀外文能力后，被擢为翰林大学士，让他“随时待诏”，以便为皇上“佐佑王化，润色鸿业”。然而，所谓的“佐佑”和“润色”，并不是他所理解的为国为民建立大功业，而是陪陪皇上喝酒，吟诗佐兴，甚至陪皇上出游。

天宝元年十月，唐玄宗携杨贵妃往骊山华清池泡温泉，李白跟着去了，他的工作是写《侍从游宿温泉宫作》等诗："羽林十二将，罗列应星文。霜仗悬秋月，霓旌卷夜云。严更千户肃，清乐九天闻。日出瞻佳气，葱葱绕圣君。"写这种华丽无营养的诗句，我想，李白他应该很呕！

次年初春，唐玄宗在宫中娱乐，李白又奉旨作《宫中行乐词十首》（今天只能看到其中的八首）；仲春，唐玄宗游宜春苑，李白也去了，奉诏又作《龙池柳色初青听新莺百啭歌》："始向蓬莱看舞鹤，还过茝若听新莺"。总之，"文学侍从"李白的诗句瑰丽浓艳与清新俊逸兼具，在内宫里竟成了"陪唐玄宗吃喝玩乐"的原罪。李白不能忍受"摧眉折腰事权贵"的生活，他醉得更凶了。

天宝二年暮春，唐玄宗与杨贵妃要到兴庆宫沉香亭赏芍药，因为唐玄宗想要听新词入曲的演唱，命李白作《清平调词三首》。这段故事太精彩，之后成了历史逸事，后人津津乐道。

根据李浚《松窗杂录》的版本：唐朝后宫盛开了芍药——像是牡丹的大花。得有四本红、紫、浅红、通白者，这些花被移栽到兴庆宫东，沉香亭前。众花正是繁开盛放，皇上骑著名叫"照夜白"的骏马要来赏花，杨贵妃则是步辇跟从。唐玄宗诏选了梨园弟子中最佳者，得乐十六部。首席音乐家李龟年正准备演奏吟唱，不料唐玄宗却说："赏名花，对妃子焉用旧乐为？"遂命李龟年持金花笺，赶快宣"翰林供奉"李白速速进宫，创作清平调新词。

此时的李白在长安酒肆醉酒。李龟年找到他后，上前宣旨，李白全然不理，吟了陶渊明的诗："我醉欲眠君且去"。李龟年无奈，只有将李白连抓带拖，扶上御赐的玉花骢马，到沉香亭晋见唐玄宗，醉茫了的李白口流涎沫，唐玄宗以衣袖帮忙拭去，杨贵妃则命人取兴庆池水，亲自持杯让李白喝下。此时李白虽已半醒，但醉眼蒙眬，玄宗再赐鲜鱼醒酒汤。旷世的《清平调三章》便是在这种情况下的作品：

云想衣裳花想容，春风拂槛露华浓。
若非群玉山头见，会向瑶台月下逢。

读完大喜的唐玄宗，立刻命李龟年谱曲和唱，唱罢，却意犹未尽，唐玄宗乃着李白再赋一章。李白欣然允诺，但请皇上余樽赐饮，以助酒兴，唐玄宗有些意外，问道如果再醉，怎能作诗？李白回说："酒渴思吞海，诗狂欲上天。"李白自称酒中仙，酒愈醉，诗兴愈高愈豪。唐玄宗乃赐西凉州进贡的葡萄美酒一斤斗，李白一饮而尽，大笔一挥而就：

一枝红艳露凝香，云雨巫山枉断肠。
借问汉宫谁得似，可怜飞燕倚新妆。

唐玄宗览罢，真是佳词！比刚才的更加情兴浓烈！

便教杨贵妃亲捧御用端溪砚，求学士大笔再三。李白逡巡逊谢，濡其笔豪，顷刻间便把诗献上：

名花倾国两相欢，常得君王带笑看。
解释春风无限恨，沉香亭北倚阑干。

根据《酉阳杂俎》里所述“高力士为李白脱靴”故事：“李白名播海内，玄宗于便殿召见。神气高朗，轩轩然若霞举。上不觉忘万乘之尊，因命纳履。白遂展足与高力士曰：去靴。力士失势，遽为脱之。及出，上指白谓力士曰：此人固穷相。”故事说的是，醉李白从长安街上被扶持入宫，因为唐朝宫中有脱靴换鞋才能入内的习惯，李白竟然撒酒疯对着高力士说：“去靴！”要知道这位高力士——皇上倚重最深的太监头——从唐玄宗小时候就伺候起的老宦官，他的势力有多大？太子见了他称其“老兄”，王侯见了称“翁”，驸马一辈的见了要叫“爷爷”。有一次，高力士铸了一个庙钟，谁要敲一下，就要出一百串钱，结果大家争着敲，最少的也敲十下，就是为了巴结他。

高力士当天亲自为飞扬跋扈的李白脱靴，他深引以为耻，他是记恨的。

第四爻 · 九四　旅于处，得其资斧，我心不快。

暂住称为“次”，长居称为“处”。资，指资产；斧，指有大用的工具。九四得有“资斧”，可以去除荆棘，修治次舍。我，九四自称，九四以刚居阴，质刚用柔，用柔则能下。

九四长期寓居他乡，寄人篱下。“得其资斧”，代表九四得有刚明之资和大用之材，但是，因失位不中，还是无法一展长才，心中郁郁不快。李白当然不快乐。离开长安后，他南游金陵时，内心的伤痛依旧：“总为浮云能蔽日，长安不见使人愁”，他用浮云比喻奸臣，皇上是被蒙蔽的太阳。

当然，李白酣畅华丽的《清平调》之后，他的前途也已经抹上阴影。

据说，杨贵妃因为李白写了《清平调》，原是喜欢他的，自己也常常吟唱。可是，高力士乘机说道：“你看，他把你比赵飞燕，多可恶啊！”这话提醒了她，赵飞燕是汉成帝的皇后，舞姿曼妙有翩然欲飞之势，可是她也是因美貌而成为淫惑皇帝的一个代表性人物。杨贵妃认同高力士所言“可怜飞燕倚新妆”的诗句是在讽刺她。自此，杨贵妃嫌恶李白，自然说了李白不少坏话。

天宝三年，七四四年，暮春，李白写了最后一首古风《秦水别陇首》：“秦水别陇首，幽咽多悲声。胡马顾朔雪，躞蹀长嘶鸣。挥涕且复去，恻怆何时平？”就是在这样的心绪下，李白离开了长安。

李白在长安不过三年，头一年为老诗人贺知章赏识，

第二年贺知章告老还乡走了，第三年他自己也走了。除了高力士、杨贵妃的排挤，另一方面，李白究竟是诗人，他在宫里不久，就对自己所处的环境开始不满意，有点醒悟了，他原是无拘无束的人，他爱的是读书，喜的是写诗，处在官场的心机游戏里，李白是不自在的，面对捉襟见肘的窘境，他常常想起年轻时的四川隐士东严子，也想起寄情山水的诗人谢灵运。

夏天，李白到了东都洛阳。在这里，四十四岁的李白遇到正蹭蹬不遇的三十三岁的杜甫。中国文学史上最伟大的两位诗人见面了。唐代的大文学家韩愈曾把李白与杜甫并论说："李杜文章在，光焰万丈长"。他们俩的相识，是文学史上的大盛事。

此时，李白已名扬全国，而杜甫风华正茂，却困居于此。虽然李白比杜甫年长十一岁，而有"包冲淡之趣，兼俊洁之姿"的杜甫也毫不逊色，两人以平等的身份，建立了深厚的友情。他们像兄弟般地友爱着，"醉眠秋共被，携手日同行"，可见他们亲密。对于李白的"飘然思不群"，杜甫很倾倒李白的才思，"酒后见天真"，杜甫也很欣赏李白的醉态。同时，李白送了几首诗给杜甫。

在洛阳时，他们约好下次在梁宋，就是今天开封商丘一带会面，要一同访道求仙。这年秋天，两人如约到了梁宋，在此抒怀遣兴，借古评今。他们还在这里遇到了高适——年纪介于两人之间的著名边塞诗人，高适此时还没有禄位，也还没写诗。三人各有大志，意气相投，因此畅游甚欢，纵谈天下大势，也都为国家的隐患而担忧。杜甫留有诗句"忆与高李辈，论交入酒炉"、"气酣登吹台，怀古视平芜"。

李白与杜甫，他们俩的友谊是在相互切磋、相互鼓励、相互友爱的氛围中成长的。此次梁宋会面，两人在创作上的互动，对他们今后产生了深厚影响。这年的初冬之际，李杜又一次分手了 。

自信、自负的李白依旧以大鹏自许，诗名更加响亮

第五爻・六五　射雉，一矢亡，终以誉命。

六五居二阳之间，可以德怀不可力取。誉，美好的名声；命，福禄也。上卦“离”，是火、文明、附丽，古人也称离为雉，因为它有艳丽的羽翼，也象征文明。六五文明柔顺，得乎中，顺乎二刚，有射雉之象。

“射雉”就是取法于文明之道。射雉时，不虚发，一矢而亡之，以最小的成本“亡矢之费”换取最美好的收获，最终得有美好的誉命。六五柔中顺乎刚，最得“处旅”之道，因乎信而得有同侪之“誉”；又见用于长上，所以有福禄。离开长安后的李白，得识杜甫，两人友爱，相互切磋，日后两人分别得到诗坛最高声誉“诗仙”与“诗圣”之称。

天宝四年，秋天，李白与杜甫在东鲁第三次会见。短短一年多的时间，他们两次相约，三次会见，知交之情不断加深。

这两位都爱吃“生鱼片”的大诗人，尽兴地畅游东鲁。关于生鱼片，唐朝时，已经盛行用磨得飞快的刀，快速将鱼肉切成薄片，李白：“呼儿拂几霜刃挥，红肌花

落白雪霏”，就是当时生鱼片的具体吃法。最终就在这年冬天，两人要分手了，李白准备重访江东，杜甫将远行长安。分手前，彼此依依不舍，肯定两人喝了不少，李白写下《鲁郡东石门送杜二甫》：

醉别复几日，登临遍池台。
何时石门路，重有金樽开？
秋波落泗水，海色明徂徕。
飞蓬各自远，且尽手中杯！

杜甫先走了，李白也准备离开东鲁，南游江东之前，回到沙丘寓所时，他想念杜甫，有了诗作《沙丘城下寄杜甫》，诗劈头就说：“我来竟何事？”这是李白自问，其中颇有几分难言的恼恨和自责的意味。“高卧沙丘城”，高卧，实际上就是指自己闲居乏味的生活，他实在想念与杜甫的旅行：

我来竟何事？高卧沙丘城。
城边有古树，日夕连秋声。
鲁酒不可醉，齐歌空复情。
思君若汶水，浩荡寄南征。

东去吴越，李白从任城乘船，沿运河到了扬州，再转到了会稽，李白先去凭吊过世的好友老诗人贺知章。当年，贺知章要返乡，李白送别的诗句《送贺宾客归越》：“镜湖流水漾清波，狂客归舟逸兴多。山阴道士如相见，应写黄庭换白鹅。”返乡两年后，

"饮中八仙"之一的贺知章病逝故乡。

不久，几个朋友也陆续到了会稽会合，于是李白和他们畅游禹穴、兰亭等历史遗迹，泛舟静湖，徜徉山水之中，即兴描写了这一带的秀丽山川和美丽妇女。李白离开东鲁漫游江南后，就没再和杜甫见面。杜甫对于李白的思念，也只是留在回忆中。

天宝六年，七四七 年，唐玄宗诏天下"通一艺者"到长安应试，杜甫也参加了考试。由于朝廷权相李林甫作梗，编导了一场"野无遗贤"的丑陋闹剧，这位说瞎话天才李林甫，特别以"野无遗贤"为由，上表祝贺唐玄宗，说是天下贤能都已在朝中了，不用再找人了。这个谎言，使得参加考试的士子全部落选，当然包含了杜甫。由此可知，天宝年间的唐玄宗已经昏聩，朝政腐化。当年，李白在长安听了贺知章的建议参加科举，他的落第也与这位妒贤嫉能李林甫息息相关。杜甫在长安正走上李白走过的路，他更加感怀李白当年在长安不得志的日子：

> 李白一斗诗百篇，长安市上酒家眠。
> 天子呼来不上船，自称臣是酒中仙。

另一方面，李白在吴越漫游了几年，漂泊不定。这时国家混乱，情况一年比一年差。在以天下兴亡为己任的心情引导下，他决定去幽燕，就是今北京一带，以探虚实。到了幽燕之后，李白亲眼看到安禄山的部队秣马厉兵，形势已经危急，朝廷依然漠视，自己却无能为力。

安史之乱前两三年，李白漫游于宣城、当涂、南陵、秋浦一带，仍然衣食依人，经常赋诗投赠地方官，以求食宿的帮助。在此次漫游期间，李白因夫人许氏病亡，他又娶宗氏——故相国宗楚客的孙女。家庭舛变，国家多事，李白认真求仙学道，可是又企图为国建功，对于国家安危，颇多关切，虽然漫游各地，心境已与过去有所不同。

天宝十三年，七五四 年，李白五十四岁了，离开长安十年了，他也结束了他的壮游。这个时期，他对朝廷统治者的凶残战争与贪污罪恶，有了进一步的认识，对于苦难百姓多了更深刻的同情。他反战的作品相当多，其中，有他自诉的形式，李白自比为妇女的口吻，反对丈夫被征召出征，如此充满了热爱人民关心百姓的高尚情感，他的艺术成就更到达另一个崭新的高度：

长安一片月，万户捣衣声。
秋风吹不尽，总是玉关情。
何日平胡虏，良人罢远征？

第六爻·上九　鸟焚其巢，旅人先笑后号咷，丧牛于易，凶。

九三“次”于六二之上，上九“巢”于六五之上，皆以刚临柔。六二、六五皆无应，而在“我”——上九之下，其势必我与也，所以“容易取之”。九三焚其“次”，上九焚其“巢”，因为“不义”。九三止于“贞厉”，上九至于“号咷”之凶者。理由是：六五是《旅》的卦主，也是离的主爻，古人称离“畜牝牛，吉”，连六五这样的顺牛，都在“疆埸”走失了，可见上九骄亢鲁莽了。

上九以刚居阳，处在一卦之终，又在离体，其高亢可知，故上九旅人以“飞鸟”比喻。上九处离之上，离火炎上，有焚烧之象。上九飞扬跋扈，无视他人，也不在乎现实，所以先笑，等到凶祸降临，其巢被焚失其寓所，后号咷。上九因轻易丧失其像牛的“柔顺之德”，而致凶。这里，李白不是丧德而致凶，他是因专注理想，疏忽理智判断而失去自由，所以走入“险途”。

安史之乱爆发了，天宝十四年底，李白五十五岁，唐玄宗也已七十二岁了。唐玄宗二十九岁登基，当时李白才十二岁。直到安史之乱，唐玄宗才让位给唐肃宗，也结束了他的时代。“开元”时的青年李白与“天宝”时的中年，重叠着唐玄宗的喜与悲，成与败。李白透过社会繁盛的外表，看出了大唐盛世由盛变衰的种种迹象和隐藏的弊病，而他一直坚持任侠精神，热爱人民，关心百姓。

这时，李白避居庐山。他的胸中始终存在着退隐与济世两种矛盾的思想，可是，一有机会，他的爱国主义的情感还是会强烈涌现，压过他的云淡风轻。“永王”李璘恰在此时出师东巡，李白应邀入幕，成了智囊幕僚。

永王璘是唐玄宗的第十六子，安史之乱爆发之际，他受命为山南及岭南、黔中、江西四道节度探访使，兼任江陵郡大都督，意思就是让他保卫大唐江山的东南方。所以他挥师东下，但是，这是唐玄宗的心思，不是唐玄宗第三子李亨——新皇帝唐肃宗的想法。唐肃宗接管朝政后，命令弟弟永王璘回去四川伺候太上皇，不要逗留东南，虽然安史之乱未靖，但是他怕永王璘一旦在江南立足，就可能和自己争天下。这是唐肃宗的小心眼，也是预防工程之一。

永王没有服从唐肃宗的回川命令。不久，唐肃宗起兵三路包围永王璘。唐肃宗要搞定安史之乱不容易，要除掉小小永王璘困难度不高。两个月后，永王璘即败北，李白也被捕入狱，他非常悲愤：“邯郸四十万，同日陷长平。能回造化笔，或冀一人生。”坦白讲，李白的政治判断真的不佳，他选错边。

李白上诗求救，他的夫人宗氏也为他啼泣求援。来自多方的帮忙，驻扎在浔阳的御史中丞宋若思，把李白从监牢中救出来，并让他参加了幕府。李白在宋若思幕下很受重视，宋若思也向朝廷推荐他，希望能让李白再度得到朝廷的任用。但唐肃宗仍然在乎永王璘事件，不但未见任用，反而下令把李白“长流”夜郎——今贵州梓潼一地。青天霹雳的凶耗，完全出乎意外。

这里有一段秘辛：其实唐肃宗对李白投靠永王璘一事，耿耿于怀，本来要将他处死以泄心恨，后来因为郭子仪出手相助，免于一死。故事是这样的：郭子仪辅佐唐肃宗有功，同时杀退叛军夺回长安、洛阳二京，他恳请唐肃宗以他的“功成官爵”去“赎翰林”，谢谢当年李白的救命之恩（在介绍郭子仪《臣德薄蝉翼，命轻鸿毛》有详文介绍）。史书记录：“上许之。因免诛，其报也。”可是，活罪难逃。当然，李白一定不知道在遥远的长安城，这位中流砥柱的大将军郭子仪，以赫赫战功换取了他的性命。

一样在战乱里颠沛流离的杜甫，十分不放心李白，在听不到入狱后李白的消息之下，写于秦州的《不见》诗，发自内心深处对李白的爱怜、回护、抱屈之情：

不见李生久，佯狂真可哀。
世人皆欲杀，吾意独怜才。
敏捷诗千首，飘零酒一杯。
匡山读书处，头白好归来！

他哀戚地以为李白死了，所以又有了像是挽歌的《梦李白》诗二首。其二：

浮云终日行，游子久不至。
三夜频梦君，情亲见君意。
告归常局促，苦道来不易。
江湖多风波，舟楫恐失坠。
出门搔白首，若负平生志。

冠盖满京华，斯人独憔悴。
孰云网恢恢，将老身反累。
千秋万岁名，寂寞身后事！

至德二年，七五七年，冬，李白由浔阳出发，押往流放之所“夜郎”。因为所判的罪是“长流”——即一去不返，而李白此时已届暮年，“夜郎万里道，西上令人老”，不由更觉忧伤。由于李白在海内颇负盛名，此行沿路受到地方官的宴请，大家都很尊重他，并没有把他看做遭流放的罪人，所以没吃太多苦。

乾元二年，七五九年，春，李白慢慢行至巫山，还没到夜郎，朝廷因关中遭遇大旱，宣布大赦，规定死者从流，流以下完全赦免。这样，五十九岁的李白经过长期的移监辗转流离，幸运获得了自由。他随即顺着长江疾驶而下，到了江夏，由于老友良宰正在当地做太守，李白便在此停留了一阵，呼吸自由的空气。

李白应友人之邀，与被谪贬的贾至泛舟赏月于洞庭之上，发思古之幽情，赋诗抒怀：“剪落青梧枝，灉湖坐可窥。雨洗秋山净，林光澹碧滋。水闲明镜转，云绕画屏移。千古风流事，名贤共此时。”不久，又回到宣城、金陵旧游之地。差不多有两年的时间，他往来于两地之间，仍然依人为生，这是他人生的“漂游”时期。

上元二年，七六一年，六十出头的李白，因病返回金陵。在金陵，他的生活相当窘迫，不得已只好投奔在当涂当县令的族叔李阳冰。次年，李白病重，在病榻上把手稿交给了李阳冰，一生都在漫游旅行的李白，执着游侠思想的李白，赋《临终歌》后与世长辞，那一年他六十二岁。《临终歌》：

> 大鹏飞兮振八裔，中天摧兮力不济。
> 余风激兮万世，游夫激兮挂石袂。
> 后人得知传此，仲尼亡兮谁为出涕？

千年后，我们在余光中《寻李白》的诗句中，找到李白的生命旅行的大河：

> 酒入豪肠，七分酿成了月光
> 余下的三分啸成剑气
> 绣口一吐就半个盛唐

余秋雨说李白：“脚在何处，故乡就在何处；水在哪里，道路就在哪里。”我也在中年岁月才明白“樽中月影，或许那才是你故乡”。“孤独”是李白一生的写照，“花间一壶酒，独酌无相亲。举杯邀明月，对影成三人”，独饮的时候，他孤独；众人熙熙举杯将进酒，他也孤独。“旅行”是李白一生的劳碌，像是森林大火，那一道狂奔的火线，前进前进，再前进。

李白、颜真卿

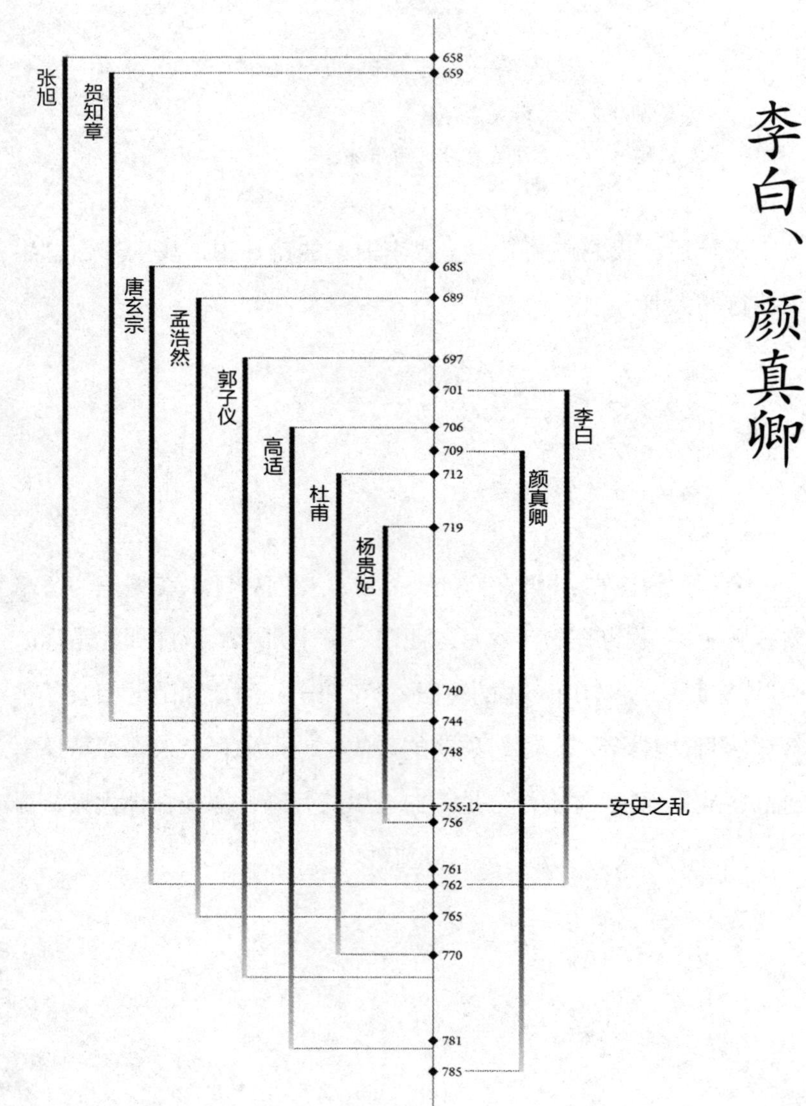

张旭
贺知章
唐玄宗
孟浩然
郭子仪
高适
杜甫
杨贵妃
颜真卿
李白
658
659
685
689
697
701
706
709
712
719
740
744
748
755:12
756
761
762
765
770
781
785
安史之乱

YING XIONG 英雄的十则潜智慧

颜真卿

生死已定，何必如此多端相辱侮

《夬》卦，上卦兑泽，下卦乾天，卦象就是泽中水气升腾于天，

泽上于天，有堤防溃决、洪水泛滥之象，喻示“决断”。夬，是决口的意思。

当国势开始盛极而衰，小人的势力会再度伸长，

君子又将面临对其决断的时刻。

颜真卿一家人在安史之乱时，守住一片冰心，

他的家人至亲陆续遭到乱贼战祸和奸人迫害，

他如何在既不可迟疑不决，也不可冲动的大动乱中，隐忍不动声色，

最后，他选择面对贼人，伸张正义。

天下三大行书之一，关于颜真卿的《祭侄文稿》

几年前台北故宫博物馆展出“晋唐书法展”，吸引我停留最久的展品，是颜真卿五十岁时涂涂改改的墨迹《祭侄文稿》。这是一篇叔父颜真卿祭悼死去的侄子颜季明，“以清酌庶馐祭于亡侄赠赞善大夫季明之灵”的祭文。

文章起先书写着年月日，再写自己是“第十三叔”，接着书写了自己当时的身份官职“银青光禄大夫，使持节蒲州诸军事，蒲州刺使，上轻车都尉，丹阳县开国侯颜真卿”。文章的第二段写的是充满感伤的回忆，家族里优秀的后辈，生命正要开始，却遭屠戮残杀。是谁下手的？

颜真卿说的是那一段历史扉页里惊心动魄，让人不得不侧目的“安史之乱”，他的国，他的家，他的悲，他的痛。战乱暂时告一小段落，颜真卿“携尔首榇，及兹同还”，带回了季明的尸骸。他对着魂魄说：“方俟远日”，等待有一天，也许战争结束了，可以为你找一块墓地，“卜尔幽宅”，好好安葬你这早逝的生命。写到这里，书法字体的悸动，开始有了更多情绪的牵引，我们引述蒋勋老师传神的说明：

> 颜真卿情绪的悲恸纠结变成书法线条尖锐的高音，“魂而有知”开始，笔触流动飞扬起来，与颜体正楷的方正稳重不同，线条似乎逼压出书写者心里的剧痛，“无嗟久客”，不要在外漂荡太久啊，是最后对死者魂魄的一再叮咛。结尾的“呜呼哀哉”干笔飞白，轻细的墨色像一缕飞起的灰烟，仿佛书写也随魂魄而去，颜真卿书法美学的千变万

化令人叹为观止。

书法有篆、隶、楷、行、草等诸形式。其中，“行书”无论从实用还是艺术的角度来说，都是最受广大民众和书法家所喜爱的一种书体。行书与楷书两者是同时出现的字体，“行书萌芽于汉末，行于晋”。由于楷书书写较慢，只用于正式文章或公文。行书则用做草稿或书信，书写时有些随意，不太讲究端正，因此书写时的情绪、神韵往往融入笔墨之间，这是行书最迷人的地方，因为你可以同时阅读到书法家当时的悲喜情绪与运笔的节奏。

“行书”的美学欣赏，“包含了书法艺术中的章法、结构、气韵、笔势、力度、神采、筋骨、血肉的审美范畴，再融进了刚柔、方圆、虚实、黑白、疏密等形式及对立统一的基本规律”。这样的艺术是非常东方的，西洋美学不容易进入到这块领域，运笔似行云流水的境界，嗯，老外确实不容易理解。

“天下三大行书”，指的是王羲之的《兰亭集序》、苏东坡的《黄州寒食帖》、颜真卿的《祭侄文稿》。王羲之在《渐》卦介绍过了，苏东坡在《无妄》卦也有着墨。至于第三位颜真卿，我曾在蒋勋老师的“说帖”演讲中，聆听他细述地说着颜真卿当时挥泪书写着这张《祭侄文稿》帖的哀戚，真是让人动容的故事。关于这位唐朝书法家颜真卿，我们一起来认识他吧！

单亲家庭，童年喜习练褚遂良舒展自如的笔法

颜真卿，山东琅琊临沂人，出生于景龙三年，公元七〇九年。

景龙三年，当时武则天已经去世四年了，唐中宗李显第二次登基，他是唐朝的第四任和第六任皇帝，第一次当皇帝时二十九岁，只在任五十七天，就被妈妈武则天废位，她老人家当了第五任皇帝。李显第二次当皇帝时已经五十岁，政治上的武家势力也已清除得差不多了，大唐的权柄又落入李家，但是他的韦皇后也希望学武则天当皇帝，所以，国家的权力中心依然暗潮汹涌。

颜真卿出生那一年的重阳节，五十一岁的唐中宗登“大慈恩寺塔”宴赐群臣，学士词客献菊花酒，上诗赋颂和赋制。“大慈恩寺”创建于六十年前，贞观二十二年，六四八年，当时太子李治为了为了纪念母亲文德长孙皇后而建，寺院新建落成以后，玄奘法师受朝廷圣命，为首任上座住持，并在此地潜心翻译佛经十余年。寺内有玄奘督建的大雁塔，是唐朝的重要建筑。

不过，第二年，唐中宗这位回锅皇帝去世了，皇位由他的弟弟李旦继任为唐朝第七任皇帝——唐睿宗。但是他在位两年便禅位，皇位再传给二十八岁的第八任皇帝唐玄宗，这位鼎鼎有名的“开元之治”唐明皇。这一年，颜真卿四岁，父亲去世刚满一年，他成了单亲家庭的小孩。这一年，李白十二岁，还在四川求学；至于杜甫，刚在河南巩县出生，一岁 。

颜真卿的父亲颜惟贞，任太子文学，是南北朝时期的北齐“黄门侍郎”颜之推的第四代孙子。所谓“黄门侍郎”是皇帝近侍

之臣，可传达诏令。颜之推，最著名的是《颜氏家训》，这是他以儒家思想训示子孙，用以保持自己家庭的传统与地位，而写出的一部系统完整的家庭教育教科书，成为后人教育子女、立身处世的著名箴规。这是他一生关于士大夫立身、治家、处事、为学的经验总结。影响甚巨，尤其对颜家后世子孙，当然对颜真卿一生的中心思想与价值观，淬炼出不可动摇的“坚贞一志”的气节。

小小颜真卿，由母亲抚养长大，非常孝顺，也勤于读书，少时家贫缺纸笔，他用笔蘸黄土水在墙上练字。史书记录：“真卿少勤学业，有辞藻，尤工书。”他的书法初学褚遂良的笔法，褚遂良是贞观年代的大书法家，学识也博达丰赡，他的字被赞誉“字里金生，行间玉润，法则温雅，美丽多方”，也被列为“初唐四大家”之一。小小颜真卿欣赏褚遂良方圆兼备，舒展自如的笔触风格，他不断临摹，小有成绩。

年轻的颜真卿拜张旭学习书法，悟懂心法，成为大书法家

十七岁年轻的颜真卿，他拜在六十七岁张旭门下学习书法。张旭是初唐首屈一指的大书法家，各种字体都会写，尤其擅长草书，他得有“草圣”的尊誉，张旭喜欢在酒醉之后书写作品，称之为“狂草”，甚至还会揪着自己的长发沾墨，趁着酒意在纸上龙飞凤舞。后话是，天宝二年，七四三年，在长安城四十三岁的李

白与八十六岁的张旭相惜为忘年之交，饮酒赋诗，切磋诗艺，其中还有八十五岁的老诗人贺知章也搅和在一起，时称“饮中八仙”。有没有发现，李白真的很有老人缘呢。

这位大书法家张旭，在一百年后，唐文宗更下诏书称李白的诗歌、裴旻的舞剑与张旭的草书并称为“三绝”。颜真卿就是希望在这位名师的指点下，能很快学到写字的窍门，从而在书法上技艺精进。可是，规规矩矩的颜真卿是个老实人，他不知道这位老师竟是如此“另类”，不仅喝酒后的狂态，连教学的方式都是“另辟蹊径”。

后话是，颜真卿晚年有一方《裴将军碑》，歌颂裴旻，字体非正非行非篆非隶，开创了破体书法的先河。石碑上沿首行刻着“裴将军”三个字，末尾刻有颜真卿名款；中间刻着气势雄浑，词句险绝的五言《裴将军诗》。全诗为十八句九十字，裴将军碑诗文：

大君制六合，猛将清九垓。
战马若龙虎，腾陵何壮哉！
将军临北荒，烜赫耀英材。
剑舞跃游电，随风萦且回。
登高望天山，白雪正崔嵬。
入阵破骄虏，威声雄震雷。
一射百马倒，再射万夫开。
匈奴不敢敌，相呼归去来。
功成报天子，可以画麟台。

颜真卿诗的词气踔烁风发，字字逼人。读后使人对颜真卿讴歌的裴旻那股奇杰腾跃之势油然起敬。碑上的字体兼有楷行籀篆，写得气势磅礴，挺然奇伟的刻字，使人顿增一股凛然的豪气。我们回来说说年轻的颜真卿吧!

拜师以后，张旭完全没解说半点书法秘诀。他只是介绍了一些名家字帖给颜真卿，简单地指点一下字帖的特点，就让颜真卿自己临摹。有时候，他就领着颜真卿一起游山玩水，甚至去赶集、看戏、喝酒。回来后再让颜真卿练字，或者让他在身旁观看自己挥毫疾书。

几个月过去了，颜真卿还在等老师传授书法诀窍，很急，他决定直接向老师提出要求。一天，颜真卿壮着胆子，红着脸说："学生有一事相求，请老师传授书法秘诀。"张旭回答说："学习书法，一要工学，即勤学苦练；二要领悟，即从自然万象中接受启发。这些，我不是告诉过你许多次了吗？"

颜真卿依旧一头雾水，以为老师还是不愿传授秘诀，再向前一步，施礼恳求道："老师说的工学、领悟，这些道理学生都知道了，我现在最需要的是老师行笔落墨的绝技秘方，请老师指教。"张旭大笑，耐着性子开导颜真卿："我是见公主与担夫争路而察笔法之意，见公孙大娘舞剑而得落笔神韵，除了苦练，就是观察自然，这就是诀窍！"接着他讲了东晋书圣王羲之教儿子王献之练字的故事，最后严肃地说："学习书法要说有什么秘诀的话，那就是勤学苦练。要记住，不下苦功的人，不会有任何成就。"

年轻的颜真卿悟懂了。

之后，他又汲取初唐四家特点，兼收篆隶和北魏笔意。五十岁后，一变古法，走自己的路，完全离弃初唐书风，行以篆籀之笔，化瘦硬为丰腴雄浑，结体宽博而气势恢宏，骨力遒劲而气概凛然。最后，创作出雄健、宽博的“颜体楷书”，树立了唐代的楷书典范。和柳公权并称“颜筋柳骨”。

同时，在书法历史上他也成了“楷书四大家”之一，与欧阳询、柳公权和元朝的赵孟頫齐名。他是继王羲之、王献之后，成就最高、影响最大的书法家。苏轼曾赞美：“诗至于杜子美，文至于韩退之，画至于吴道子，书至于颜鲁公，而古今之变，天下之能事尽矣。”杜子美就是杜甫；韩退之就是韩愈；颜鲁公就是颜真卿，晚年时他官至吏部尚书、太子太师，封鲁郡公，世人尊称为“颜鲁公”。

二十六岁的颜真卿中进士，三十四岁时被任命为监察御史

十九岁时，年轻的颜真卿生了一场大病，在床上躺了百来日，治也治不好。有一个道士登门而来，自称是“北山君”。北山君拿出几颗米粒大小的丹砂来救他，十分神奇的是，他顷刻之间就痊愈了。

道士对他说：“你有清正简朴的美名，已经记在黄金台上，可以度世成仙，到天上去做仙官，不应该自己沉沦在名宦的大海里。

如果你不能摆脱尘世的大网，去世的那天，可以用你的形骸炼神阴景，然后得道成仙。”在唐朝，佛、道双轨盛行。颜真卿也熟谙佛、道文化，自安史之乱结束后，他与僧侣、道士的交往明显增加，并热心宗教活动，其诗文、书法创作也多与此有关。

其实，北山君知道他依然有社稷在肩上，这是他生命该走的一段济世旅程。所以，道士交给他一粒丹药，期勉他说：“坚持节操辅佐君主，一定要勤俭，有献身精神。百年之后，我在伊水和洛水之间等你。”

开元二十二年，七三四年，二十六岁的颜真卿中进士，登甲科，顺利踏上仕途。

颜真卿曾经在五原做官，由于前任官吏不清廉，造成了许多冤狱。而当地已经持续干旱许久，乡人渴望下雨。颜真卿到任之后，开始审理这些冤案，为许多无辜的人平反。结果，狱决乃雨，百姓都认为颜真卿感动上天降下了甘霖，这场雨被他们称之为“御史雨”。

天宝元年，七四二年，这是唐玄宗第二个年号，这一年，三十四岁的颜真卿被任命为监察御史。同一年，大唐朝廷在热河、辽宁地区分置了一个新的“平卢节度使”，以安禄山为节度使，一朵乌云悄悄在大唐北边天际形成。

天宝四年，唐玄宗正式册封心爱的妃子二十七岁的杨玉环为“贵妃”，而唐玄宗此时已经六十一岁，他当了三十年盛世的皇帝后，开始有皇上职业倦怠症，怠政的他，丧失了向上求治的精神，他先把国政交由李林甫把持。李林甫为人阴险，有“口蜜腹剑”

之称，任内凭着唐玄宗的信任专权用事达十六年，杜绝言路，排斥忠良，以致言路壅蔽、谄媚当道、忠贞去国、社鼠残害、民不堪命。李白、杜甫等报效国家之路，就断在他的手上。

老糊涂的唐玄宗，在李林甫之后，又把朝政都交给杨玉环的哥哥杨国忠，而杨国忠只知搜刮民财，以致小人当道，国事日非，朝政腐败。

杨国忠身材魁梧，仪表堂堂，伶牙俐齿。早年放荡不羁，穷困潦倒，三十岁时曾在四川从军，发愤努力，表现优异，但是依旧贫困。在长安落脚之后，便凭借着贵妃和杨氏诸姐妹得宠，巧为钻营。在宫内，他经常接近杨贵妃，小心翼翼地侍奉唐玄宗，投其所好；在朝廷，则千方百计巴结权臣。每逢禁中传宴，杨国忠掌管樗蒲文簿，这是唐朝一种赌博娱乐的记分簿，玄宗对他在数学运算方面的精明十分赏识，曾称赞他是个好“度支郎”——会计师。不久，杨国忠便担任了监察御史，很快又迁升为度支员外郎，兼侍御史。在不到一年的时间里，他便身兼十五余职，成为朝廷的重臣。

就这样，另一朵巨大的乌云悄悄在大唐京城的上空形成，风暴即将开始。

被贬黜到平原郡当太守，颜真卿看到了安禄山的野心

天宝九年，颜真卿由监察御史转任殿中侍御史，在御史台下属的三院之一的“察院”任职。唐朝的御史台以“御史大夫”为主官，领侍御史、殿中侍御史、监察御史。

在此期间，御史中丞吉温出于私怨，陷害另一位御史中丞宋浑，谪贺州，宋浑是唐玄宗开元初年时著名宰相宋璟的第四子，也就是名臣之后。路见不平的颜真卿敢于诤言：“奈何以一时忿，欲危宋璟后乎？”他的仗义执言得罪许多人，宰相杨国忠及其党羽便把他当成异己，从此加以排斥，天宝十二年 ，七五三年，他被调离京城，贬黜到平原郡，今山东德州平原县，任平原太守，当时人称他为“颜平原”。

平原郡属节度使安禄山的辖区。

四十岁的安禄山在天宝元年晋升为平卢节度使；天宝三年，兼范阳节度使、河北采访使；天宝十年，又兼河东节度使。至此，五十岁的他，已经掌握了今河北、辽宁西部、山西一带的军事、民政及财政大权。这段时间内他也受封为“东平郡王”，兼有平卢节度使、范阳节度使、河东节度使三个节度使。

安禄山本来姓康，他的母亲为突厥巫师，安禄山小时候父亲早逝，母亲改嫁突厥番官安延偃，所以改姓安，也改名为禄山。安禄山通晓六国语言，初为“互市马牙郎”，这是个在边境负责与游牧民族贸易的督导小官。

从一名小小“互市马牙郎”到“东平郡王”，安禄山取得权势，除了手段狡诈，善于谄媚逢迎，取得唐玄宗、杨贵妃等人的宠信和支持外，还因为河北一带民族杂居，情况复杂，而他熟悉当地情况。另外，当时奚族和契丹族势力较强，不时进扰河北，他以征战或欺诈手法镇压两族立功，被唐玄宗倚为“安边长城”。安禄山青壮年时，身材结实健壮，曾经在唐玄宗与杨贵妃面前作胡旋舞，史册还记录他的舞姿“疾如风焉”。

当他受封“东平郡王”时，安禄山已经十分肥胖，重达一百六十多公斤。

天宝十二年，安禄山谋反刚露出点迹象时，“颜平原”以修缮城池为名，暗中高筑平原城墙，并在墙边挖战沟，招募壮丁，积储粮草，加以防范。表面上，颜真卿作出与宾客泛舟饮酒、不问世事的假象，因为此时，安禄山已经派人监视着颜真卿的动静。

天宝十四年十一月，五十三岁的安禄山谋反，在范阳起兵，以讨杨国忠为名，发动叛乱，挟三镇兵力，直指东都洛阳。太原各地急急传报，疾驰赶到骊山，当时在骊山华清宫泡温泉的唐玄宗，不相信安禄山会叛变，接着不断传来的叛变消息，唐玄宗仍半信半疑，直到他收到了颜真卿传来的情报，才大梦初醒。

在易经有一卦《夬》，说的是“清除小人，刚毅果决”的道理，理的是“大决断”的时刻。《夬》卦六爻论述五刚与上六的决绝关系。本卦从阴阳矛盾激化出发，指明阳刚必须果断制裁阴柔，正气应当压倒邪气，君子应当清除小人。

从《易经·夬卦》看四十七岁的颜真卿和家人们，如何抉择忠烈

兑
乾

上六　无号，终有凶。
九五　苋陆夬夬，中行无咎。
九四　臀无肤，其行次且。牵羊悔亡，闻言不信。
九三　壮于頄，有凶。君子夬夬，独行遇雨，若濡有愠，无咎。
九二　惕号，莫夜，有戎勿恤。
初九　壮于前趾，往不胜，为咎。

《夬》卦，上卦兑泽，下卦乾天，卦象就是泽中水气升腾于天，泽上于天，有堤防溃决、洪水泛滥之象，喻示“决断”。夬，是决口的意思。全卦阐明事物过度增益，势必又会盛极而衰，小人势力再度伸长，又将面临对其决断的时刻。小人诡计多端，清除小人应有万全的准备。提高警觉，不畏非议，隐忍不动声色，在适当的时机暗中进行，一举歼灭。既不可迟疑不决，也不可冲动，应把握不偏不激的原则。

年轻的颜季明，就在父亲颜杲卿眼前被安禄山杀了，身首异处

第一爻·初九　壮于前趾，往不胜，为咎。

前，就是进；趾，初爻为趾，在下而主于行；不胜，难以胜任，承受不了的意思。刚爻从《复》卦开始上长，到《夬》卦时已经长到五位，初九不断地前进，不胜其累，故言“往不胜”。初九以刚居阳，当《夬》之时，居下而任壮，躁动前进，失之过刚，焉能得胜，乃为有咎。

白居易《长恨歌》中所描述安史之乱：渔阳鼙鼓动地来，惊破霓裳羽衣曲。鼙鼓，是古时军队中所用的小鼓。十一月初九，安禄山起兵了，鼓声如雷，天下震惊。唐玄宗好日子过太久了，他只能失魂般地看着前线不断沦陷的传报，而整个长安城已经乱成一锅粥。

身兼范阳、平卢、河东三节度使的安禄山，趁唐朝内部空虚腐败，联合同罗、奚、契丹、室韦、突厥等民族组成共十五万军马，号称二十万，以“忧国之危”、奉密诏讨伐杨国忠为借口，在范阳起兵。当时国家承平日久，民不知战，河北二十四郡除了平原城，太守颜真卿守备很好外，其他城池纷纷望风瓦解，当地县令或逃或降。

安禄山从范阳起兵之初，情报纷乱，许多地方都还搞不清楚怎么回事。安禄山大军到了常山郡，太守颜杲卿是颜真卿的堂兄，人称“颜常山”，他与长史袁履谦“谒于道”——就是迎接长官于路途之中——这是官场的

礼貌，因为颜杲卿曾经是安禄山的部下。见面后，安禄山竟然赏赐颜杲卿紫袍，袁履谦绯袍。私下颜杲卿对袁履谦说："与公何为着此？"就是说安禄山为何要我们穿这些衣服？袁履谦这时才恍然大悟："安禄山要称王！"而非什么"忧国之危"，要清君侧。他们俩开始秘密联络真定县令贾深、内丘县令张通幽，他们计划图谋反贼安禄山。

这时，安禄山大军继续长驱直入，至十二月十三日攻占东都洛阳，仅用了三十五天时间。在这短短的时间内，就控制了河北大部郡县，河南部分郡县也望风归降。次年正月便在洛阳称大燕皇帝，建元圣武，自称雄武皇帝。

天宝十五年春，常山太守颜杲卿应平原太守颜真卿之约，联合起兵断安禄山后路。他设计暗杀了安禄山部将李钦凑，而且擒拿贼将高邈、何千年，并将其押送长安城，交给唐玄宗处置。大唐旗帜在河北重新高举，河北响应的有十七郡。唐玄宗嘉勉了一些有功人员，也敕封颜杲卿为卫尉卿兼御史中丞，袁履谦为常山太守。这时，又有收复失土的好消息陆续传来，杲卿、真卿兄弟兵威大振。

安禄山知道常山郡是掌中刺，一定要拔除，于是派遣史思明等率平卢兵渡河，准备攻打常山城，同时与蔡希德大军会师。颜杲卿派长子颜泉明到长安请求救兵，却遭到太原节度使王承业的阻截，拥兵不救。此时，叛军开始围攻常山城，颜杲卿昼夜抗战，井竭，粮尽，矢尽，六日而陷，城破，颜杲卿与袁履谦同时被擒。

史思明军队也抓到了颜季明，颜杲卿的幼子颜季明往来平原、常山之间做联络工作。贼军要颜杲卿投降，但颜杲卿不肯屈服，还大骂安禄山。贼将把颜季明推到颜杲卿面前，把刀刃架在颜季明的颈上说：“降我，当活尔子。”颜杲卿不理不应。颜季明就在父亲眼前被杀了，而且是斩首，身首异处。

第二爻、九二　惕号，莫夜，有戎勿恤。

莫，就是暮；惕号，受惊呼号。初九是“壮于前趾”要上长，九二也要上长，上长一个位置，就成了《乾》卦的第三爻，《乾》卦九三爻的辞“夕惕若厉，无咎”。莫是暮的古字，“莫夜”就是《乾》卦九三的“夕”。“勿恤”是因为知“惕”而惧，可保平安。九二以刚居阴，刚柔适中，决而能和，最合卦意，九二听闻上六的叫号，而知警惕，入夜之后，也不稍懈，即使发生兵戎事件，也不须忧虑。这是“生于忧患”的延伸。

颜杲卿被贼军押送到洛阳，在洛阳已经登基为“大燕皇帝”的安禄山怒骂：“吾擢尔太守，何所负而反？”当年我把你擢升为太守，你为何要反我？颜杲卿瞋目回骂：“汝营州牧羊羯奴耳，窃荷恩宠，天子负汝何事，而乃反乎？我世唐臣，守忠义，恨不斩汝以谢上，乃从尔反耶？”你这羯族的牧羊奴，窃得皇上的恩宠，今天皇上有啥对你不好的？你为何要造反？我是大唐的臣子，坚守忠义，恨不得杀了你以谢皇恩。

安禄山当然气疯了，“不胜忿”，把颜杲卿缚在天津桥柱，“节解以肉噉之”，这个太残忍了就不翻译了。全身浴血的颜杲卿“骂不绝”，贼军动手“钩断其舌”，就是割掉颜杲卿的舌头。安禄山冷冷地说：“复能骂否？”颜杲卿就此“含胡而绝”，颜杲卿满嘴鲜血，怒目，虽然口齿含糊，但仍大骂不止，直至气绝。颜杲卿享年六十五岁。后话，文天祥的《正气歌》中“为严将军头，为嵇侍中血。为张睢阳齿，为颜常山舌。”颜常山舌，说的就是在历史上这位铮铮英雄。

另一位袁履谦，既断手足，这时，贼将何千年的弟弟刚好在傍，袁履谦“咀血喷其面”，他自己咬破舌头，用大量血水喷向他的脸，“贼脔之”，袁履谦被乱刀砍死，“见者垂泣”。接着，同时被捕的颜杲卿宗子近属皆被诛，其中颜氏一门三十余口被害。而河北、河南诸郡复为贼军所夺取。

天宝十五年，在长安城方面，唐玄宗派在河套平原的朔方节度使郭子仪，和河东节度使李光弼率部从井陉东进，会同平原郡颜真卿的部队经营河北。至于河南地区，则由真源县令张巡率军民坚守雍丘，多犄角击败叛军，确保江淮不失。

当安史之乱之初，叛军气势如虹，唐将封常清和高仙芝二将退守潼关——位于长安和洛阳之间——是京城长安所在地的“东大门”，历来为兵家必争之地。可是，昏聩的唐玄宗误听了监军宦官边令诚的谗言，又处死了封常清和高仙芝。改派病废在家的陇右节度使哥舒翰任兵马副元帅，领兵八万，进驻潼关。已老，已病的这位唐朝名将哥舒翰，知道敌锋正锐，应避之以待援军前来共御潼关。经研拟后，哥舒翰在潼关的二十万大军即坚守不出，惟受宰相杨国忠猜忌。

同年五月，哥舒翰在唐玄宗和杨国忠的严厉威逼下，被迫出兵。六月，哥舒翰被迫开关与崔干佑一战。出征前，哥舒翰知此行必败，大哭。结果，唐军进入隘路，贼将崔干佑命人纵火焚烧的草车堵塞通道，唐军被烟焰所呛，一路大溃。灵宝一战，全军覆没，潼关失守，哥舒翰被擒后被杀，叛军突破潼关险隘，向长安逼进。长安已经完全曝露在贼军的刀光剑影之下，城内的军民惶惶不安，不知所终。

六月十三日，唐玄宗与杨贵妃、杨国忠兄妹及部分大臣、皇子，连同禁军将士一千多人，偷偷地出禁苑之西延秋门，准备向四川蜀地逃窜。行至马嵬驿，在今陕西兴平境内，禁军哗变，杀宰相杨国忠，又逼迫唐玄宗缢死杨贵妃。白居易的《长恨歌》描述了这一段情形：

九重城阙烟尘生，千乘万骑西南行。
翠华摇摇行复止，西出都门百余里。
六军不发无奈何，宛转蛾眉马前死。
花钿委地无人收，翠翘金雀玉搔头。
君王掩面救不得，回看血泪相和流。

颜真卿在洛阳仅得颜杲卿一足，在河北则寻得颜季明头颅

第三爻 · 九三　壮于頄，有凶。君子夬夬，独行遇雨，若濡有愠，无咎。

“君子夬夬”，前一个“夬”是当决，后一个“夬”是当决的时候。君子指九三是刚爻，全卦是五刚决去上六一个柔爻，而唯独九三是上六的正应，九三面临当决的时候，故言“君子夬夬”。“壮于頄”，就是面颧骨强壮。九三以刚居阳，欲决小人，而刚壮杀气见于颜面，“有凶”就是致凶之道。五阳之中唯独九三与上九有应，阴阳和合，故云“独行遇雨”。“濡”是衣服沾湿，遇雨而湿。衣湿故生气，所以“有愠”，愠是生气发怒。“无咎”是没有咎害，因为要决去的是九三的正应，所以才面临当决的时势，也是因为是正应，所以才会“无咎”。

杨贵妃死了。马嵬民众拦阻唐玄宗请他留下，不要去四川，百姓愿意与君王共存亡，唐玄宗不从，执意要走。结果，四十六岁的太子李亨留下，随即往朔方节度使所在地灵武，同年七月十二日即位，尊唐玄宗为太上皇，改元至德，史称唐肃宗。后面的故事，在《人生的十堂英雄课》中郭子仪的篇章已经介绍过了，在此仅做摘要说明。

八月，这时年号已经称为至德元年，七五六年，唐肃宗将郭子仪和李光弼的部队从河北召至灵武，并联合回纥骑兵，准备展开大规模的反攻，夺回长安城。

至德二年，正月，安禄山被其子安庆绪杀死。九月，郭子仪率唐军和回纥骑兵收复长安。接着，又收复东都

洛阳。安庆绪退守邺郡，今河南安阳。唐军与叛军至此陷入胶着。唐肃宗把七十三岁的太上皇接回长安，偏居在兴庆宫，孤寂的老人恋恋不忘杨贵妃，心中尽是对昔日佳人的无限相思。白居易的《长恨歌》所描述的这一段情形：

> 马嵬坡下泥土中，不见玉颜空死处。
> 君臣相顾尽沾衣，东望都门信马归。
> 归来池苑皆依旧，太液芙蓉未央柳。
> 芙蓉如面柳如眉，对此如何不泪垂？
> 春风桃李花开日，秋雨梧桐叶落时。
> 西宫南内多秋草，落叶满阶红不扫。

老唐玄宗从四川归来，他派人前往马嵬坡要移葬杨贵妃，只见一片雪白的杏花迎风飞舞。回到宫中的唐玄宗，仍然思念着杨贵妃，他命道士寻找她的魂魄，此时的杨贵妃已在仙山上司职二月杏花的花神。这段美丽的民间传说，在当时兵荒马乱的年代，算是一页温馨浪漫，也只有爱诗的民族才会有的心思。

同一年，四十九岁的颜真卿因其在平原郡的忠贞表现，受到唐肃宗肯定，他至凤翔授宪部尚书，迁御史大夫，拜为太子太师，封鲁郡公。因此人称“颜鲁公”。他不畏权臣，其刚正、耿介为奸佞之辈所不容，因此一生遭逢多次贬谪。但是颜真卿忠君爱民之心始终如一。无论是身居庙堂还是远处江湖，均忧国忧民。所到之处，政绩斐然，宋以后常将他与范仲淹并提，称“颜范遗风”。

乾元元年，七五八年，颜真卿派长侄颜泉明前往善后，至洛阳仅得颜杲卿一足，至河北则寻得颜季明头颅。颜真卿挥泪写下《祭侄文稿》一文，二十三行，每行十一二字不等，共二百三十四字，字字都是锥心之痛。

《祭侄文稿》是难得的书法墨迹的珍本，也是历史上血泪斑斑的杰作。南北朝后人陈深，对此祭文的笔墨流转说道："祭侄季明文稿，纵笔浩放，一泻千里；时出遒劲，杂以流丽：或若篆籀，或若镌刻，其妙解处，殆若天造，岂非当时注思为文，而于字画无意于工，而反极工耶？"

当年颜真卿五十岁，他的书法境界，进入了新的阶段。书法作字向来有"字如其人"之说。颜真卿一门忠烈，生平大义凛然，精神气节更是反映于翰墨，《祭侄文稿》最为论书者所乐举。此帖本是稿本，其中删改涂抹，正可见颜真卿为文构思，情怀起伏，胸臆了无掩饰，所以写得神采飞动，笔势雄壮，姿态横生，得自然之妙。所有的竭笔和牵带的地方，都历历可见他的哀恸。

整篇仅仅使用一管微秃之笔，以圆健笔法，有若流转之篆书，自首至尾，虽因墨枯再醮墨，墨色因停顿初始，黑灰浓枯，多所变化，然而整篇前后一气呵成。颜真卿以他内心的伤痛，为书法史留下一篇经典笔墨。此行书目前收藏于台北故宫博物馆，镇馆。

第四爻·九四　臀无肤，其行次且。牵羊悔亡，闻言不信。

凡卦初为足，二为腓（小腿肉），三为股，四为臀。就是九四位当臀部，四位是柔位，而九四是刚爻，该有的没有，所以“臀无肤”，居不安。“次且”是“趑趄”的古字，形容走路不敢前进的样子，与踯躅、踌躇、彳亍意思接近。因为臀部没有皮肤所以进退困难。

羊者，抵狠难移之物，指的是九五；牵，挽拽也。“牵羊悔亡”就是说如果九四能够奋勉自强，若牵于九五，则可亡其悔。如果九四刚亢不能纳言，自任所处，闻言不信，一意孤行，处《夬》之时，其咎大矣。

唐朝第九任皇帝唐肃宗，在位六年，死于七六二年，时年五十二岁。同年，诗人李白也去世了。但是，安史之乱尚未靖毕，唐朝第十任皇帝是唐代宗李豫，登基时三十七岁。他的年号有两年的广德、两年的永泰、十四年的大历。

广德二年，在菩提寺行及兴道之会发生一件事，让颜真卿不满！

事情是这样的，古时“乡里上齿，宗庙上爵，朝廷上位，皆有等”，就是说在集会的座次安排，古人是很讲究规矩的，在乡里以年龄为排序，在宗庙则是以爵位高低当是标准，如果在朝廷当然是以官位为准。但是，在菩提寺行及兴道之会进行中，“右仆射”郭英竟为了向宦官鱼朝恩献媚，鱼朝恩是唐肃宗与唐代宗初期的受宠太监，骄纵跋扈，朝野侧目的小人，两次郭英都把鱼朝恩排于尚书之前，如此粗鲁而谄媚地抬高宦官的座次。郭英在广德元年，刚被封定襄郡王，在长安城大起甲第，穷极富丽。有没有觉得小人得志，就是专搞这种马屁事，然后猛晒富贵。

为此，五十六岁的颜真卿引述历代及唐代成规，抗争之，写下此长信，行草书，共有七纸手稿，约六十四行，称之《争座位帖》，亦称《论座帖》。此稿出自颜真卿因不满权奸的骄横跋扈，而奋笔直书的作品，所以通篇刚烈之气跃然纸上。字里行间，显得豪宕尽兴，姿态飞动，虎虎有生气。也显示了他刚强耿直而朴实敦厚的性格。如此掷地有声的文章，今天读来依旧令人肃然。

后话是，次年，永泰元年，郭英继严武之后，任职四川的剑南节度使，他转至四川成都，依旧肆行不轨，他举兵讨伐原先剑南节度使严武的部下崔旰。结果，兵马使崔旰先下手，他率五千兵马猛袭成都城，战于城西，郭英大败，逃亡，被普州刺史韩澄所杀，把郭英脑袋送给了崔旰。至于鱼朝恩呢？他在永泰年间，被加封为国子监事，兼光禄、鸿胪等职，进封郑国公。算是飞黄腾达的首席太监。

大历五年，七七〇年，宰相元载密奏皇上，请唐代宗杀鱼朝恩，并以重金贿赂鱼朝恩亲信周皓、皇甫温二人，暗中观察鱼朝恩所作所为。三月寒食节的时候，皇宫举行宴会，宴会结束后，鱼朝恩准备回家，唐代宗叫他留下来讨论事项。等鱼朝恩一坐定，唐代宗便责难他图谋不轨，鱼朝恩为自己辩护，此时周皓与左右一起将他擒获，缢杀。这位作恶多端，屡进谗言，阻止郭子仪被唐肃宗、唐代宗重用的小人，终于走进历史的灰烬。

宋朝时，苏东坡曾于长安城的安师文家中，见到《争座位帖》的真迹，赞道：“此比公他书犹为奇特，信手自书，动有姿态。”《争座位帖》原迹已佚，北宋长安安师文以真迹模勒刻石，摹刻精妙，碑石现在陕西西安碑林。

唐代宗朝廷小人当道，颜真卿遭贬谪

第五爻·九五　苋陆夬夬，中行无咎。

苋陆，古人有三种讲法：一是认为苋陆即“莞睦”，当喜悦和睦解释；二是认为苋陆是一种水性杂草，又名商陆，其根至蔓，虽尽取之，而旁根复生，喻小人之类难绝也；三是一种动物——细角山羊，这个要从《大壮》卦说起，《大壮》卦九三爻辞是“羝羊触藩”，九四爻辞“藩决不羸”，六五爻辞“丧羊于易”，上六爻辞“羝羊触藩”，都是讲羊的冲突前撞。《夬》卦是由《大壮》卦发展而来，面临最后一个要决去的柔爻，所以“细角山羊”还满通达的。

中行，中道也，九五阳刚中正，居尊位，切近上六，九五为决柔之主，但是又反比之，有如九三与上六相应，必决而又决，处中而行，方为无咎。

颜真卿的《乞米帖》写在永泰元年，正值关中大旱，江南水灾，农业歉收。以致颜真卿“举家食粥来以数月，今又罄竭”的地步，于是不得不向同事李太保求告“惠及少米，实济艰勤”。

按理说，粮食再如何匮乏，也不至于影响到颜真卿一家，因为他当时已官拜刑部尚书、知省事、封鲁郡公，算是高官了，况且他又是平定安史之乱的大功臣，既有功劳又有苦劳，不说养尊处优，至少能做到衣食无忧吧。可是他偏偏就闹到全家已经喝了几个月的稀饭。

《乞米帖》在颜真卿作品中，不算特别突出，知名度没那么高，字数也极精炼，寥寥数句，但读起来却觉得正气浩然，清风扑面。

谈到困窘的原因，他也直言不讳，因为自己“拙于生事”，也就是除了俸禄，他不会创收、生利，没有别的生财之道。著名艺术家黄裳说：“予观鲁公《乞米帖》，知其不以贫贱为愧，故能守道，虽犯难不可屈。刚正之气，发于诚心，与其字体无异也。”宋朝大书法家米芾也评其“最为杰思，想其忠义奋发，顿挫郁屈，意不在字，天真罄露，在于此书”。的确，《乞米帖》不仅是书法艺术中的无价之宝，也是文化的精神财富，研读《乞米帖》，可使我们得到双重享受，既领略了颜鲁公书法艺术的真谛，又受到其高风亮节的熏陶。看他的《乞米帖》怎么说：

> 拙于生事，举家食粥，来已数月。今又罄竭，只益忧煎，辄恃深情，故令投告。惠及少米，实济艰辛，仍恕干烦也。真卿状

次年，大历元年，七六六年，颜真卿因上奏宰相元载“阻塞

言路”，结果他受到元载诽谤，而遭贬谪，任职吉州司马。

大历三年，花甲之年的颜真卿改任抚州刺史。在抚州任职的五年中，颜真卿关心民众疾苦，注重农业生产，热心公益事业。针对抚河主道淤塞，支港横溢，淹没农田的现状，带领民众在抚河中央的小岛“扁担洲”南，建起一条石砌长坝，从而解除了水患，并在旱季引水灌田。抚州百姓为了纪念他，将石坝命名为“千金陂”，并建立祠庙，四时致祭。

颜真卿为官清正廉洁，尽力维护社会正常秩序。抚州有一位学子杨志坚，家贫如洗，却嗜学如命，妻子耐不住贫困生活，提出离婚，杨写了一首《送妻诗》，表明自己矢志读书无奈同意离婚的心情。杨妻将这首诗作为离婚的证据呈给颜真卿，以取得官方认证许可。颜真卿看了杨诗后，非常同情杨志坚的遭遇，钦佩其苦读精神，对杨妻嫌贫爱富的行为进行责罚，并赠给杨志坚布匹、粮食，将杨志坚留在署中任职。为此，颜还将判决书《按杨志坚妻求别适判》公诸于众。颜真卿的这则判词，之后对临川良好学风、淳朴婚俗的形成起了较好的作用。

颜真卿离开抚州刺史一职，已经六十五岁，这一年是大历八年。他再转任湖州刺史。直到大历十二年，宰相元载遭到唐代宗伏诛，颜真卿又回到长安城，拜刑部尚书。两年后，大历十四年五月，唐代宗崩逝。国丧其间，七十一岁的颜真卿任“礼仪使”，八十三岁的郭子仪封“山陵使”。

与叛贼谈判的颜真卿，被敌人绑架，最终被缢死于柏树下

第六爻 · 上六　无号，终有凶。

上卦兑为口，为号叫。上六象辞说“终不可长也”，明示刚爻向上推移，上六最后会被逼退的运动趋势。上六处卦终，乃阳长将极，阴消将尽之时，上六喻小人为五刚所决，已成定局，上六无须叫号，终必得凶。

安史之乱后，唐朝在国内各地遍置节度使，其中一部分是安史之乱的叛将，另一部分是平叛战事中崛起的跋扈将军。他们各统一道或数州，军事民政，用人理财，皆得自主，父死子继，这样的不成文陋规，称之“留后”，不待朝命，就是要耍赖得逞。朝廷无力讨伐，往往姑息了事，世称藩镇。

唐德宗建中二年，七八一年，八十六岁的郭子仪病逝。大唐失去国之栋梁，藩镇们的野心更加高涨。淮西节度使李希烈，奉诏讨伐成德节度使李宝臣之子李惟岳。李宝臣晚年多猜忌，担心儿子李惟岳势弱，属下不服，故诛杀大将辛忠义等人，清除他儿子接位的大石头。李宝臣死了，军中“果然”推荐李惟岳“留后”。可是，刚登基两年——冀想有所作为——四十岁的唐德宗不准，李惟岳打算叛乱，舅舅谷从政则劝他稍安勿躁，李惟岳不听。

除了淮西节度使李希烈，唐德宗又任命张孝忠为成德节度使，与幽州节度使朱滔三路联兵讨伐李惟岳。建

中三年正月，联军破李惟岳于束鹿。李惟岳阵中的契丹人“成德兵马使”王武俊阵前倒戈，生擒李惟岳，将他缢死辕门外，“传首京师”，就是斩下脑袋送到长安，以验明正身，这是当年讨逆结案的重要程序之一。讨伐有功的李希烈，被加封为“南平郡王”（当年安禄山造反前，也被朝廷笼络封为“东平郡王”）。

是骨牌效应吗？不久，山南东道节度使梁崇义造反了。建中三年六月，淮西节度使李希烈奉旨进驻随州，在江陵击败梁崇义，在四望又大败梁崇义。接着，李希烈又于蛮水大破之，一路追到疏口，又破之。李希烈再接再厉直捣梁崇义的最后据点——襄阳城，梁崇义在众叛亲离之下，与妻跳井自杀，“传首京师”。淮西节度使李希烈又立下大功。

同年秋天，李希烈兼任平卢、淄青节度使，奉命征讨李讷——他是第二任淄青节度使李正己的儿子，父亲病死，他封锁消息，自领军政。到了八月时才发丧，要求“留后”，请袭父位，唐德宗不许。李讷反了！几次攻防战中，李讷困守郓州，城中乏粮，他竟然烹食百姓以作军粮。之后又退守濮阳。

到了年底，局势丕变，许多藩镇像是煮熟了的饺子，一个个浮上水面。幽州节度使朱滔自称冀王，魏博节度使田悦称魏王，成德节度使的觊觎者——王武俊称赵王，李讷也顺势称齐王。这四镇连手造反，歃血为盟，以朱滔为盟主。

节度使李希烈觉得造反当个王还满不错的，反正大唐已是纸老虎，所以，他先据有许州——今河南许昌市，自称天下都元帅、建兴王，并铸行军都统印。

就在李希烈举兵攻陷汝州时，朝廷“同中书门下平章事”卢杞，就是宰相，因嫉恨颜真卿，向唐德宗建议派颜真卿去安抚李希烈。卢杞，滑州灵昌人，有口才，“貌陋而色如蓝，人皆鬼视之”，为人狡诈，当年郭子仪见过卢杞后，曾说：“此人得志，吾子孙无遗类矣！”

当时颜真卿已经七十六岁了，他毅然接受了这一任命，朝廷中所有的人都大惊失色，替他担心不已。颜真卿至汝州，到了叛军那里，正准备宣读诏书，就遭受到李希烈手下之人的谩骂与恐吓。颜真卿腰杆挺直，器宇轩昂，毫无惧色，那镇定而又勇敢的气度，反而让李希烈对他敬畏不已。后来有人劝李希烈说：颜真卿是唐朝德高望重的太师，相公您想要自立为帝王，而太师他自己就来了，这难道不是天意吗？宰相的人选，除了颜真卿，还有谁会比他更合适？

颜真卿听到这番话之后，威怒不已，大声喝斥他们不知廉耻，他说：“你知道我的兄长颜杲卿吗？难道你们不晓得，我们颜家都是如此的忠烈吗？颜家的子弟只知道要守节，就是牺牲生命也绝不变节，我怎么可能接受你们的利诱！”

叛唐的淮西节度使李希烈发兵三万，围攻河南襄阳。九月，唐德宗为解襄城之围，诏令泾原节度使等各道兵马援救襄城。十月，泾原节度使姚令言率五千士卒抵长安城。当时天寒地冻，士兵又累又饿，希望能得到朝廷的优厚赏赐，结果一无所得。士兵们出发到了浐水，唐德宗下诏，命令京兆尹王翔犒赏军队，京兆尹王翔只赏赐粗饭，引起了士兵的不满，导致哗变。史称“泾原兵变”。

士兵们扬言:“吾辈将死于敌，而食且不饱，安能以微命拒白刃！闻琼林、大盈二库，金帛盈溢，不如相与取之。”于是击鼓呐喊，攻入京城。唐德宗带着皇妃、太子、诸王等仓皇出逃，跑到陕西奉天，史称“奉天之难”——这是唐朝第三个逃跑皇帝。朔方节度使李怀光来救驾，李晟后来也赶到奉天救援，于是奉天城转危为安。

长期讨逆伐叛的朔方节度使李怀光，不久，因奸臣卢杞畏罪挑拨，而见疑于唐德宗，自危之下铤而走险加入了叛乱阵营。自此，叛乱阵营声势大涨，群魔乱舞。李怀光开始反过来，追击唐德宗，唐德宗再逃到汉中发布了《罪己诏》:“然以长于深宫之中，暗于经国之务。积习易溺，居安忘危，不知稼穑之艰难，不察征戍之劳苦。天谴于上而朕不悟，人怨于下而朕不知。罪实在予，永言愧悼。”

建中四年，七八三年，十二月，李希烈攻入汴州——今河南开封市。兴元元年正月，以汴州为大梁府，自称楚帝，设置百官，年号武成。在当时，所有造反者，李希烈玩得最大，唐德宗也深感棘手，但他自身难保，当然也救不了颜真卿。

李希烈不断地逼迫颜真卿投降，颜真卿不肯，一直被拘押。李希烈攻陷汴州后，他宣布任命颜真卿担任宰相。颜真卿坚辞不受。李希烈派士兵在院中挖一大坑，扬言活埋他，真卿反而说:“生死已定，何必如此多端相辱侮！”李希烈无他法，只得将他囚于蔡州龙兴寺。

不久，李希烈遣将辛景臻积薪于庭，他打算用木材稻草燃火威胁颜真卿，扬言要烧死他：“不能屈节，当焚汝死于此矣。”颜真卿“抠衣”，他把衣服撩高，反而自己扑向烈火。辛景臻见状，急忙拉住他：“特惊汝耳，岂忍焚汝乎！”只是吓吓你，我们怎忍心烧死你。李希烈用尽各种办法皆不能使颜真卿屈服。颜真卿自度必死，乃作遗表，又自写墓志、祭文。

另一方面，唐中兴名将李晟经历艰难险阻，终于击破朱泚、李怀光联军，唐德宗才得以重返长安。战火蔓延到河南，李希烈为刘玄佐所败，逃归蔡州，李希烈之弟李希倩被唐廷处死，李希烈大为恼怒。兴元元年，七八五年，八月三日，李希烈将颜真卿缢死于蔡州龙兴寺柏树下，颜真卿得年七十七岁。

闻听颜真卿遇害，率军讨伐李希烈的江西节度使李皋闻讯大哭，大唐三军将士纷纷痛哭失声。半年后，叛将李希烈被自己手下人所杀，叛乱平定。颜真卿的灵柩才得以护送回京，厚葬于长安城颜氏祖茔。唐德宗痛诏废朝五日，举国悼念。唐德宗亲颁诏文，追念颜真卿的一生是：

才优匡国，忠至灭身，
器质天资，公忠杰出，
出入四朝，坚贞一志，
拘胁累岁，死而不挠，
稽其盛节，实谓犹生。

韩信

你策马月下追谁

《大壮》卦，上卦震雷，下卦乾天，卦象就是天上有雷，雷声响彻天下。

韩信太强了，所以誉有“兵仙”之称，

但是，因为太强了，身上没有煞车，像是一只刚猛的大山羊只会猛冲，

顶着雄壮的天卷角，盲目地向前冲、向前顶，

这样的行为，成就了他，也毁了他。

兵仙韩信，这位杰出的军事家他在潜规则里犯了什么错？

古人喜欢臧否风流人物，然后一一在不同的专业领域里，找出谁是最优者，比如说，至圣是孔子，亚圣是孟子，文圣是欧阳修，武圣是关羽，谋圣是张良，兵圣是孙武，书圣是王羲之，画圣是吴道子，诗圣杜甫，词圣苏东坡，医圣是张仲景，药圣是李时珍，茶圣则是陆羽等等，他们都是了不起的大人物。

但是，古人的“成就哲学”里，有一个“仙”字，代表天马行空，浪漫奔放，意境奇异，才华横溢。所以古人又找出谁是“作品自然，最不用力，天分最高者”：司马迁，文仙也；李白，诗仙也；屈原，辞赋仙也；刘阮，酒仙也。

那么，谁是“兵仙”？

韩信！根据明代政论家茅坤论述韩信：“予览观古兵家流，当以韩信为最，破魏以木罂，破赵以立汉赤帜，破齐以囊沙，彼皆从天而下，而未尝与敌人血战者。”看到没？“从天而下”，而且不须血战即能败敌呢！韩信与张良、萧何三人被称为“汉初三杰”，他们三人辅佐刘邦得有天下，建立汉室江山。

这“汉初三杰”为何只有韩信落得“鸟尽弓藏”的结果？为汉朝立下汗马功劳的军事家韩信发生了什么事？传说，刘邦曾允诺，只要韩信“顶天立地”于汉朝天下，绝不以“兵器”杀之。韩信究竟干了何事？犯了什么错？他非死不可？

韩信虽不是被刘邦下令杀掉的，但直接下手的是吕后。吕后利用了刘邦亲自率兵讨伐陈豨之际，将韩信设计入狱，因为刘邦曾允诺不以“兵器”杀之，所以，韩信被杀时，吕后把他吊在大钟之内，头为大钟所罩——看不到天，脚悬空——踩不到地，这样就不是“顶天立地”了。然后，吕后再使用竹刀（削尖的竹子），另有一说，是用桃木剑将其杀死。吕后以为这样干，就不违背当年刘邦的“承诺”。哎，今天许多政客依然玩弄文字游戏，像吕后掩耳盗铃。韩信被吕后处死了，并诛三族。

刘邦回来后，听闻韩信死讯后，透露出“且喜且怜之”的复杂态度。

“韩信点兵，多多益善”的故事是这样的：项羽自刎，汉朝国基底定。在变相软禁韩信的那些日子里，刘邦经常找韩信聊天，十分悠哉从容地和韩信议论楚汉诸将的才能与差异。有一次，刘邦问韩信，像我这样的，能带多少兵？韩信回答：“最多十万！”刘邦再问：“那你呢？”“多多益善，越多越好！”刘邦笑了：“好好好，多多益善，怎么被我抓起来了？”韩信说，陛下的十万是将，陛下不善将兵，而善“将将”。将将就是驾驭将军的帅，不是驾驭士兵的。

年轻的时候，听了这故事，总觉得韩信太聪明了，回答得真好。人到中年后，再咀嚼这个故事，觉得韩信的答话真该反思一下了，他太不懂封建制度下的“潜规则”，我想，到最后，他可能不知道他是怎么死的。

十九岁的项羽和四十八岁的刘邦加入反秦战争

嬴政十三岁当上秦王，三十九岁统一六国自称秦始皇，之后，开始了“走动式管理”，他不断地巡幸各地，让全国百姓瞻仰天颜，对于这种自我夸耀的方式，秦始皇可谓是自得其乐。他的御辇不仅金碧辉煌，而且尺寸相当巨大，仿佛一座小型宫殿。

巡幸之外，秦始皇还有一件热切渴望追求的梦想。

那就是逃避宿命中的老与死，他天真地以为他几近万能，一般凡夫俗子所不能为的，皇帝或许有可能达成。秦始皇对自称能采奇药、访神仙的方士高调地礼遇有加，也重金悬赏长生不老的灵药。所以，他开始服用“仙药”，结果重金属中毒，最后，他巡幸到“沙丘”的时候崩逝了。那是公元前二〇九年七月的事情。大秦帝国的巨人倒了，宦官赵高的权力欲和丞相李斯的私心作祟，他们伪造遗诏立胡亥为帝，并把秦始皇长子扶苏赐死。大秦帝国像积木高塔，摇晃，开始要崩落了。

前二〇九年，秦二世元年七月，陈胜、吴广在大泽乡首举义旗，他们开了第一枪，一场大规模的全国性起义开始了，而且是以不可思议的规模爆发了起来，“斩木为兵，揭竿为旗”，他们砍了树干当武器，举起竹竿当旗帜，有的地方杀了县令，有的地方斩了郡守。大秦帝国一时之间乱成一锅粥。

当然，群雄并起，彼此之间也是杀成一团。陈胜起兵后就自立为王，六个月后被杀，其他也有一些短命称王的。项梁倒是比较聪明，他立楚怀王的孙子“熊心”为王，你没看错，是这位新出炉的楚王熊心。项梁是楚国贵族项氏的后裔，他的父亲项燕，在秦楚战争时殉国。项梁集团是楚地义军最强大的集团，深得楚地民众之心，项梁是项羽的叔父，这时项羽已经十九岁，体型壮硕，力大无比，他十岁丧父，便一直跟随叔父项梁。

项梁集团中有一位大名鼎鼎的谋士范增，他向项梁说明立熊心为楚王的诸多多理由：一是，陈胜败在自立为王，所以很快成了众矢之的；二是，楚地义军相继加入项军，那是因为项氏“世世楚将”，大家对再立楚王有期待，所以不能迟迟不表态，否则日久生变；三是，现阶段的局势，立楚王有利笼络人心。范增的论述打动了项梁和其他义军头头，当大伙“立楚王熊心”时，另一位投靠项梁集团的刘邦也在现场，所以，他“幸运地”成了拥立功臣。

刘邦是楚人，这时他已经四十八岁了，他在集团中得领十员战将、五千士兵。这位在沛县治下的小村落丰邑出生的农家汉，没有显赫的家世，原来是沛县亭长，就是负责掌管捕盗的差役头。有一次他奉命押解犯人到骊山，途中有不少人逃脱，因为当时让犯人逃脱，唯有死罪，所以刘邦索性放走所有人。他自己也逃亡了，当时罪犯中就有十余人愿意跟随他——这么有义气的大哥——浪迹江湖。

公元前二〇八年，秦二世元年，九月，刘邦率几百人回故乡沛县，在城外，他劝县令响应天下大势，原县令也想当个革命投机者，可是，他临时改变了主意，关闭城门。他想杀掉身边的主管人事总务的萧何、主管狱讼的曹参，因为这两人是革命支持者，萧何、曹参两人趁机逃出城外投奔刘邦。刘邦写了封信给城内的年轻人，说天下百姓受秦的苦已经好久了，现在沛县百姓为县令守城，而今天下“诸侯并起”，早晚会杀到沛县来的，如果大家杀了县令，另外选个“有为的”领袖响应诸侯，可保家室完整，否则只能等死。

结果，城内响应热烈，一群年轻人把县令杀了，他们透过占卜，拥立“中年有为的”刘邦为“沛公”（沛县县令，依照楚国习俗县令称“公”），县中约三千子弟响应起义，自此开启了刘邦的反秦战争。

六年的历史大戏“楚汉争霸”，要登场了！

项梁集团打赢了几个战役，秦将章邯虽然暂时受挫，但他的部队总会获得秦国朝廷源源不断的兵员补充。一个月黑风高的晚上，章邯于山东定陶偷袭了骄傲轻敌的项梁，此役楚军大败，项梁阵亡。

遽失指挥将领这事，对项军可说是晴天霹雳，楚怀王熊心趁机把项军的兵权收为己有，本来项羽理当接收项军独立指挥权，这下子落空了。另一方面，刘邦被封为“砀郡长”，统领在江苏砀郡的军队，他反而成了独当一面的军团首领，远比项羽更有实权。历史真是无法用“假如”来推演，“假如项梁不死”，年轻的项羽不会在六年后陷入四面楚歌，年长的刘邦也不知将来会如何，只能说，历史选择了刘邦放弃了项梁。

秦将章邯袭杀项梁后，以为楚军不成气候了，于是移师北上，去攻击赵地的反抗军。赵向楚怀王求援，于是楚怀王调兵遣将，工作重点有二：救赵和灭秦。北上救赵的大将军是宋义，项羽为副将；至于刘邦则受命入关灭秦。兵分两路的楚军，行前，楚怀王约定谁先夺有咸阳关中一地，谁当关中王，当然这个约定项羽比较吃亏，因为他要先搞定在赵地的秦将王离、章邯，再回头入关灭秦。可是，张狂的项羽不在乎，他根本不相信刘邦这个老家伙可以破函谷关，更何况击败秦军的主力。

六年的历史大戏“楚汉争霸”要登场了。

救赵部队，之所以会安排名不见经传的宋义当大将军，这是楚怀王的小算盘，因为他要利用各种机会抑制项羽，努力摆脱傀儡君王的身份，希望可以获得真正的实权。可是，手无缚鸡之力的宋义，怎能跟军事奇才项羽对抗，在半路上，这位老兄就被项羽以“私通卖国”的罪名买单了，成了项羽重夺兵权的炮灰。接着的“巨鹿之战”是项羽的成名之作，楚军数量远远少于秦军，可是，这场以少胜多的经典战役使我们多了三个成语可以用：“破釜沉舟”、“以一当十”、“作壁上观”。

“破釜沉舟”是说项羽亲自率军渡河，并下令将炊锅打破，将船只凿沉，每人只带三天的干粮，以表明拼死一战的决心。“以一当十”得自《史记》：“楚战士无不一以当十。”结果秦将苏角阵亡，王离被俘，涉间拒不投降，跳到火堆里自焚而死。至于“作壁上观”，则是说巨鹿之战前，虽然已有十几路诸侯军抵达巨鹿准备救援，但都慑于秦军威力，只是屯兵于外围，不敢出战。当楚军率先进攻秦军的时候，各路诸侯军仍闭门不出，各个将领只是从营垒上观望，等到看到楚军大破秦军，各路诸侯军才无不感到敬服，纷纷归顺项羽。

另一方面，刘邦倒是意外的顺利，他计取峣关，进军关中，接收咸阳，约法三章，还军霸上。这个过程太精彩了，我们留着介绍张良时细细观赏。

巨鹿之战后，项羽成了“上将军”，天下诸侯都尊他为盟主，这下子他的虚荣心得到最大满足，不但习惯了天下诸侯对他唯命是从，也越来越享受。他唯一不爽的是刘邦竟然抢先入关接收咸阳，所以，之后有了剧情高涨精彩的经典大戏“鸿门宴”，这一段也要等张良出场时，再细细说个清楚。

鸿门宴后，项羽自称西楚霸王，反之，捡回一条老命的刘邦弯下腰，委屈地分到四川巴蜀，当个只能领军三万的“汉王”。刘邦的部队一路前进南郑之际，因为路程遥远而且艰辛，一部分将领和士兵陆续逃亡。就在一片逃亡氛围与哀唱之声中，“塞翁失马，焉知非福”的刘邦，幸运地迎来了他生命中的贵人——韩信——这位老兄竟然从楚军跳槽到汉军。

在汉军的军事天才韩信，登了场，他要开始发光发热了！

在易经有一卦《大壮》，说的是“大为强盛”的道理，理的是“如何保壮”的论述。《大壮》之道，利于守正而已。处阳刚壮盛之时，不轻用其壮，唯固守其贞正之德，用柔而不用刚，方可常保其壮，所以六爻皆以“刚柔相济”为善。韩信家境贫寒，从一位无业青年，被刘邦拜为大将军，之后他屡出奇兵，成为军事史上，一位绝代的奇葩。人啊！往往会立志上游，可是力争到了上游之后，却忘了“保持”在上游，需要更谨慎的正心。

从《易经·大壮卦》看三十三岁后的韩信，如何展现他的军事天分

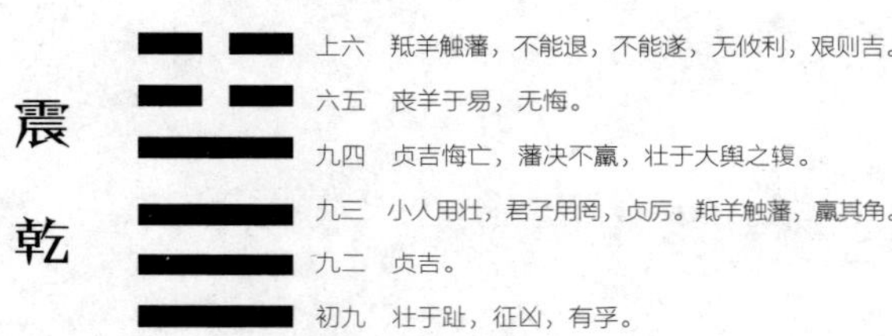

《大壮》卦，上卦震雷，下卦乾天，卦象就是天上有雷，雷声响彻天下。乾为天，特性刚健，震为雷，特性动，刚强威盛。此卦谓之《大壮》，壮者，强盛，阳气从下上升，阳气大动，大大强盛。全卦阐明事物“大为强盛”时，“声势壮大，诚信自守”的律动。此卦既褒赞“大壮”为事物发展的美好阶段，又指出如何善保“盛壮”的道理。

提着三尺剑加入项羽军团，再跳槽到刘邦军团，躁动的韩信险些丧命

第一爻·初九　壮于趾，征凶，有孚。

趾，从爻序取象，初爻在卦的最下位，是脚趾，在下而至于行者。初九以刚居阳，处《大壮》之始，有过刚之嫌，在下而用壮，称“壮于趾”。脚趾的功能是征进，而《大壮》的道理是“止”，故“征凶”。

初九刚爻，刚爻有实，言“有孚”。象辞说：“壮于趾，其孚穷也”。这是一种预言，具有信实的刚爻，再往上勇进会走向穷途末路。就是说，《大壮》的刚爻不停上长，会到第五位、上位，由壮转老。

初九是刚长出来的一个刚爻，跃跃然，征进的心愿很强烈。古人很聪明，说“大壮”的终点是“穷”。我们将以韩信的大起大落来说明。这一爻，默默无名的韩信，太渴望扬名立万，差点成了刀下冤魂。幸好萧何知道韩信的胸中有千军万马。

就在刘邦被封为汉王之后，韩信便申请从项军“转会”到汉军，可能是没啥知名度，他只在汉军领到一个管理仓库粮饷的小职务，这下子更惨了，从火坑跳到了粪坑，本想借着汉军没啥人才，可趁机当上主力，结果事与愿违，韩信惹上大麻烦，因为粮仓团队犯法，他也连坐被判了死刑。

执行处决前，他所有年轻时的委屈全部如电影般倒带了出来：在陈胜、吴广起义前，他还是个无业青年，因为家境清寒，生活也不检点，无法被推举为吏员，当不了公务人员；又不会做生意，所以经商也不可为。只

好在别人家里“寄食”，蹭吃蹭喝，很讨人嫌。韩信他是淮阴人，现在的江苏，所以也算是楚人。他曾经几个月在淮阴县城西一位亭长家蹭饭，结果最后人家老婆忍无可忍，某日，她提早吃了早餐，等到韩信来了，她死活不给他做早餐，韩信气恼但无计可施，他知道怎么回事，就跟那位亭长绝交了。

还有一次，韩信在淮阴城外垂钓，张罗自己的餐食，可惜他连钓鱼的技术都不佳，在一旁的“漂母”看在眼里。关于“漂母”，原来线絮就是蚕茧上剥来粗丝，得在河边漂洗使之变白，因为都是老妇，所以称其为漂母。一般漂母作此粗活，自然也是寒苦人家。当时有一位漂母不忍心看韩信挨饿，“饭信，竟漂数十日。”她竟供餐了几十天。韩信感激涕零，谓漂母曰：“吾必有以重报母。”我将来一定会厚报您的，结果这位老妈妈怒曰：“大丈夫不能自食，吾哀王孙而进食，岂望报乎！”我是同情你的，不是指望你有所回报的！后话是，韩信功成名就时，派人送去千金，以示谢意，这就是成语“一饭千金”的典故，比喻重重地报答对自己有恩的人。

后来，项梁起兵，部队经过淮阴时，韩信便提着三尺剑参加了项军兵团，成了一位无名小卒。当项梁战死，韩信被分配到项羽帐下，担任侍从小官“郎中”，之间，韩信多次给项羽献计，项羽不予采纳。但是，韩信在这段时间，近距离地观察了项羽，他对项羽的个性也了然于胸。

我们再转回韩信被判死刑的现场。同案的十三人都已处斩，就要轮到韩信了，韩信举目仰视，看到了滕公夏侯婴出现，喊道：

“上不欲就天下乎？何为斩壮士？”汉王不是想要得取天下吗？那为何要杀壮士？夏侯婴——他是与刘邦一起革命的同乡——任职刘邦的“太仆”，就是大老板的首席司机，马车驾驭手，也是重要的亲信。夏侯婴觉得此人话语不同凡响，看他相貌威武，器宇轩昂，就放了他。同他交谈后，更觉此人十分了得，于是进言汉王。刘邦既往不咎，但他尚未在意，只给韩信“治粟都尉”——管理粮饷的中级军官。

有提拔没有重任，韩信多次同萧何交谈，萧何不仅赏识他，更讶异韩信的才华。这时刘邦刚被封为汉王，必须前往辖地，三万汉军一路从长安远行到南郑，崎岖难行，加上西行，代表着这些阿兵哥离家越来越远，一路上就有大量的汉军和十数名将领逃亡了。韩信知道萧何、夏侯婴等人，已经多次在刘邦面前举荐过自己了，而汉王依然不用，想想前途无亮，他也逃走了。

萧何听说韩信逃走，来不及跟其他人打招呼，便策马去追赶韩信。有人向汉王报告：“丞相何亡。”刘邦大怒之余欲哭无泪，想想张良已经回到韩地，现在萧何又走了，如失左右手。

过了几天，萧何前来进见，刘邦且怒且喜，骂问萧何为何逃跑？萧何说他不敢逃跑，他只是去追逃亡的韩信。刘邦接着又骂道：“诸将亡者以十数，公无所追；追信，诈也。”我不信，这一路跑了十几个将领，你都不追，偏偏去追一个什么韩信。萧何说：“诸将易得耳。至如信者，国士无双。”其他将领逃就逃了，找其他人补上就有了，可是这个韩信，国士无双啊！成语“国士无双”就是出自此处，说的是国内独一无二的优秀人才。我喜欢这个成语，但也感慨台湾锁国多年，许多专业领域的“国士无双”正迁移国外。

萧何接着说：“王必欲长王汉中，无所事信；必欲争天下，非信无所与计事者。顾王策安所决耳。”汉王，您如果只想待在这里当个汉王，或许用不着韩信，如果您还想夺取天下，便没人可以比得过他，一切就看汉王您怎么考虑了。这个“萧何月下追韩信”的故事，太有画面了，此事后世有着许多演绎。

刘邦表示自己也想向东发展，绝非甘居汉中，一定要取天下。萧何说：“王计必欲东，能用信，信即留；不能用，信终亡耳。”如果重用韩信他是可以留下来，如果依旧不重用，他最终还是会逃走。

第二爻·九二　贞吉。

九二以刚居阴，“刚柔相济”，下卦中位，不过刚，执中守正，不偏不斜，行为适中得体，所以得吉。“贞”具有正固不动的意思，暗隐九二也不宜征进。

这个爻，韩信展现了“英雄所见”的战略，重新开启了刘邦出兵夺取天下的契机。

刘邦听从萧何，高调地宣布要举办“拜将仪式”，黄道吉日，斋戒沐浴，设大坛场。等到授官时，才宣布黑马是韩信，整个部队都惊讶无比，刘邦把秀作足了。“韩信拜将”后，刘邦迫不及待请韩信入座：“丞相好几次向我推荐将军，将军能教我什么良策呢？”对于眼前的大将军，刘邦殷殷地望着他的双眼。韩信先谢谢刘邦的拜将，然后反问了两个问题：“若汉王出兵夺天下，是不是要跟项羽争？”“那么汉王估计自己的勇悍跟项羽相比如何？”第一个答案：是！第二个答案：我不如项羽！

“我也认为汉王不如项王！但臣在他手下做过事，让我来告诉您项王的三大弱点吧！第一，项王在战场好勇斗狠，以一当千，但他不会用将用人，只能算是匹夫之勇；第二，项王对自己人心慈手软，将士生病他还会掉泪，但是部下立了大功，要加爵封位之时，大印的棱角在手上都被磨圆了，他还舍不得给人，这是‘妇人之仁’（这个成语的典故出自此处，比喻处事姑息优柔，不识大体）；第三，不得人心，百姓服从他，只是因为害怕。”

接着韩信又分析了先进关中的好处，他提出著名的“汉中对策”，结论是：“汉王您随时都可以进入关中，三秦大地只需一张布告即可搞定！”如果你是大公司的老板，你新任的业务执行长跟你说：“简单！这样就搞定！”不晓得你会如何响应？下面是韩信的分析：

> 项王诈坑秦降卒二十余万，唯独邯、欣、翳得脱。秦父兄怨此三人，痛入骨髓。今楚强以威王此三人，秦民莫爱也。大王之入武关，秋毫无所害；除秦苛法，与秦民约法三章；秦民无不欲得大王王秦者。于诸侯之约，大王当王关中，民咸知之；大王失职入汉中，秦民无不恨者。今大王举而东，三秦可传檄而定也。

上文有两点要说明一下：“项王诈坑秦降卒二十余万”，那是巨鹿之战后，有二十万秦军降了项军，但是五个月后，项羽在河南新安这个地方，“楚军夜击坑杀秦卒二十余万人新安城南”，项羽残忍“坑降”，二十余万个秦民的家庭破碎了。二十余万个家庭都成了项羽的仇人。

“唯独邯、欣、翳得脱”，说的是，当时率秦军余众投降的秦将章邯、司马欣、董翳三人，他们不但没被坑杀，反而在项羽分封爵位时，得到了诸侯王的大礼，大富大贵。天下诸侯的盟主项羽，自称西楚霸王，他所分封十八路诸侯中，“先入定关中者王之”的刘邦，被分配到巴蜀。而原来秦朝的富饶之地关中地区，分成三份，称为“三秦”：章邯被封雍王，都废丘；司马欣被封塞王，都栎阳；董翳被封翟王，都高奴。三人的政治责任就是遏制刘邦东进。问题是秦民恨透了他们三人，所以，这是刘邦最大的利基。

韩信的成名作“明修栈道，暗度陈仓”上场了。

他向刘邦提出作战计划，竟然与当初张良建议烧毁栈道的时候，曾向刘邦说过的一样。刘邦见他们两人先后所定的计策竟然完全一样，高兴地说：“英雄所见，毕竟略同！”由此，后来就形成了“英雄所见略同”这一成语。话说回来，韩信他募集巴蜀的原住民，成立高山特种部队，然后大动作地修复当时刘邦入蜀之时所烧掉的“栈道”，吸引雍王章邯重兵戒备。此时韩信率领精兵与特种部队翻越秦岭，出大散关，直逼陈仓。这时章邯如梦方醒，仓促应战，狂败后退，一路被韩信打得落花流水，退回废丘城苦守。同时，刘邦率领大军兵分两路，司马欣与董翳只象征性地挣扎一下，就相继投降。章邯等无项羽的救兵，韩信又引河水淹废丘城，章邯自杀。

刘邦一下搞定关中三秦，大声喊道："我刘邦又回来了"。成语"暗度陈仓"则解释为"从正面迷惑敌人，而从侧翼进行突然袭击"，亦比喻暗中进行活动。

认输，是扳回的起点。

惨败的刘邦，惊恐甫定后，再次重用韩信

第三爻 · 九三　小人用壮，君子用罔，贞厉。羝羊触藩，羸其角。

罔，就是"无"或是"不"。"小人用壮"，小人指的是体力劳动者，引申小人依靠自己的壮盛，恃强凌弱。"大人用罔"，大人指的是脑力劳动者，引申说法，君子不用这一套。羝羊，长着一对强壮大角的公羊，《大壮》卦用"羝羊"比喻状态。藩，篱笆。羸，就是缠绕也。

九三以刚居阳，过刚不中，居乾体之上，是壮之盛，像头大公羊。见藩篱挡其道，辄以大角触之，用壮如此，必羸其角。九三爻上下都是刚爻，强强相遇，撞不出去，进退不得。所以说"大人用罔"。这个爻，得意的刘邦，就是那头"公羊"，率领五十六万大军撞进了项羽的大本营。

刘邦太爽了，他决定"揪团"组联军，攻打项羽的巢穴"彭城"。

章邯之所以苦守废丘城，等不到项羽的援军，那是因为当时项羽正忙着出兵击齐。刘邦“还定三秦”的战役时，项羽正在齐地与田荣对峙中，分身乏术。项羽的日子很难过，探究原因，还是回归到当初项羽分封十八国时赏罚不公，乱搞恶整。

刘邦联络了五国诸侯：河南王申阳、韩王郑昌、魏王豹、殷王司马卯和赵王歇。人数多达五十六万之众，一路浩浩荡荡前往彭城——现在的江苏徐州——楚国的京城。途中巧遇老同乡董公，跟他诉说项羽将楚怀王奉为“义帝”之后，强行把他迁往江南乡野，随即下令杀了他。刘邦听了，“袒而大哭”，扯下袖子掩面痛哭，为义帝发丧哀悼，哭祭三天。然后跟各诸侯一起昭告天下要铲除这位“擅杀义帝的罪人”。

举着正义大旗的刘邦，公元前二〇五年四月，联军没费啥力气，攻入西楚国的心脏之地——彭城。众诸侯兴奋地“日置酒高会”，就是每天大摆酒宴，然后把项羽在彭城的金银财宝和红颜美女统统接收。他们完全不知，项羽以惊人的速度，领三万精锐骑兵离开齐地，悄然逼近彭城。一个清晨，项羽拂晓袭击，不到几个小时，联军溃败被杀或跳河淹死者有十余万人，所有的人都在狂逃，刘邦仓皇逃到下邑，联军瓦解，刘邦的父亲与妻子被俘。

在下邑惊恐甫定的刘邦，问张良说：“我打算舍弃函谷关以东的地方作为封赏，现在有谁可以与我一起建立功业？”“有三人！”张良回答：“九江王黥布，他曾是楚国骁将，现在与项羽有隔阂；彭越是第二个人；您手下的将领，只有韩信可以重用。”这就是历史上有名的“下邑画策”。

公元前 二〇五年五月，刘邦退到了荥阳才稳住脚步，组织起有效的防御战线。韩信在此地收聚起各路的败军，萧何也及时调集关中的老弱，到荥阳补充防御军力。而刘邦这次吃了项羽骑兵队的大亏，他选派灌婴为骑兵将领，配上两名秦将为左右校尉，他要新建汉军骑兵军团，重新盘整。认输，是扳回的起点。

但是，原来跟随刘邦伐楚的诸侯，纷纷叛变了，楚国这个大西瓜证明了它的吸引力。刘邦听到魏王豹脱离联盟，立即意识到事态的严重性，因为魏国地理位置的威胁性太高了，南下可轻易切断荥阳的粮道，西行可绕到汉军大后方的关中。刘邦派出历史上著名的辩士“郦食其”（郦食其的读音为丽易基），前去说服魏王豹，希望可以兵不血刃地解决这个难题。可惜失败。但是，郦食其还是带回来一些有用的军事情报。

刘邦决定派出韩信率军伐魏，韩信的战争二部曲要开始了。

第四爻·九四　贞吉悔亡，藩决不羸，壮于大舆之輹。

决，冲决、突破的意思。九四以刚居阴，"刚柔相济"，处《大壮》之时，诚以守正为吉而无悔。九三上面有九四阻挡，像是有藩篱障碍不能前进。九四则是二柔在前，所以"藩决不羸"从藩篱中冲决出来。

九四是《大壮》的主爻，故言"壮于大舆之輹"，是说车輹很坚固，前进的大车不可阻挡。古人没坦克车，如果有，他们应该会说大舆就是像坦克车、破冰船。从九四的发展态势来看，上面的两个柔爻已无力阻止他的上进。这一爻是说冲破藩篱，势如破竹，具有摧枯拉朽的威力。

韩信疑惑地问郦食其："你确定魏王用柏直当大将军，没有用实战经验丰富的周叔？""太好了，魏豹这个笨蛋！"他分析柏直必然凭借黄河天险，扼守黄河主要渡口，采取固守的战略，进行持久作战。所以，韩信审时度势，针锋相对地制定了速战速决的战略，决定用奇袭的战术一举击破魏军的防线。

果然，柏直封锁了从黄河西岸临晋到蒲坂的渡口，并派重兵把守，阻止汉军渡河。韩信在黄河西岸布置大量的疑兵，陈列了许多渡船，摆出一副要从这里渡河进兵的架势，暗地里却派曹参率部向北进发，到黄河北部的夏阳。制作了大批"木罂"作为简易渡河工具用，"罂"是大腹小口的瓦缶，"木罂"是木柙夹缚众罂缶而成的浮渡工具。奇兵从夏阳以木罂缶渡河，袭安邑。魏败，魏王豹被擒。韩信消除了魏对关中和黄河以南地区的隐形威胁，取得了汉军开辟北方战场的第一个胜利。同时，“木罂渡军”也创造了中国古代战争史上声东击西、出奇制胜的著名战例。

韩信收编了魏国散兵加上原有的精兵，全部调回荥阳前线交给刘邦统筹。然后，他再向刘邦自告奋勇，愿意带三万精兵，不多，“北举燕、赵，东击齐，南绝楚之粮道，西与大王会于荥阳”。对楚实施战略包围的建议，刘邦同意。

代国在今山西北部，赵国在今河北中南部，这两国算是兄弟之邦。代国兵力比较弱，韩信锁定他为先下手目标，同时代国陈余不在国内，他在赵国都城辅佐赵王歇，驻守代国国内的是国相夏说。结果没两三下“大破之，斩夏说”。

韩信以兵数万，东进井陉，准备进攻赵国。赵王歇和陈余闻讯，聚兵在井陉口，号称二十万。赵国名将李左车向赵王歇献策：“韩信军锋锐不可当，但远离汉地，后勤供应不上，士卒必定饥疲。井陉的道路狭窄，您只要深沟高垒勿与，给我奇兵三万人，绕走小道前去截断汉军后路粮道，使他们前不能战，后不能退，不出十日就可将韩信、张耳两人的头挂在您的旗帜下。”但是，陈余这个书呆子，他说我们是正义之师，不用诈谋奇计！

韩信闻知大喜，担心的事不再，这才下令行军井陉道，离井陉口三十里处安营扎寨。当夜，派万人先行渡过绵蔓水，背水为阵。天一亮，汉军高举韩信、张耳旗帜，击鼓前进到井陉口叫阵。赵军开城门迎战，汉军诈败，丢下旗帜，逃往绵蔓水的水阵。赵军追到水边，嘲笑韩信不知带兵布阵的基本常识，竟然把部队驻在河畔险境，一阵猛攻汉军，可是，他们就是打不垮“背水一战”的韩信大军。

同时，韩信早就选两千骑兵持汉帜作为奇兵，先令他们隐蔽不动，待赵军出营作战，再乘虚迅速将赵营的旗帜全部换成汉帜，红色的汉帜在赵营上空随风飘扬。赵军不能胜背水的汉军，放弃水边战场，欲回赵营，而赵军营上已插满汉帜，大惊，以为赵王已经被汉军俘获，志溃大乱。最后的局面是：背水汉军与两千奇兵前后夹击，大破赵军，斩陈余于泜水上，擒杀赵王歇。这个故事就是成语“拔帜易帜”的典故，比喻取而代之。

韩信派使者报告刘邦战果，刘邦立张耳为赵王，镇守赵国。韩信准备率军前往齐地。

韩信以一万多个囊沙『筑坝、决堤』，阻断楚齐联军的退路，智胜之

第五爻、六五　丧羊于易，无悔。

丧，是丧失；易，就是“埸”的古字，有疆埸，边界的意思。

六五是柔非刚，已失去羝羊的刚壮，故云“丧羊”。六五处在与刚爻相接的地方，首当其冲，刚爻壮大，柔爻弱小，因此有公羊在边界走失之象。六五以柔居中，无用壮之弊，损失是有的，但是明白“时势如此”，也就没什么忧悔。

“井陉之战”结束，韩信重金悬赏活捉赵将李左车，果然，李左车被俘绑来韩信大营，韩信亲自为他解开绳索，让他坐在尊位，韩信则坐东面西，以弟子之礼向他请教：“我想北攻燕，东伐齐，该如何是好？”李左车推辞说败军之将，怎么配谈这种大事。几个来回对话后，韩信依然很客气地请教，被诚心打动的李左车开始分析，善兵者“以长击短”：

您已经名传海外，威震天下，现在燕国农民都已不耕种，整天吃喝玩乐，他们觉得自己的国家即将不保，还不如在家等着您出兵。所以，汉军先休息整军，暂留赵国，收养遗孤。然后把大军移驻在前往燕国的大路上，写一封信，把汉军的优势铺陈一番，找个能干的辩士送去，燕必不敢不听从。

燕果然不战而降。另一方面，刘邦与项羽在荥阳依然相持不下。但是刘邦同时关注韩信的进度，他决定派出郦食其出使齐国，也想让齐国不战而降。

郦食其见到了齐王，问道：“王之天下之所归乎？”这是辩士该有的开场白，先要兜着圈子问问题，一层一层地对话下去，像剥洋葱一样。齐王说他不知道，郦食其说如果齐王您知道了，便可保齐国上下平安无事，如果不知道，“即齐国未可德保也”。齐王好奇地问：“天下何所归？”“归汉！”双方对话就这样一来一往，郦食其分析项羽的不公不义，大家积怨很深，可是汉王不同。所以，这天下岂不迟早要归汉？说了半天，天下就是没你齐王的分，早点选边吧！齐王与齐相同意归汉了，或许郦食其的口才真的不错，但真正让齐王俯首称臣的是韩信的战斗力。

行军到一半的韩信，听到郦食其已经说服齐王投降，他本打算停止进军，却被手下的一位辩士蒯通劝阻，他说虽然汉王遣派使者劝降齐王，但并无诏书要我们停止战斗行动。否则，将军您的功劳将不如一个儒生。韩信决定继续发兵追击，兵临齐都临淄。齐王田广认为这是郦食其骗他，玩两面手法，要将他烹杀，六十五岁的郦食其自知必死，面无惧色，说："举大事不细谨，盛德不辞让。"能干大事的人都不拘于细节，有高尚道德的人做事从不推托不前。后世，有人为高阳酒徒（少年时就嗜好饮酒，常混迹于酒肆中，自称为高阳酒徒）郦食其写下这样一幅挽联给自己：

是七尺男儿生能舍己；
作千秋雄鬼死不还家。

项羽听说韩信破了齐，立即派出主将项他与骁将龙且为副将，率领二十万大军，奔赴齐地援齐。仗还没开打，有人向龙且建议，汉军是客队，我们楚齐联军享有主场优势，先守住阵地，派出齐国大臣去被汉军占领的城池安抚，当百姓听说齐王尚在，一定会起身反抗。龙且不听，说韩信胆小怕事，而且，如果他不战而降，那我们不是就白跑了一趟吗。于是，汉军与楚军隔着潍水各自为阵。

韩信趁夜于潍水上流装填了一万多个沙袋，堆造一座土坝，形成堰塞湖。第二天，韩信率军渡河攻击龙且军，才走到一半，汉军假装害怕败走。搞不清楚的龙且大呼："固知信怯也。"我就知道韩信胆小，率军渡河追击。韩信看到龙且领楚军抢攻过来，当少数已经渡过了河，而多数还在途中，甚至在河床上，他下令决堤！河水顺势狂流而下，楚军大部分被波涛汹涌的河水阻隔在对岸，跟着龙且过河的楚军，成了少数，于是被韩信率军从容围剿，龙且阵亡。束手无策在对岸的楚军，眼睁睁地看着骁将龙且被杀，大军溃散而逃，混乱中齐王田广也被杀。齐灭。

卡住的项羽，不能退，不能进。战败的项羽与战胜的韩信都是输家

第六爻・上六　羝羊触藩，不能退，不能遂，无攸利，艰则吉。

遂，就是遂心如意。上六处一卦穷极之地，初九说是趾，上六则是角，上六虽是阴爻，但处角位，所以仍以羝羊触藩言之。上六以柔处上卦震体之终，是当壮之极，像是羝羊触藩，后无可退，前无可进。上六是《大壮》之末，再发展下去，很快会由壮转老。不审时度势而冲撞决突是没用的，“无攸利”。

但是，卦理说上六这种进退失意的情形，不会持续太久，如能在艰难之中自守，就会否极泰来。所以说“艰则吉，咎不长也”，这个道理郭子仪懂得，可惜韩信太年轻了，他不懂。

另一个场景，刘邦依然在荥阳与项羽对峙中，陷入苦撑待变的窘境，天天殷殷地盼，希望韩信能率军前来，左右夹击项羽。结果，竟盼来了韩信一封信函，以齐地未稳为由，自请为假齐王。假，就是代理。看了韩信要求

代理齐王的信，刘邦大受刺激，大怒，对着信使破口大骂："我在此困了两年，就盼着你来助我一臂之力，你现在竟得寸进尺！"

张良、陈平此时刚好在刘邦左右，两人同时往刘邦踹了一脚，附在刘邦耳旁建议：给他吧！我们现在动弹不得，不能阻止他称王，何不干脆趁机善待韩信？刘邦立刻反应过来，顺势说下去："大丈夫定诸侯，即为真王耳，何以假为？"要，就应该理直气壮地要真王，要什么假王？这个转得快。刘邦派张良去封真齐王。同时征召齐王率军共同击楚。

齐地人心不稳，或许如韩信所言，须"有人"主持大局，所以他要当王。确实，韩信有一定的政治野心，他真的如龙且所言"固知信怯也"，胆小，很想又不敢明着要，韩信有大功，是真的，但是，乘人之危时开口，真的糟透了。这个局让他不上不下，不前不后，阴影已经笼罩着上空。

项羽也派人来向韩信拉票。韩信身旁的辩士蒯通一直在吹耳风："天予不取，反受其疚；时至不行，反受其殃。"老天给你的，你不要，反而会受到怪罪；时机到了，你不行动，到时会受到连累。蒯通的建议是：你可以当第三势力，举着"为百姓请命"的理由，要求刘邦、项羽停战，这时就是"三分天下，鼎足而立"的局。韩信内心挣扎后，叹说汉王对我太好了，我不能见利忘义！

至于荥阳、成皋战线，楚汉双方已经对峙了二十七个月。刘邦靠的是兵粮充足，虽然败仗不少，但是萧何在后方不断提供粮草，韩信也源源补上相当多训练有素的精兵，所以，刘邦的兵越来越多。反观项羽楚军虽然战胜次数居多，形势却是每况愈下。

双方都累了，决定和谈，中分天下，项羽把人质——刘邦的父亲和妻子还给了刘邦，以运河“鸿沟”当是“楚河汉界”。项羽引军东归。

项羽刚走人。张良、陈平马上建议刘邦说：“现在放过项羽，无异于养虎为患！”刘邦早就有谱，听完分析，点头称是，下令毁约、追击项羽！

公元前二〇二年十月，刘邦一路杀到河南的阳夏。刘邦立即约韩信、彭越参战，共同会师歼灭楚军。到了固陵，韩信与彭越竟然爽约没有参加会战，结果刘邦反而被项羽的回马枪打得大败，只好死守固陵城。这时，张良建议，请刘邦“有料”、“务实”地“公分天下”，将陈郡直到海边之地全给韩信，睢阳以北至谷城之地全给彭越，当是酬庸“使各自为战”，刘邦说善！分封的消息传到，韩信立即从齐地发兵，彭越也从魏地出兵，三方合围楚军。

剩下的戏码就是，棒球第九局，最后的决战：刘邦与项羽即将在垓下开打。当时的汉军战阵是韩信居中，他手下两位将军分别布阵左右，而刘邦则在韩信的后方。韩信与项羽先对战一场，平手，不分上下，左右将军随后率军包抄，加入战场，韩信再回杀过来，项羽大败，身陷“十面埋伏”。为免后顾之忧影响项羽突围，虞姬于项羽面前自刎。最后，所有楚军全部战死，项羽独自力战汉军，最终自刎而死。整个“楚汉争霸”到此落幕，这时刘邦五十五岁，项羽三十一岁，萧何五十六岁，张良四十四岁，韩信四十岁。汉军这一场历史性战役的主要任务，是救援投手韩信完成的。最终，刘邦赢得大汉王朝的江山，项羽在汉风楚雨波澜壮阔的争霸中赢得美名，后代百姓奉他为五水仙尊王之一，飨有人间香火两千多年。

而最后被吕后诛杀的韩信呢？这位折翼英雄的后代怎么了？相传萧何为保存其血脉，命蒯通匿藏其二子于广东。当年兄弟二人为了避仇而分道扬镳，因而将“韩”字拆开，成“卓”、“韦”二字，两兄弟分别从之。

“大壮”是美好的境界，但是，壮大了，有力量了，往往会倚势压人，就像一头公羊，用大角抵触篱笆，结果常常是角被藩篱挂住，无法摆脱。《易经》说，如果能迅速改正，是可以决破篱笆，摆脱营垒。可是，如果继续壮大，则又容易失落在田畔。像是人出名了之后，许多人把握不住自己，最后把自己走失了。“大壮”是好事，但是，让每片叶子都翠绿，才是长青的树。树大会招风，花艳会惹蝶，这是常理不要畏惧。

但是，很少人知道，真正的大树，不怕风。项羽、韩信怕风，刘邦才是真正的大树，是赢家。

韩信

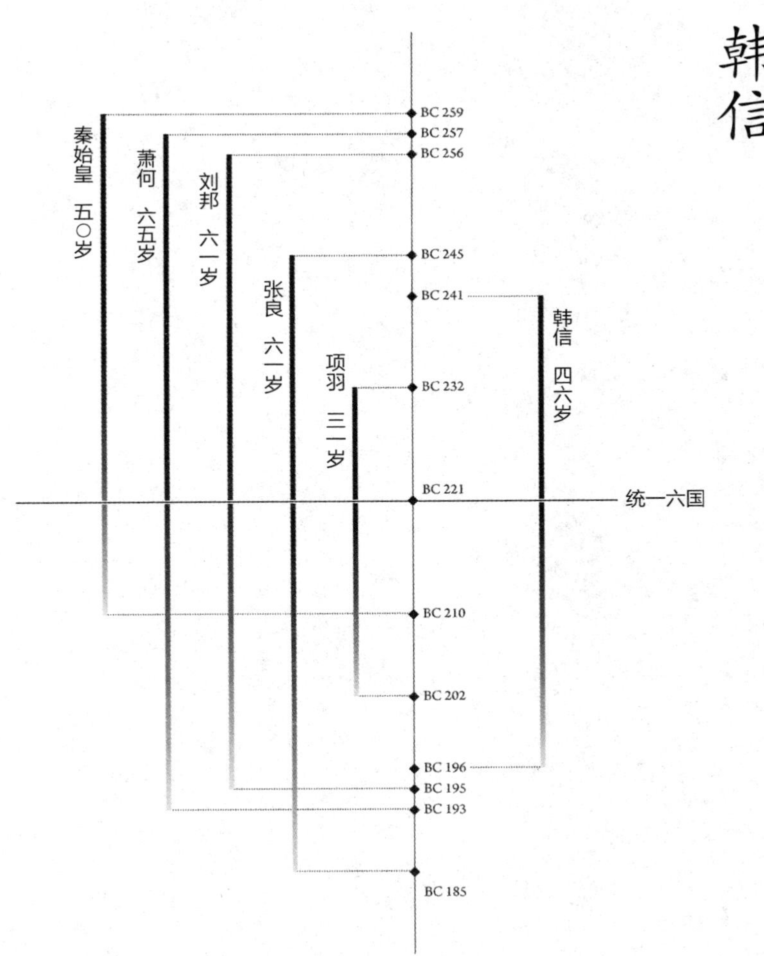

秦始皇 五〇岁
萧何 六五岁
刘邦 六一岁
张良 六一岁
项羽 三一岁
韩信 四六岁
BC 259
BC 257
BC 256
BC 245
BC 241
BC 232
BC 221
统一六国
BC 210
BC 202
BC 196
BC 195
BC 193
BC 185

YING XIONG 英雄的十则潜智慧

长孙皇后

皇后庶事相启沃，极有利益尔

上坤下坤，这一卦赞美了“大地”的纯正、柔顺，

人们向她学习谨言慎行，坚守中庸的原则。

大地承载万物，伸展无穷无尽，喻示“地势坤，君子以厚德载物”。

李世民创立了“贞观之治”的历史高度，得有千年一帝的美誉，

他是《乾》卦的代表英雄。

然而，他身后的女人——长孙皇后——母仪天下的典范，

她的所作所为，宽厚大度，确实提供了令人赞叹的“大地美德”。

成就“贞观之治”的“幕后英雄”就是这位皇后。

皇后用平常的故事来启发影响我，确是很有益的

以铜为镜，可以正衣冠；以古为镜，可以知兴替；以人为镜，可以明得失。如此经典的人生体悟，今天读来，依旧绕梁三日。你可能知道这是唐太宗对房玄龄所说的，因为魏征的殂逝，让唐太宗慨谓不已：“我失去一面好镜子了。”但是，你可能不知它是被记录在《贞观政要》这本书里。

《贞观政要》全书十卷四十篇，是一部政论性的历史文献，为唐代史学家吴竞撰写。这本书以君臣对答的方式，分类编撰贞观年间唐太宗和身边大臣魏征、王圭、房玄龄、杜如晦、虞世南、褚遂良、温彦博等等四十五人的政论，使后人能够遵循前人的经验，以古为镜，择善而从。

我们来看一则《贞观政要》里的故事：

> 太宗有一骏马，特爱之，恒于宫中养饲，无病而暴死。太宗怒养马宫人，将杀之。皇后谏曰：“昔齐景公以马死杀人，晏子请数其罪云：尔养马而死，尔罪一也。使公以马杀人，百姓闻之，必怨吾君，尔罪二也。诸侯闻之，必轻吾国，尔罪三也。公乃释罪。陛下尝读书见此事，岂忘之邪？”太宗意乃解。又谓房玄龄曰：“皇后庶事相启沃，极有利益尔。”

唐太宗李世民有一匹非常喜欢的骏马，平常放在宫中饲养。一天，这匹骏马无缘无故突然死了。唐太宗大怒，要杀那养马的宫人。

唐太宗返宫，一脸怒气。长孙皇后叫宫女都退下，自己亲自奉茶、端水，百般温顺。待唐太宗气消些，才轻声问道；“什么事惹陛下恼怒？”唐太宗答道：“我最心爱那匹马，突然无病逝去。一定是养马夫不经心、照顾不周，我一定要杀掉他，看以后谁还敢不负责任。”

“陛下请息怒，妾曾闻当年齐景公也曾因马死要杀养马的人。晏子就替养马人列了罪状：‘你把马养死了，是罪状一；你养死了马而使国君杀人，老百姓知道后，一定恨国君，是罪状二；诸侯听闻此事，必轻视齐国，是罪状三。’齐景公听完晏子的这一席话，免了养马人的罪。陛下饱读诗书，这个故事应该知晓，怎忘了？”

听完，唐太宗立刻释怀也不追究养马者的罪愆。事后，他向房玄龄提起：“皇后庶事相启沃，极有利益尔。”庶，平常的；启，启发；沃，浸泡，等于说影响。有利益，即有益。这句话的白话文：“皇后用平常的故事来启发影响我，确是很有益的。”

我们来认识这位气度宽宏，机智过人的长孙皇后吧。

长孙皇后的父亲是一箭双雕的长孙晟

长孙皇后的父亲是长孙晟，隋朝骁卫将军，长孙晟为北魏皇族鲜卑族拓跋氏之后，祖上是北魏献文帝第三兄，本来姓拓跋氏，因为祖上在北魏时功劳最大，世袭大人之号，为宗室之长，后来改姓长孙氏。长孙家是名门望族，当时号称“门传钟鼎，家世山河”。

长孙晟年轻时并无太大名气，直到杨坚见到他之时，深赞其异才，携其手并对人说：“长孙郎武艺逸群，适与其言，又多奇略。后之名将，非此子邪？”已经预言长孙晟未来的成就。成语“一箭双雕”的主角，就是三十岁的长孙晟，故事是这样的：

北周大象二年，五八〇 年，突厥首领沙钵略可汗求婚于北周，周宣帝以赵王宇文招之女许之。娉娶时，周宣帝精选骁勇之士充为护花使者，因此“善弹工射，矫捷过人”的长孙晟，被选派护送千金公主至沙钵略可汗处。大队人马经历千山万水到了突厥，突厥大摆酒宴，酒过三巡，按照突厥人的习惯要比武助兴。沙钵略可汗命人拿来一张硬弓，要长孙晟射百步以外的铜钱。只见长孙晟将硬弓拉成弯月，硬是将利箭射入铜钱的小方孔。北周曾先后派数十名使者前往，但沙钵略可汗多轻视不礼，独有长孙晟赢得沙钵略可汗的敬重，常常获邀一起游猎，以致长孙晟留住其处竟达一年之久。

一次出游，遇二雕飞过，沙钵略可汗递给长孙晟两支箭，并说：“请射取之。”长孙晟驰马而奔，正遇双雕相攫争肉，遂一箭而贯双雕。沙钵略可汗大喜，命诸子弟贵人皆与长孙晟亲近，学习其射箭的本事。长孙晟终其一生与突厥周旋二十年，虽未指挥过大的战役，但凭其出众的谋略，为分化瓦解突厥，保持隋朝北境安宁，促进民族融合作出了重大贡献。一个强大的突厥帝国，基本上，就是毁于长孙晟之手。

隋大业五年，六〇九年，五十九岁的长孙晟病故后，孤儿寡母受到长孙晟元配排挤，高士廉便将妹、外甥三人接到自己河北的家中抚养，恩情甚厚。当年长孙无忌十六岁，长孙小妹九岁，他们就在大舅的书香家庭中受到熏染，培养了喜爱读书的习惯，长孙氏因此塑成知书达理、贤淑温柔、正直善良的品性。长孙小妹的名字于史未有记载，据《观世音经信笺注》所载，其小字为"观音婢"，后人有以"长孙无垢"称呼她。幼时，一位卜卦先生曾为她测算生辰八字，当时就说她"坤载万物，德合无疆，履中居顺，贵不可言"。

十三岁便嫁给了李世民，不辞劳苦四处奔波

隋大业九年，六一三年，长孙氏的母亲病危，高士廉看到唐国公李渊次子李世民才能出众，便想将外甥女长孙氏许配给他，于是十三岁的长孙氏就在大舅的主持之下，嫁给了十五岁的李世民。二十岁的长孙无忌与十五岁的李世民有了姻亲关系，两人也结为布衣之交。根据史册记载，长孙氏她年龄虽小，但已能尽行妇道，悉心侍奉公婆，是一个非常称职的媳妇。

隋大业十一年，六一五年，十六岁的李世民参加隋朝大将云定兴的部队，前去雁门关营救被突厥人围困的隋炀帝，之间，李世民献计，故布疑阵，吓退敌军，救回天子。隋大业十二年，六一六年，父亲李渊出任晋阳留守，十七岁的李世民与十五岁的

长孙氏跟随到太原。李世民的大哥李建成、小弟李元吉则仍留居祖家山西河东。

六一七年，七月，李渊杀死郡丞王威、武牙郎将高君雅，打着平定叛乱，迎回隋君的旗号正式开始起兵，并且得到了李氏宗族、姻亲的响应。其中姻亲长孙家族，在隋朝末年，天下大乱之际，是当时关中的大门阀之一，也鼎力支持李渊兴兵。

李渊起兵后，长孙无忌即前去长春宫进见，授任渭北行军典签——典掌机要的军官，自此辅佐李世民征讨，并多次参与李世民的军事行动，出谋献计，殚精竭虑，因功被封为上党县公。李世民少年有为，文武双全，十八岁时就单枪匹马突入敌人阵营之中。在李世民征战南北期间，长孙氏也驰马紧紧追随着丈夫四处奔波，照料他生活起居，家中的一切大小事务，都处理得井然有序，使李世民能专心作战。李渊对这个儿媳妇也很满意，常在家人面前夸奖她。

唐朝建立，隋朝灭亡后，李渊开始着手消灭其他群雄割据势力。之后，前后七个年头，受封为秦王的李世民南北出征，削平天下十八路反王，灭尽七十二道烟尘，江山一统。当李世民征战南北的过程中，秦王妃长孙氏也紧紧追随丈夫，跨马与李世民并驾齐驱，不辞劳苦四处奔波，照料他生活起居等诸般事务。

武德四年，秦王李世民在虎牢之战中连破夏王窦建德、郑王王世充两个最大的割据势力，并俘获二人至长安，为唐王朝统一了中国北方。

班师回朝之后，由于他军功卓越，封无可封，已有的官职无法彰显其荣耀，唐高祖李渊特设新职，封他为“天策上将”，位置在其他王公之上。李世民被封“天策上将”后，便享有特殊的权力，能够自设一套官署，即所谓的“许自置官属”，可以自己招募人才作为天策府中官员，俨然是一个小朝廷的架势，当时就归于他麾下的，武将有尉迟恭、秦琼、程咬金等人，文臣则有杜如晦、房玄龄、姚士廉等“十八学士”，真可为贤臣如云，势力盖天。

太子李建成看到李世民势力过大，已经严重威胁到自己的地位，他知道威信比不上李世民，心里妒忌，就和弟弟齐王李元吉联合，一起排挤李世民。

玄武门之变前夕，长孙氏挺身而出，亲自激励士气

李建成、李元吉知道李渊宠爱一些妃子，就经常在这些宠妃面前拍马送礼，讨她们的欢喜。独独李世民没有这样做。李世民平定东都洛阳之后，有的妃子私下向李世民索取隋宫里的珍宝，还为她们的亲戚谋官做，都被李世民拒绝了。于是，宠妃们常常在李渊面前说太子的好话，讲秦王的短处。宠妃的话听多了，李渊跟李世民就渐渐疏远起来。

史书记载，长孙氏面对兄弟的排挤，以及他们在李渊面前种种中伤李世民的举止，有过这样的应对思考：“功业既高，引太子猜忌滋甚。后孝事高祖，恭顺妃嫔，尽力弥缝，以存内助。”她仍然尽力孝顺高祖与恭顺李渊的嫔妃，弥补父子间的嫌隙，抚平表

面上的矛盾。确实，一些嫔妃猛向李渊吹枕头风，诋毁李世民有不臣野心，加上太子李建成的“毒酒事件”，夹在中间的李渊很头痛，可是手心手背都是肉，他也不知该怎么办。于是，敏感的李渊、李建成、李世民父子的三角问题，一点点有意无意的碰撞就可能成为爆发的导火线，当时的李世民是处在明枪暗箭之中。而长孙氏持续地以温柔的力量，帮着李世民争取空间和时间。

就在这个节骨眼，突厥进犯中原的消息传来长安，太子李建成向唐高祖建议，让李元吉代替李世民带兵北征。唐高祖同意并且任命齐王李元吉做主帅，李元吉又请求李渊把尉迟敬德、秦叔宝、程咬金三员大将和秦王府的精兵都划归他指挥。他们打算把这些将士调开以后，就可以放手对付李世民。

有人把这个秘密计划报告了李世民。形势紧急，李世民连忙找长孙无忌和尉迟敬德等人商量。两人都劝李世民先发制人。李世民说：“兄弟互相残杀，总不是件体面的事。还是等他们动了手，我们再来对付他们。”尉迟敬德、长孙无忌都着急起来，说如果世民再不动手，他们也不愿留在秦王府白白等死。李世民看他的部下十分坚决，就下了决心。这就是历史上有名的“玄武门之变”的前夕，武德九年，六二六年，六月初三的深夜。

秦王平时畜养的八百多名勇士，凡是在外面任职的，现在都已经进入秦王府，他们穿好盔甲，手握兵器，起事的形势已经形成。这是攸关生死的政变，所有的人忐忑不安。这时长孙氏——秦王妃亲自勉慰秦府幕僚与诸将士，告知大家明晨她也亲自上阵，他们夫妻誓同生死，也希望大家奋勇向先。史书留有一段记录：

“引将士入宫授甲，后亲慰勉之，左右莫不感激。”在古代宫廷中，我们看到了难得的人间爱情。

在易经有一卦《坤》，纯阴之卦，说的是“柔能克刚，厚德载物”的道理，理的是“地”的柔顺宽厚。“地”在配合“天”生成万物中，起关键作用的是辅助“阳气”的“阴气”，所以，全卦揭示具有柔顺气质的阴柔元素，其发展变化的规律，以明创造宇宙万物的第二种力量。

从《易经·坤卦》看二十六岁的长孙皇后，如何应验『坤载万物』的预言

坤坤

上六　龙战于野，其血玄黄。

六五　黄裳，元吉。

六四　括囊，无咎，无誉。

六三　含章可贞，或从王事，无成有终。

六二　直方大，不习无不利。

初六　履霜，坚冰至。

《坤》卦，上坤下坤，这一卦赞美了“地”的纯正、柔顺、谨言慎行，坚守中庸的原则。喻示“地势坤，君子以厚德载物”，全卦大地的形势平铺舒展，顺承天运，君子观此卦象，取法于地，以深厚的德行来承担重大的责任。

有人用“上马能战下马能谋”、“嫁给了绝世帝王”、“一代贤后”等等来形容长孙皇后的一生。也有史家评论，唐太宗大治天下，辅佐他的，除了依靠他手下多位的谋臣武将外，与他贤淑温良的妻子长孙皇后也是息息相关的。我们来看看长孙皇后的“坤载万物”。

第一爻·初六 履霜，坚冰至。

履，践踏。初六以柔居阳，处阴之始，阴气始凝而为霜。践踏着薄霜，可以预知坚厚的冰层快要结成冻了。

为人做事，应有先见之明，并且见微知著。常言“月晕而风，础润而雨”，提高预见力，始于擅于观察，对一切事物变化之前的不寻常加以详查，弄清其原因，做好应变的准备，才能取得主动权。

“玄武门之变”后两个月，武德九年，六二六年，八月，李渊禅位给太子李世民，二十八岁的李世民在东宫显德殿即皇帝位，史称“唐太宗”。二十六岁的长孙王妃成为母仪天下的长孙皇后，应验了“坤载万物”的预言。做了至高无上、母仪天下的皇后，长孙氏并不因之而骄矜自傲，她一如既往地保持着贤良恭俭的美德。

对于六十二岁赋闲在太极殿的太上皇李渊——已经失势——被自己老公逼下皇位的公公，她十分恭敬而细致地侍奉，每日早晚必去请安，时时提醒太上皇身旁宫女怎样照顾他的生活起居，她尽量做到一个普通儿媳那样的本分。或许我们看来并不稀奇，但是却发生在最无情、最残酷、人性最黑暗的皇宫，即使今天看来都是不可思议的事。十年后，太上皇李渊于六三五年逝去，享年七十一岁。

唐朝后妃的建制除了皇后之外，还有 三夫人（贵妃，淑妃，德妃）、九嫔（昭仪，昭容，昭媛，修仪，修容，修媛，充仪，充容，充媛）、二十七世妇（婕妤，美人，才人各九人，武则天就是后来入宫的才人，这是后话了）和八十一御女。对后宫的妃嫔，长孙皇后也非常宽容和顺，她并不因为自己的皇后地位而一心争得专宠，反而常规劝唐太宗公平地对待后宫的每一位妃嫔。长孙皇后凭着自己的端庄品性，默默地影响和感化了整个后宫的气氛，让后宫不再冰冷，使得唐太宗不受后宫是非的干扰，能专心致志于军国大事。

唐太宗跟别的妃嫔生了孩子，而妃嫔因为难产而死，长孙皇后就把这个孩子一直养在身边，像自己亲生的一样，没有半点嫉妒心，树立了一个当时很高的道德水平。如果别的妃子生病了，她就会把自己的药品拿去给她们用。这些举止，史书称为“下怀其仁”，就是说下面的人都感怀她的仁德。

虽然长孙皇后出身显贵之家，如今又富拥天下，但她却一直遵奉着节俭简朴的生活方式，衣服用品都不讲求豪奢华美，平常的饮食都很简单，宴庆宾客也从不铺张，并在后宫中实行节俭开支的政策，因而也带动了后宫之中的朴实风尚。

唐太宗即位后，长孙皇后所生的长子，八岁的李承乾——武德二年生于长安承乾殿，因而命名——被立为太子。由于太子年幼，长孙皇后就让他的乳母遂安夫人，总管太子东宫的日常用度。当时，宫中实行节俭开支，太子东宫自然不能例外。因此，遂安夫人时常在长孙皇后面前叫穷，认为太子是未来的君王，理应享受天下人的供养，但现在却常常捉襟见肘，生活器物显得寒酸，希望可以增加开支。长孙皇后温柔但是坚定地回应：“我也很疼爱太子，但是身为储君，来日方长，所患者德不立而名不扬，何患器物之短缺与用度之不足？”她的公正与明智，深受各类人物的敬佩，使得皇宫上下非常和谐。

长孙皇后从容地在薄冰上行走着。

『居安思危，任贤纳谏而已，其他的，妾就不了解了。』

第二爻·六二　直方大，不习无不利。

习，重习，重复，熟习。不习，就是不熟习，陌生。六二以柔居阴，处下卦之中，是《坤》卦的主爻。仔细察看《坤》卦的六个爻：初是阴之微，三则不中不正，四虽正但不中，五虽中但不正，上则阴之极，只有六二柔顺而中正。天圆地方，天圆而动，地方而静。乾的德为“大”为“直”，所以说“大哉乾元”。坤的德为“方”，所以说“至静而德方”。

六二独得坤道的“直”、“方”、“大”。“方之物”其始必须“以直为根”，其终必须“以大为极”。坤以乾的德当是自己的德，坤性柔顺，阳动则阴应之，这就是“直”。天无所不覆，地亦无所不载，能顺以承天，这就是“大”。因直成其方，因方成其大。具“直”、“方”、“大”，美德充沛，所行无不利。说明直率、方正、宽大，为做人的美好态度。“不习无不利”，即使前往陌生的地方，也没有什么不利的。

“贞观之治”开始了，在唐太宗登基的次年，六二七年才改年号为贞观，但是，他已经开始独断乾坤，面对大大小小的国政，甚至人事问题。九月，大治之始，中性的事务先进行，他在弘文殿聚书二十多万卷，在殿侧设置“弘文馆”，精选全国文学之士虞世南、褚亮、姚思廉、欧阳询、蔡允恭、萧德言等，以本官兼任“弘文馆学士”——这些都是唐太宗的智囊——掌校正图籍，也教授生徒，荟萃人才，开拓文化。学士们轮流在弘文馆值宿，唐太宗在理政的间隙常来到弘文殿，谈古论今，商量政事，重视文化，有时到深夜才结束。唐太宗又选取三品以上官员的子孙充任弘文馆的学生，成了国子监——国家大学的先驱。他知道，文化是国家的灵魂与竞争力。

二十三年的“贞观之治”，在历史上非常著名，或许大家会联想到国家富强、百姓的高生活水平、文化高度惊人，其实，当时唐朝的经济还不及隋朝的全盛时期。但是，从隋末战乱，国力疲弱，民生凋敝，唐太宗执政后，不到十年时间，他带领着国家走出了阴影，走上一条辉煌的道路。这是让人钦佩的了不起的功绩，而贞观之治最大的特点是什么？

李世民最大的优点，就是能听取各种意见，古人称之“兼听”！这是贞观之治最大的特点，也是李世民成功的关键，或者说是秘诀吧！贞观二年，唐太宗问魏征：“人主何为而明？何为而暗？”意思就是问怎样当个明君，避免做昏君？魏征的答案是：“兼听则明，偏信则暗”。

“兼听”说起来不难，做起来真的是很不容易，短时间听听也就罢了，长时间下来的耐力与包容力需要有非凡毅力，加上议论国家大事，正反的意见一定很多，冗长的论述一定也不少，“决策者”要在中间找出正确的结论，确是不易。有时，大臣们支持某个建议，但是，真理常常掌握在少数人的手上，所以如何在一堆石头之中找出钻石，这是智慧与辛苦的工作。唐太宗即便如此开明广听众议，他依然不满足，他深以为这些人所议论的，一定有漏失者或是不便谈论者，所以，他想长孙皇后应该也会有一些想法。

因为长孙皇后的所作所为“端直有道”，唐太宗对她十分尊重，常与她谈起一些国家大事及赏罚细节。长孙皇后虽然很有见地，但她不愿以自己特殊的身份干预国家大事。她认为男女有别，应各司其职，她说：“牝鸡司晨，终非正道，妇人预闻政事，亦为不祥。”唐太宗却坚持要听她的看法。长孙皇后拗不过，说出了自己深思熟虑而得出的见解：“居安思危，任贤纳谏而已，其他的，妾就不了解了。”

长孙皇后是聪明的，她提出的是原则，而不愿用细枝末节的建议来干扰国政。确实，这八字诀成了唐太宗一直以来的座右铭。“居安思危”或许比较容易执行，但这是考验精神续航力与危机意识的态度。当北疆突厥问题解决后，大唐天下基本上已经太平了，很多武将渐渐疏于练武，唐太宗就时常在公务之暇，招集武官们演习射技，名为消遣，实际上是督促武官勤练武艺，并以演习成绩作为他们升迁及奖赏的重要参考。这是他的“居安思危”的态度，而且剑及履及。

第三爻 · 六三　含章可贞，或从王事，无成有终。

章，美丽的文采；含章，指文采含蓄而不显耀；无成，不居功，不敢居其成。六三以柔居阴，得位。“或从王事，无成有终”意思是：六三，道德有文采之美，但不要显示，尽心辅助君王的事业，持美以归其上，弗居其功，这样才会有好结果。

关于“任贤纳谏”，唐太宗深受其益。他常对左右说：“人要看到自己的容貌，必须借助于明镜；君王要知道自己的过失，必须依靠直言的谏臣。”他手下的谏议大夫魏征，就是一个敢于犯颜直谏的耿介之士。魏征常对唐太宗的一些不当的行为和政策，直截了当地当面指出，并力劝他改正，唐太宗对他颇为敬畏，常称他是“忠谏之臣”。

一次，唐太宗对长孙无忌说：“魏征每次向我进谏时，只要我没接受他的意见，他总是不答应，不知是何缘故？”未等长孙无忌答话，魏征接过话头说：“陛下做事不对，我才进谏。如果陛下不听我的劝告，我又立即顺从陛下的意见，那就只有依照陛下的旨意行事，岂不违背了我进谏的初衷了吗？”唐太宗说：“你当时应承一下，顾全我的体面，退朝之后，再单独向我进谏，难道不行吗？”魏征解释道：“从前，舜告诫群臣，不要当面顺从我，背后又另讲一套，这不是臣下忠君的表现，而是阳奉阴违的奸佞行为。对于您的看法，微臣不敢苟同。”

魏征对于唐太宗，不管是公事还是私事，只要他认为不恰当的地方，都会马上提出纠正。有时在一些小事上魏征也不放过，让唐太宗常觉得面子上过不去。一次，唐太宗兴致突发，带了一大群护卫近臣，要到郊外狩猎。正待出宫门时，迎面遇上了魏征，魏征问明了情况，当即对唐太宗进言道："眼下时值仲春，万物萌生，禽兽哺幼，不宜狩猎，还请陛下返宫。"唐太宗坚持出游，魏征却不肯妥协，站在路中坚决拦住唐太宗的去路。唐太宗怒不可遏，下马气冲冲地返回宫中。

唐太宗回宫见到了长孙皇后，怒不可遏："会须杀此田舍翁！"我要杀了这个乡巴佬！长孙皇后问这位乡巴佬是谁？"魏征每廷辱我！"魏征总是当面侮辱我，不给我留情面！明白了原由，长孙皇后也不说什么，只悄悄地回到内室穿上朝廷礼服，然后面容庄重地来到唐太宗面前，叩首即拜："恭祝陛下！"她这一举措弄得唐太宗满头雾水，吃惊地问："何事如此慎重？"长孙皇后一本正经地回答："妾闻主明才有臣直，今魏征直，由陛下之明故也，妾敢不贺？"唐太宗听了心中一怔，觉得皇后说的甚是在理，于是满天怒火随之而消，魏征也就得以保住了他的地位和性命。由此可见，长孙皇后不但气度宽宏，而且还有过人的机智。

此后，长孙皇后还派中使赐给魏征绢四百匹、钱四百缗，并传口讯说："闻公正直，如今见之，故以相赏；公宜常秉此心，不要转移。"魏征得到长孙皇后的支持和鼓励，更加尽忠尽力为国。也正因为有他这样一位赤胆忠心的谏臣，才使唐太宗避免了许多过失，成为一位圣明君王。长孙皇后对唐太宗以柔克刚，对于魏征，她的“温柔的力量”确实是大功劳，也让“任贤纳谏”这事，成了历史佳话，唐太宗与魏征两人君臣肝胆相照同心协力，谱写了一则少见的纳谏佳话，他们彼此成就了对方。

长乐公主是唐太宗与长孙皇后的掌上明珠——第一个女儿。贞观七年，六三三年，将出嫁表哥时，她向父母撒娇提出，所配嫁妆要比永嘉“长公主”加倍，所谓“长公主”是皇上的姐妹。永嘉长公主就是唐太宗的姐姐，正逢唐初百业待兴之际出嫁，嫁妆因而比较简朴；而长乐公主出嫁时贞观盛世已成型，要求增添些嫁妆本不过分。但魏征听说了此事，上朝时谏道：“长乐公主之礼若过于永嘉长公主，于情于理皆不合，长幼有序。规制有定，还望陛下不要授人话柄！”

唐太宗本来对这番话不以为然，回宫后随口把魏征的话告诉了长孙皇后。长孙皇后却对此十分重视，她称赞道：“常闻陛下礼重魏征，殊未知其故；今闻其谏言，实乃引礼义抑人主之私情，乃知真社稷之臣也。妾与陛下结发为夫妇，情深义重，仍恐陛下高位，每言必先察陛下颜色，不敢轻易冒犯；魏征以人臣之疏远，能抗言如此，实为难得，陛下不可不从啊。”于是，在长孙皇后的操持下，长乐公主带着不甚丰厚的嫁妆出嫁了。

后话，有一次，唐太宗问群臣：“魏征与诸葛亮相比，哪个更为贤良？”岑文本说：“诸葛亮才兼将相，魏征不如他。”唐太宗却说：“魏征以仁义之道辅佐我治国，希望我成为尧、舜那样的明君，就此而言，诸葛亮也不能同他相提并论。”这是唐太宗对魏征的高评价。

长孙皇后坚持外戚不干政，严阻哥哥长孙无忌接任宰相一职

第四爻·六四　括囊，无咎，无誉。

括，收束，扎紧；囊，布袋，就是蓄藏物品的大袋。括囊，将囊袋束口，表示谨密。六四以柔居阴，紧守臣道，当晦而藏其智，如括结囊口而不露，则可免忌召疑，如此得以无咎，当然也无誉，简单说，就是没有坏处也没有好处。

在前面《李二郎的贞观之治》一文中，提起唐太宗的“凌烟阁二十四位功臣”，其中，长孙无忌居第一位。

长孙无忌是长孙皇后的哥哥，文武双全，早年即与李世民是至交，并辅佐李世民赢取天下，立下了卓然功勋。李世民登基后，长孙无忌的封赏最为丰盛，赐地达一千三百户，封齐国公，甚至，允许他有事可以直接进入自己的寝宫商量。这种信任，除了长孙皇后的妻兄身份之外，更重要的是长孙无忌自身的才能。

贞观之治初期，长孙无忌任职吏部尚书——这是帮唐太宗看管新旧朝更替时的人事权的重责大任。这时传来北疆突厥内乱，局面对唐朝有利。唐太宗面对如此良好的形势，召集大臣商量出兵突厥，贞观之治首任宰相萧瑀赞成“击之为善”，利用机会，坐收渔利，可是唐太宗隐隐犹疑，他看了长孙无忌一眼，长孙无忌清楚唐太宗的不安，言论：“今国家务在戢兵，待其寇边，方可讨击。彼既已弱，必不能来。若深入虏廷，臣未见其可。”师出无名，我们应趁此机会发展国力，加强军事实力才

是关键。如果贸然出兵，一旦失败，后果堪虑。最后，唐太宗同意他务实的观点，长孙无忌冷静的头脑是他的长处之一。

长孙无忌本应位居高官，因为妹妹贵为皇后，反而处处避嫌，以免留下话柄。唐太宗想让长孙无忌担任宰相，长孙皇后却第一个反对："妾既然已托身皇宫，位极至尊，实在不愿意兄弟再布列朝廷，以成一家之象，汉代吕后、霍光之行可作前车之鉴。万望圣明，不要以妾兄为宰相！"她说的是外戚主政所造成的国家危机，最后独揽大权气焰高涨的家族，仍不免逐步走向被诛的命运。

唐太宗不想听从，他觉得让长孙无忌任宰相凭的是他的功勋与才干，"任人不避亲疏，唯才是用"才是他的用意。而长孙无忌也很顾忌妹妹的关系，他以盈满为戒，恳请太宗批准他辞去宰相要职。万不得已，唐太宗只好让他作开府仪同三司，位置清高而不实际掌管政事，长孙无忌仍要推辞，理由是"臣为外戚，任臣为高官，恐天下人说陛下为私。"唐太宗正色道："朕为官择人。唯才是用，如果无才，虽亲不用，襄邑王神符是例子；如果有才，虽仇不避，魏征是例子。今日之举，并非私亲也。"最后，长孙无忌只得接任此职，不掌实权，只做顾问。

这一年，唐太宗在文武大臣的陪护下，亲至长安西郊祭祀——古代国之大事唯祀与戎，起驾返回时，特令长孙无忌与司空裴寂（就是在《李二郎的贞观之治》文中提到与李二郎赌骰子的那一位裴叔叔）二人升用金辂，金辂就是等同太子的大座车，以示对他们俩的宠幸与尊重。

贞观十七年，唐太宗将二十四位有特殊功勋的文臣武将绘图，分三排置于凌烟阁，以彰其功，长孙无忌排在第一位。综观，长孙无忌是唐太宗推心置腹的忠臣良佐，是对贞观之治有特殊贡献的人物。但是，因为长孙皇后的关系，他并无“明显的政绩”，可说是“无咎”、“无誉”。

这段时间他低调地奉诏与房玄龄、杜如晦、于志宁等十九人，先后两次重修《唐律》，以省烦去蠹，变重为轻的原则进行修订，《唐律》由于贯彻“先存百姓”的指导思想及“安人宁国”的治国方针，立法宽平，顺乎历史潮流。从贞观元年开始，十年磨一剑，大唐《贞观律》问世了——这是长孙无忌“经典但是无声的政绩”——当时的人并没察觉它的重要性。

一千三百多年后的今天，人们惊叹：“西有罗马法，东有唐律”。

唐太宗死后，唐高宗李治——唐太宗与长孙皇后所生的第三子——在长孙无忌的辅政之下登基，长孙无忌除了尽力辅佐新皇帝，在这期间他又主持修撰了《唐律疏议》三十卷，系统疏证诠解《唐律》的各项条文。

他终其一生都认为“法律比进谏重要”。

母仪天下的长孙皇后认真推荐，
朝廷重用魏征和房玄龄二人

第五爻 · 六五　黄裳，元吉。

黄，大地的颜色，五色之一，也是中央的颜色，象征中庸谦逊的态度。上服曰衣，下服曰裳。周朝人以“黄裳”为吉祥、尊贵，此处也有比喻人的美德。元，大而善也。六五以阴居尊，具中顺之德。坤，臣道，为人臣者，位虽尊高，能守中用柔，得善，大吉。

长孙皇后对哥哥长孙无忌的官职一直踩刹车，防范“外戚干政”的可能弊端。但是她对于另外两个人却是认真推荐，那就是魏征和房玄龄，魏征已经说过了，现在来谈谈房玄龄吧。

房玄龄出身官宦之家，父亲房彦谦在隋朝时任地方官，因政绩极佳，曾被评为天下第一，不仅官箴好，也清廉自持。他曾经对房玄龄说：“许多人做官发了财，而我到现在一贫如洗，我留给后代的除了清白的名声，什么也没有。”

李渊建立大唐，李世民受封秦王，房玄龄则担任秦王府的记室，就是掌管章表书记文檄的书记员，他参与秦王的机要任务。当时房玄龄与杜如晦因为才能卓越，二人成为李世民最得力的左膀右臂，甚至还被太子李建成点名：“秦王府中可惮之人，惟杜如晦与房玄龄耳。”

唐太宗李世民即位后，房玄龄为中书令，贞观三年，六二九年，二月，任尚书左仆射，杜如晦则为尚书右仆射。成语“房谋杜断”说的就是他们俩，因房玄龄善谋但有些优柔寡断，而杜如晦处事果断不善谋略，因此人称“房谋杜断”。后世以他和杜如晦为良相的典范，合称“房杜”。

讲个题外话，“房杜”都喜欢食用“枸杞银耳汤”：话说张良看到刘邦大肆杀戮几个开国功臣名将，深感自危，为了躲避灾祸，他找个理由辞官，隐居山林。隐居其间，却又矛盾地心系国家社稷，为了解除烦闷，他经常采食天然银耳煮汤，以示自己的心迹和清白。而这种心境在他有生之年并没有人知道，“房杜”不知从哪里得到当年张良隐居时的食典，他们认为大丈夫不应像张良这样，仅图清白，若死得有价值，抛头颅洒热血又何妨？所以他们就在汤里添加了鲜红枸杞，称之“枸杞银耳汤”，寓意为人“既要清白，又不畏死”。

其实，“房杜”与张良的老板属性不同，不该简化价值观。我们未来也来谈谈张良，这位伟大的英雄。

房玄龄长唐太宗足二十岁，杜如晦则长唐太宗十四岁。一次，唐太宗准备晋封房玄龄为宋州刺史和梁国公，所谓“宋州刺史”在唐朝是个虚名的爵位，不过这个爵位可以世袭，这是唐太宗对老臣的一种赏赐，也是对其后代的眷顾。但是，房玄龄坚决地推辞了，这是他对政治的顾虑，小心谨慎，如履薄冰。因此，终生“效父清白”的饱学之士房玄龄，得有唐太宗的信任，也成了历史上的一代名相。

后话是，房玄龄到晚年，唐太宗仍然依赖这位老臣，不舍他的退休辞呈。后来他疾病缠身，唐太宗干脆让房玄龄在家办公，在病榻上处理公务。如果有大型会议，唐太宗让房玄龄坐偏轿入大殿。看着眼前这位跟随自己的老战友，说："你老了，朕也老了。"说完，对他流泪，房玄龄也感伤悲咽得不能自我控制 。贞观二十二年，六四八年，房玄龄病危，唐太宗还亲自去他家探视，与他诀别。君臣两人此时悲痛不已，房玄龄以最后的力气握手叙别："臣先走了，愿皇上保重！"

回头再说说母仪天下的长孙皇后。贞观八年，六三四年，长孙皇后同唐太宗一起去九成宫——在今陕西麟游——避暑胜地，一天夜里出现紧急状况，有人报告侍卫中发生了兵变。唐太宗听完简报，立刻亲自手持武器巡视，长孙皇后担心唐太宗遇到危险，就自己挡在唐太宗身前。所幸有惊无险，并未出现重大变故。

可是，夜里的惊吓，加上长孙皇后出游前已有微恙，她受到风寒，旧病复发，而且愈来愈重，服用了很多药物，但病情却并未缓解。这时，在身边服侍的太子李承乾就向母亲提出大赦囚徒，再将他们送入道观来为母后祈福祛疾，但却遭到皇后的坚决拒绝。她说："生死有命，富贵在天，这不是靠人力所能左右的。如果这样能够延长寿命，我从来没有做过恶事，现在行善都没有效果，那么祈福又有什么用呢？"

长孙皇后又说："大赦是国家的大事，佛、道二教也自有教规。如果可以随便就赦免囚徒和度人入道，就必定会有损于国家的政体，而且也是你父皇所不愿意的。我岂能以一妇人而乱了天下的法度！"太子听罢，他不敢向唐太宗直接奏告，只是把母亲的话告诉了宰相房玄龄，房玄龄再转告唐太宗。唐太宗听后，感动得涕泪交流，泣不成声。

长孙皇后病危，仅求薄葬，希望唐太宗：就是不要忘了我！

第六爻 · 上六　龙战于野，其血玄黄。

上六阴气盛极，这一爻形势不利，大势已不可逆转，与阳气相战郊外，会受伤，故言“血”。坤为地，乾为天，天色青苍为玄，地土颜色为黄。象辞说：“其道穷也”，交代了“龙战于野”的原因。根据《系辞·下》说明：“穷则变，变则通，通则久”。宇宙运动没有停滞的时候，阴阳消长本是过程，更代无穷。如同植物的化生，乾的创始是种子入地，坤的生成是破土生长，长大后孕育种子，再栽入土，如此周而复始，生生不息。

此爻解释，众说纷纭。所谓天玄地黄，是天地交相混合的色彩，绝非字面单纯的意义，将此爻解释为“阴气极盛，与阳气相战于郊外”，双龙争斗，上下交战。至于，解释为死伤流血的情形，这实际上也是一种误解。阴阳交战，何来龙与龙相斗之有？它有深沉地，展望局势必然性的演化，阴盛到了极点就会向阳转化，而阳盛到最后也会向阴转化，阴阳不断的平衡，而平衡的“临界点”超过之后，平衡破坏，阴阳进入杂沓纷乱期，这就是上六爻的本意，也是生命在平衡与不平衡之间不停摆荡的现象。

为长孙皇后祈福祛疾，虽然不合礼制，但是群臣都很感念长孙皇后平日的盛德，所以多人随声附和太子李承乾的提议，就连耿直的魏征也没有提出异议。后来，朝臣几次上书请求特赦，都被长孙皇后拦阻，唐太宗无奈，也只好依照她的意思而作罢。

唐太宗、长孙皇后都不是佛教徒，可是，生死交关之间，唐太宗特别北上太原，到玄中寺礼谒“道绰太师”为皇后祈愿除病，曾施舍“众宝名珍”，重修寺宇。贞观十年四月，因长孙皇后久病不愈，唐太宗下命“修复废寺”，“以希福力，天下三百九十二所佛事院宇，并好山水形胜有七塔者，并依旧名置立。”唐太宗从此对佛教的态度巨幅转变，他修葺全国破旧寺庙为功德，殷切地祝祷天上诸佛垂怜。

因为长孙皇后的病情，唐太宗的“从不为到为之”的礼佛。贞观十九年，三藏法师玄奘——名震中外，古今赞誉的佛教大师孤影西征十七年——回到长安，受到唐太宗的热情接待，他诏玄奘在弘福寺翻译经典。我们另外撰文介绍这位佛教英雄。

长孙皇后的病拖了两年，终于在贞观十年，六三六年，盛暑中崩逝于立政殿，享年仅三十六岁。弥留之际尚殷殷嘱咐唐太宗善待贤臣，不要让外戚位居显要；并请求死后薄葬，一切从简。

关于自己的薄葬，她说：“妾生既无益于时，今死不可厚费。且葬者藏也，欲人之不见。自古圣贤，皆崇俭薄；惟无道之世，大起山陵，劳费天下，为天下有识者笑。但请因山而葬，不须起坟，无用棺椁，所须器服，皆以木瓦，俭薄送终，则是不妄妾也。”我活着时过着节俭简朴的生活，现在要死了也不可浪费。所谓“埋葬”，埋了藏了，不要让人看见就好了。古之圣贤都崇尚薄葬，只有无道的年代，才修起高大的陵墓，浪费天下人的钱财，被天下有识之士取笑。我只求依山而葬，不需要起坟，也不用棺椁，所用的器服，也只用一些木瓦，俭薄送终，就是不要忘了我！

唐太宗当然没有忘了长孙皇后，他谥长孙皇后为“文德皇后”，可是，他也没有完全遵照长孙皇后的意思办理后事，他下令建筑了“昭陵”，在长安城外“因山为陵”，气势十分雄伟宏大，这位“千年一帝”想以这种方式来表达自己对贤妻的敬慕和怀念。后话是，唐太宗后来也合葬在此，昭陵成了“唐十八陵”中规模最大的一座，占地面积两百平方公里，共有陪葬墓一百八十余座，被誉为“天下名陵”，是帝王陵园中面积最大、陪葬墓最多的一座。陪葬墓主要有魏征、房玄龄、程咬金、李靖、尉迟恭、秦琼、高士廉、段玄志、孔颖达、温博彦、李绩等等，也包含大女儿长乐公主。

唐太宗太想念长孙皇后了，他在“元宫”外的栈道上修建了起舍，所谓“元宫”，就是地下埋葬的坟穴地宫。唐太宗命令宫人居住在起舍，要她们如侍奉活人一般侍奉皇后。这是唐太宗心里深处，渴望长孙皇后永远是活着的，然而生死乖隔，他的作为徒然是举杯消愁愁更愁。

唐太宗无法常常前往昭陵，于是他又在宫中建起了层观高塔，终日眺望昭陵。史书是这样记载的：“文德皇后既葬，帝念后不已，即苑中作层观，以望昭陵。”有一次，唐太宗邀魏征一起登上此楼，他把昭陵指给魏征看，魏征孰视后说：“臣眊昏，不能见。”我老眼昏花，看不清楚！唐太宗再详细指点，魏征说：“此昭陵邪？”原来陛下是让我看昭陵啊！“臣以为陛下望献陵，若昭陵，臣固见之。”我以为陛下让我看的是献陵（父亲李渊的陵寝），如果是昭陵，我早就看到了。魏征演技不错，他用迂回的方式谏议。唐太宗懂得，流下泪来，他知道对长孙皇后刻骨铭心的追恋之情，已经违背礼教传统，他毅然把层观高塔拆除了。

多年后，唐太宗对长孙皇后的思念依然天长地久，他在一次《答魏征手诏》中，公然向魏征诉说起了自己丧偶之后的悲苦心情：

> 顷年以来祸衅既极，又缺佳偶，荼毒未几，悲伤继及。
> 凡在生灵，孰胜哀痛！岁序屡迁，触目摧感。
> 自迩以来，心虑恍惚，当食忘味，中宵废寝。

食不知味，夜半失眠，真可谓“一字一血泪”，一千三百年后，仍令人不免唏嘘。

YING XIONG 英雄的十则潜智慧

玄奘

孤影西征十七年

《损》卦，上卦艮山，下卦兑泽，泽在山下，泽卑山高，

卦象就是泽自损以益山高，喻示“减损”之义，

这里讲的就是“以水泽的低凹，来彰显高山的伟大”，

全卦揭示事物有时必须在某个方面，作一定的减损才能获益。

玄奘用自己一个脚步一个脚步的付出，千辛万苦到西方取经，

前后十七年，求得佛法的高度，让每个人都看得到。

一千三百年后，我在日月潭的青龙山，遇见玄奘

今年夏天，受邀到埔里山城分享关于“旧建筑·新美学”的心得。前一天，我与母亲先到日月潭过夜。记得过年时，听家母谈起她已经六十多年没再游日月潭了，上次去的时候正就读台中女中，十五岁，她多次谈起她那个少女时代对日月潭种种美好的回忆。于是，我决定利用这次机会，邀家母在伊达邵的民宿过夜，好好地陪她畅游阔别一甲子的日月潭。

下午三点多，云很厚，将雨未雨，开着车开始环湖，如果下雨，日月潭的水色会有一番烟雨之美，我是如此地想象。我们沿着环湖公路顺时针，往北走，右边的湖光左边的山色，车速很慢，几公里后，抵达了青龙山的山腰——玄奘寺，拾阶而上，没有其他游客，庭院几株高耸苍绿的南洋杉与铺满地面的细小白石子，显得更空寂与肃穆，进了正殿我们合掌礼拜。因为文史调查的习惯使然，我开始端详四周陈列的文物，静谧地在殿内移动。

母亲倒是跟住持聊了起来，住持很亲切，好奇地问我们俩是何种关系？因为她没看过这种组合：一位五十多岁的中年男子，一位八十岁的老妇人。听母亲带着骄傲地答说是大儿子带她来日月潭旅游的，我有点心虚，五十多年了，惭愧，这还真的是第一次母子两人旅游。我加入与住持的谈话，得知这座寺庙创建于一九六五年，供奉着玄奘的顶骨舍利子，而这舍利子又是在一九五五年，“由日本埼玉县慈恩寺还给我们的”。

中间原由，我没细问这位住持。离开日月潭之后，我开始做

功课溯源这里面的故事，一千三百年来，历史上发生了什么事，竟让我在一千三百年后，在日月潭遇见了这位大旅行家，大宗教家，大翻译家。

辗转流传到日月潭的顶骨舍利

唐高宗麟德元年，六六四年，二月五日夜半，玄奘在玉华寺的肃成院圆寂。三月十五日，玄奘法师的遗体移往长安。唐高宗十分悲痛，多次降旨安葬，玄奘门徒遵圣旨以及玄奘遗命，先将玄奘法师遗体安置在大慈恩寺翻译经堂，再葬于白鹿原——就是今天的云经寺。

六六九年四月八日，唐高宗命改葬玄奘于长安南郊——樊川的兴教寺。据史料记载，因玄奘葬所离长安城太近，唐高宗与百官易生悲痛之情，才有此改葬。直到唐朝末年，黄巢率军攻陷长安，兴教寺被毁，玄奘墓塔也没有幸免。于是，佛门弟子将玄奘顶骨迁葬于终南山紫阁寺——长安城南十五公里。唐灭，历史进入五代十国时期，紫阁寺逐渐萧条。

北宋端拱元年，九八八年，金陵天禧寺住持——可政大师到陕西终南山，看到紫阁寺塔颓寺荒，玄奘顶骨无人看护，甚为痛惜。于是将玄奘的顶骨舍利背负着，迎请到了南京天禧寺供奉，并在天禧寺东岗创建“三藏塔”，以安置玄奘顶骨舍利。永乐十年，一四一二年，明成祖朱棣下敕，在天禧寺原址建造“大报恩寺”，并在三藏塔前兴建三藏殿。

清康熙三年，一六六四年，大报恩寺全面维修，三藏塔墓也得到进一步维护。到了咸丰六年，一八五六年，太平天国的战火烧到了大报恩寺，三藏塔与大报恩寺俱毁于一旦，三藏法师的顶骨因此长眠于地下，战火之间，人们也忘了玄奘顶骨舍利这件事，从此沉寂百年。

一九四二年冬，日本侵略军驻扎在南京中华门外，他们选择在天禧寺旧址的山丘上，准备创建“稻禾神社”。结果，高森部队在挖掘时，在地下三公尺半的深处发现一石椁，内藏有一石函，石函两侧刻有文字，两面分别为：

> 大唐三藏大遍觉法师玄奘顶骨早因黄巢发塔，
> 今长干寺演化大师可政于长安传得于此葬之。
> 玄奘法师顶骨塔初在天禧寺之东冈，
> 明洪武十九年迁于寺之南冈三塔之上。

日军严密封锁消息，但是兹事体大，传言仍然不胫而走，一九四三年二月二十三日，日军迫于舆论，承认玄奘法师顶骨舍利出土的事实，并由日军高森部队将其交给南京汪精卫伪政府。年底时，玄奘顶骨舍利在“分送典礼”上被分成三份，南京汪伪政府、北京和日本各得一份即一份于一九四四年十月十日在南京玄武湖畔九华山建塔供奉；一份由北平佛教界迎至北平供奉；而被日本人分出的一份，分供于东京的埼玉县慈恩寺和奈良的药师寺。

一九五五年，由台湾佛教界与政府的外交努力，埼玉县慈恩寺愿分出部分给台湾建塔供奉。退守在台湾的国民党政权，当时的中华民国与日本仍有建交关系。蒋介石最后拍板定案在日月潭供奉。这一年，玄奘顶骨舍利已由日本五位高僧，和一尊观世音神尊同时护送来台，暂奉在台北善导寺，直到一九五六年，日月潭玄光寺落成，举行安座大典。担任护卫的观世音神像一并落脚在日月潭。

一九六五年，玄奘寺落成，玄奘顶骨舍利再从玄光寺正式迁入。玄奘寺建筑风格为仿天津蓟县西门内的独乐寺观音阁——创建于九世纪的唐朝阁檐型式。

再提一下，玄奘寺后面山头上的“慈恩塔”，塔高四十六公尺，塔顶海拔正好为一千公尺，成为日月潭著名的地标。从慈恩塔最高层往日月潭中央的拉鲁岛瞭望，拉鲁岛、玄光寺、玄奘寺与慈恩塔，约在同一条中轴线，地形宛若是龙头伸入潭中取水，拉鲁岛位于取水处，玄奘寺位于龙眼，慈恩塔则是龙角部位。而“慈恩塔”的创建，则是因为蒋介石感念母亲为王太夫人而建，至于命名“慈恩塔”的理由？我的理解是：贞观二十二年，六四八年，皇太子李治为其母亲——长孙皇后——文德皇后追荐冥福而扩建的“大慈恩寺”，玄奘即为此寺的首任住持上座，主持翻经院，翻译佛经。“慈恩”是儿子思念母亲的慈恩，这个名字跟唐高宗与他的母亲长孙皇后有深远关系的典故，蒋介石应该知道这个故事吧。

从洛阳净土寺的童子到天才少年僧人

玄奘俗姓陈，名祎，出生在隋朝隋文帝开皇二十年，六〇〇年，祖籍河南洛州缑氏县。玄奘的高祖陈湛为北魏清河太守；曾祖陈钦是北魏的上党太守、征东江军，封南阳郡开国公；祖父陈康因学术优秀出仕北齐，官至国子博士、国子司业和礼部侍郎，相当现在的国家大学教授、教育部副部长。

玄奘的父亲陈慧，初曾任江陵县令，隋炀帝大业年间辞官隐居，不久即病逝。这时玄奘大约十岁，父母双双因病去世。他有三位哥哥，二哥陈素早年在洛阳净土寺出家，以讲经说法闻名于世，号长捷法师。父母双亡后，玄奘便跟着二哥到洛阳开始学佛。

十岁的小玄奘最初的身份是“童子”，非正式的僧人，但他学习非常非常勤奋。十三岁时，信佛的隋炀帝，派了大理寺卿郑善果到洛阳剃度僧人——共有十四人——隋唐时期严格管控僧人的数量，僧人的考试非常严格，当天郑善果主持完考试出门，看到相貌良好的小玄奘童子，问他家世后，又问他要不要出家为僧？玄奘回答愿意，但是“习近业微，不蒙比预。”就是说我学佛的时间很短，功力还浅。这位大理寺卿觉得此回答谦逊但自信，再问为何要剃度出家？非同凡响的答案：“意欲远绍如来，近光遗法。”意思是，远的说我要把释迦牟尼的佛法继承下来；近的讲我要把佛教发扬光大。于是洛阳第十四个珍贵名额，郑善果给了小玄奘。他的解释是：

颂业易成，风骨难得。若度此子，必为释门伟器。

郑善果确实有知士之鉴，知人之明，但破格录取确也是胸襟磊落，知才也惜才。能背诵多少卷佛经、抄写多少纸佛经，或许是考试选僧的标准之一，但天生的风骨难得，郑善果懂，小玄奘因此有了难得的境遇。任何时代，尖端精英本来是一名难求，这个故事，在人才锁国的今日，应有更多的省思。

之后，他听景法师讲《大般涅槃经》，所谓“涅槃”，意即大灭渡、大圆寂. 是指人的整个生命历程中，在世俗间所受的苦难，像灯油尽了一样熄灭，“并随之得度，到达另外一个世界，摆脱了次生的苦难，达到一种非常圆满、内心非常平静的境界。”这本经书即是讨论佛应该具备哪些特质，什么样的人需要哪些质量才能成佛。少年玄奘他受邀升座复述，分析详尽，博得大众的钦敬。

十九岁以前，少年玄奘一直在佛教氛围非常浓郁的洛阳修习佛经，他经常前往不同的寺庙听取一些高僧的讲座，涵泳在著名法师的佛典传法之中。他飞快地累积自己的佛学修养，完备佛学的基础。当时，他已经是洛阳知名的少年僧人——如同郑善果的慧眼——玄奘的确是佛学天才。

二十四岁再抵长安城深造

就在十九岁时，大业末年，隋朝的暴政已经引燃了各路大规模的军事起义，东都洛阳与周遭地区已经沦为战场。听说唐王李渊爱民如子，玄奘与二哥长捷法师一起西奔长安。但是中原扰乱，“京师未有讲席”，这时的长安缺乏修业的条件。兄弟俩不久便转往成都——因为未受战火波及——新成形的佛教中心，全国各地的名僧从四面八方汇集于此地，玄奘在此得到更多佛典的启发，当然他的声名也在此传扬。当时一位四川高僧道基法师，赞誉说：“未见少年神悟若斯人。”

二十一岁，玄奘已经出家八年，他正式受戒，受“具足戒”。至此，玄奘才算是非常正式的僧人，登记在国家册簿上，获发“度牒”，像是认证执照或是证书的官方文件，可享免徭役、免赋税的优惠。

在四川求学之间，有一天玄奘在路上帮助了一位全身长满恶疮的病人，把他抬到庙里帮他治病，并悉心照顾他，这位病人痊愈后，他把当年少数人知晓的《心经》传教给了玄奘。二百多个字的《心经》的全名是《般若波罗蜜多心经》，“心”的意思是“核心、精华、纲要”。然而，这部《心经》在玄奘后来的旅途中，发挥了莫大的作用，帮他驱除了心灵上的畏惧。

玄奘在四川待了四年，期间他与哥哥长捷法师齐头并进，当地官员都非常器重这对兄弟，称他们“陈门双骥”。而玄奘在此庞大的佛教学术中心，不仅得了众人的认可，他也完成了自己佛学上的一次飞跃。可是，在四川鹊起的声名并无法满足他对佛典更高的学习需求，于是，他不顾兄长的劝阻，二十五岁的玄奘再度前往长安。途中，他在荆州的天皇寺，得到赞助，设坛开讲，讲授他从前所习得的一些佛经，连讲三场，听者如云，自此奠定了他作为一个讲经师的声望。

到了长安，他遇到德高年劭的智琰法师，两人讨论佛法后，根据史书记载，智琰法师感慨地泣叹说："桑榆末光，得遇太阳初运晖。"意思是，我这样六十多岁的桑榆岁数，竟然还有幸遇到初次散发万丈光芒的太阳。如此崇高的赞誉之词，二十六岁的青年玄奘在佛教界获有了更崇高的声望。

一心西行寻求佛学真谛

声名大噪的玄奘依然好学，在如此国际化的唐朝京城长安，来了一位印度名僧——波罗频迦罗密多罗——开坛讲经，玄奘前去听讲后，他感受到了印度作为宗教圣地的魅力，他听到一些佛教精微的学说，也敞开了一片新的佛学园地。青年玄奘决定前往古印度，他召集一些志同道合的人，准备结伴向"西方"印度而行。

其实，印度位在长安的正南方，数学上两点之间最近的距离是直线，可是地理上就不是这样一回事。长安到印度之间，有"世界屋脊"之称的"青藏高原"，它是世界上最高的高原，平均海拔高度四千五百公尺，面积二百五十万平方公里。青藏高原的周围有许多山脉，大多呈西北向东南的走向，相对于高原外的地面它们陡然而起，高低差甚巨，"插翅难飞"就是形容这样的地形，即使飞鸟要直接飞越都是困难重重。

其中南部的喜马拉雅山脉中的许多山峰名列世界前十位，特别珠穆朗玛峰是世界上最高的山峰。高原内部，有平地外还有许多山峰，高度悬殊，同时还有很多冰川、高山湖泊和高山沼泽罗布其中。玄奘当然选择“第二困难的路”，一路向西穿越沙漠，绕过青藏高原后，再东南行，翻越一些山脉，渡过一些大河，幸运的话就可抵达印度次大陆。

他们向朝廷递上申请表，但是唐朝开国没多久，国基未定，国情未安，政策是禁止国民出境，所以玄奘西行求法的请求没有得到官方的许可，当然没有得到“过所”——就是现在的护照。玄奘的旅伴们都退缩了，因为没有官家公文，出境就等同偷渡。可是，玄奘不屈不挠，他准备独自西行求法，到遥远的古印度去探求佛学的真谛。

玄奘他很清楚西行之路充满艰辛，那对体力与精神都是严酷考验的旅程，他有计划地开始加强体力锻炼，跑步、登高、骑马，包含“少喝水”的训练。他持续努力，也等待着合适的离开长安的机会。

贞观元年，六二七年，八月，长安和附近地方有一场天灾“秋害”，因为霜降严重造成庄稼歉收，眼看明年京城将有饥荒发生，于是唐太宗下诏，让聚居长安的众多人民可以自由行走，四散各地就食。如此预防粮食严重不足的措施，称之“随丰四出”。二十八岁的青年玄奘，庆幸自己遇上了这场霜降，于是混在离开长安的人群之中，走上了他艰辛的西行求法之路。

在易经有一卦《损》，说的是“减损之道，以诚为本”的道理，理的是“损下益上”的论述。《损》卦与《益》卦常常相提并论，损益之间，隐有启发性的哲理，“损而不已，必益，故受之以益。”“损”的反面便是“益”，“损”发展到一定的程度便转变为“益”。“益”字为增益、增加的意思，《说文》的解释：“饶也”，饶就是富饶的饶，指的是丰盈富足。

君子处“损”之时，不断舍己付出，终有饶“益”收获。在《损》的理解中，看到青年玄奘，他如何以“虽千万人吾往矣”的气魄，在异常险恶困苦的条件下，以坚韧不拔的英雄气概，克服重重艰难险阻，终于抵达古印度。在天竺十多年后终于取经回唐，成就非凡。

六十五岁玄奘圆寂前，他的最后留言：“愿以所修福慧回施有情。”他的“损”，是佛教的益，是哲学的益，也是人类文明的益。我是如此解读他的一生。

从《易经·损卦》看二十八岁的青年玄奘，如何西行取法

艮
兑

上九　弗损，益之，无咎，贞吉，利有攸往。得臣，无家。
六五　或益之十朋之龟；弗克违，元吉。
六四　损其疾，使遄有喜，无咎。
六三　三人行，则损一人；一人行，则得其友。
九二　利贞，征凶。弗损，益之。
初九　已事遄往，无咎，酌损之。

《损》卦，上卦艮山，下卦兑泽，泽在山下，泽卑山高，卦象就是泽自损以益山高，喻示“减损”之义，全卦揭示事物有时必须在某个方面，作一定的减损才能获益，也强调“自损不善”的修养，尤其应自损其私欲以利于公理，自损于身家以益天下。也应有不损而益的考虑，把握损有余益不足的原则。青年玄奘二十八岁即踏上西行，被困，被擒，险象环生。看他如何面对在劫难逃的生死一线，也看他如何绝处逢生。最后，东归之时，四十四岁中年的他如何怀着复杂的心情，游子还乡。

第一爻 · 初九　已事遄往，无咎，酌损之。

已，就是祀也；遄，速也。“已事遄往”就是祭祀大事，得赶快去参加。初九以刚居阳，刚有余。其正应六四，以柔居阴，相应之事宜速往，则无咎。斟酌减损初九有余之刚，以补足六四阳刚的不足，这是符合“损刚益柔”与“损下益上”的损道本质。此爻说的是像祭祀这么重要的大事，应该快速前往，减损自己多余的，去增益大局，这是无咎的。

玄奘坚信佛祖会保佑他这位虔诚的佛家弟子，让他完成西行求法的大业。

他带着几分天真，几分傻气，几分壮志，走到凉州——现在甘肃的武威，就遇到第一个严峻的考验，因为有人告密：“有僧从长安来，欲向西国，不知何意”，凉州都督派人找到了玄奘，明确要求他取消西行的念头，强令他返回长安。玄奘当然不从，他得到当时河西佛教领袖暗中相助，改为昼伏夜行，一路向西，小心翼翼地抵达瓜州。瓜州刺史也发现了他，玄奘这次表明自己是云游的僧人，隐藏了真正目的，他暗中打听西走的路径，知道了如果要潜往边关，偷渡出境，首先要面对湍急的葫芦河。

过了河，接着就是玉门关——甘肃敦煌西北约九十公里——这是汉武帝时所创建的，因从西域输入玉石取道于此得名；关城方形如盘，北、西两面有门，为当时通往西域各地的交通门户。八十年后的边塞诗人王之涣有《凉州词》：

黄河远上白云间，一片孤城万仞山。
羌笛何须怨杨柳，春风不度玉门关。

这个类似今日海关的玉门关，没有护照根本出不去，就算出了关，前头还有五个边防站——五烽——驻有许多守边将士，随时张弓搭箭。如果没有死在乱箭中，接下来的“莫贺延碛”，就是“哈顺戈壁”——西域的起点，据记载，此地“长八百里，古曰沙河，目无飞鸟，下无走兽，复无水草”，就是说要横越八百里砾石荒漠才能抵达“伊吾国”，就是现在的新疆东部的哈密，难怪王之涣要说“春风不度玉门关”。所以，光想走这一趟官道，头皮就发麻，何况不能行走正道，要避开关卡，玄奘不免心中凉透，惨的是，他的马死了。

玄奘得到一些地方官员“纵之不擒”的暗助，他在瓜州买马买粮，到了当地一座弥勒佛寺庙参拜祈请，希望弥勒佛能够帮他解除困难，因为他即刻要偷渡国境了。结果在出发前得一老年胡人支助，送他一匹又老又瘦的红马，史书的记录是“瘦老赤马”，他跟玄奘说：“师必去，可乘我马，此马往返伊吾已有十五度，健而知道。师马少，不堪远涉。”我的老马识途，大师你新买的马，太年轻了，不堪戈壁沙漠的长途跋涉。

玄奘渡过葫芦河，绕过玉门关，还要通过大约八十里的沙漠，才能抵达边关“五烽”，他顺着前人留下来的痕迹前进，驼粪、马骨甚至干尸，这是他经历的第一个沙漠，由于高度紧张，加上劳累、饥饿、缺水，曾经一度还出现严重幻觉，终于利用夜色的掩护到了第一烽。

可是还是被守卫发现了，玄奘被擒后，他镇定以对，表明自己的真实身份与西行的目的，这位第一烽守将校尉王祥，竟不将他逮捕送回长安，反而半软半硬地要玄奘到他的故乡——敦煌——极其重要的佛教艺术中心弘法，当然玄奘依然不卑不亢坚持自己的理念，他说明如果要留在唐域，那他在洛阳、长安、成都都比在敦煌强。现在的我，内心感到遗憾的是，我们所见到的佛法教义还有不周全的地方，有些经典好像有残缺。所以我不贪恋自己的性命，不畏艰辛，要到西方去寻求这些残缺的佛法。最后，被说服的守将，反而说他愿意共襄盛举，甚至教玄奘如何避过其他烽台守卫，在哪儿又有水源。当然，关键的方圆八百里砾漠“莫贺延碛”，就是玄奘马上要面对的了。

第二爻、九二　利贞，征凶。弗损，益之。

九二以刚居阴，与其对应的六五以柔居阳。九二刚非有余，六五刚非不足，两者不须急迫相应。九二之于六五，暂不可复往，因为九二心有余而力不足，根本就没有能力可以去帮助六五爻，况且六五并不是不足，也不需要九二去帮助。故“利贞，征凶”。这里说的是，若不知量力，盲目地向外前进发展，则会面临凶险之境。

另一方面，九二虽停止不往，但其心向往也，故“弗损，益之”。言九二以无损于己者，即可益六五也。说的是玄奘如果不执意跋涉大沙漠，他就不会有灾难，客观的情况，对于一般人确是如此。只是玄奘非一般人，俱有刚中之德的他，以殉道的冒险精神闯越，如果大难不死安全抵达，成就当然非凡。

我们来看看这位“宁向西方一步死，不回东土一步生”的玄奘，面对存活成功机率甚为微小的——“进得来出不去”——莫贺延碛，白天“热风如火”，晚上却又“寒风如刀”。他的“征凶”之路，开始了。

玄奘走了一百里后，他迷路了，祸不单行，他一失手，还把整个水囊打翻了。

孤苦伶仃的玄奘和一匹瘦老赤马，当然还有他们的影子，在死寂的大地一步一步前行，玄奘唯一能做的就是不停地念诵《心经》，因为他已经出现幻觉，好像有无数的妖魔鬼怪向他袭来。周遭是一望无际的黄沙，随着狂风不断流动的黄沙，上无飞鸟，下无走兽，根据史书描述：“夜则妖魑举火，灿若繁星；昼则劣风拥沙，散如时雨。”白天沙尘暴一起，被狂风卷起的黄沙如同下雨一样漫天飞舞，冰凉的黑夜，好像有许多鬼魅在举火点灯。

心中并无恐惧的玄奘，已经四天没喝水了，极度困乏的他，已走不动，躺在沙地，他很清楚自己“身临绝境”，唯一可以做的是，默默地念着救苦救难的观世音菩萨。史书记载他虔诚地向观世音禀告：“玄奘此行不求财利，无冀名誉，但为无上正法来耳。仰惟菩萨慈念群生，以救苦为务，此为苦矣，宁不知耶？”

就在第五天，玄奘感到自己的生命大概就要结束了。此时吹来一阵凉风，那匹久经严酷环境考验的老马站了起来，同个时间，玄奘倒是沉沉睡着了，安静地睡了一会儿。据他自己的述说，他做了一个梦，梦见一位表情凶恶的大神，身高数丈，手中飞舞着一支长戟，对着他说：“何不强行，而更卧也？”你干嘛不勉强多走几步，怎么还睡着呢？

勉强再走了十里，那匹老马发狂似地飞奔，拖拉着一息尚存的玄奘向前，原来那匹马发现了一片非常丰满的水草地，还有一个小水池，池水甘甜，水面平静地宛如镜子。他们一人一马在这里休息了两天，安安稳稳地调整了体能。

就这样又走了几天，玄奘终于成功地穿越了莫贺延碛，来到了“伊吾国”，位于今天新疆东部。这是第一个玄奘抵达的外国——弹丸小国——附庸于大国东突厥的迷你国家。

第三爻・六三　三人行，则损一人；一人行，则得其友。

下卦"兑"之三爻皆以益上为志，故曰"三人行"。初九的行迹与六四心合，故曰"尚合志也"；有刚中之德的九二则其心向之而已，故曰"中以为志也"。但是最后，损己以益上者，六三而已，所以说"损一人"。"损"者，减损也。老子说："有余者损之，不足者补之。天之道是损有余而补不足。人之道则不然，人之道是损不足以奉有余"。

"一人行"说的是六三。"友"，上九也。六三上行而为上九，与其正应的上九与六三为友，故曰"一人行，则得其友"。苏东坡解释："以心言之，则三人皆行；以迹言之，则一人而已。君子之事上也，心同而迹异，故上不疑；苟三人皆行，则上且以我为有求而来，进退之义轻矣。"

今天回头计算玄奘从长安到"伊吾国"，虽然已经费尽心力，可是这才是整个路程的四分之一。当然，这位佛教大师，受到伊吾国的礼遇。麻烦的是，当时交通枢纽大国——隔壁佛教国家——"高昌国"国王曲文泰，命令伊吾王把玄奘送到高昌。伊吾是个弱势国家，当然不敢得罪高昌国，他获得玄奘的谅解，立刻以马队慎重地将他转往高昌。经过六天的长途跋涉，抵达高昌时，夜色苍茫，高昌王曲文泰一听到玄奘已到，下令大开城门，迎接玄奘进城。只见高昌王城灯烛辉煌，照耀得就像白天一样。侍从及宫女簇拥国王及王妃分成两列，前后执烛迎接。

根据史书记录当时高昌王的敬仰之情:“弟子自闻师名，喜忘寝食。量准途路知师今夜必至，与妻子皆未眠，读经敬待。”玄奘就这样备受礼遇地在高昌停留了十几天。之后，玄奘向高昌王辞行想要继续西行，可是，曲文泰坚持不准，他说法师您可别以为高昌是个边鄙小国，我们可是见过世面的，一些名僧大德也见过不少。但是，自从听到您的大名，“身心欢喜，手舞足蹈。拟师至止，受弟子供养以终一身。”而且我会下令让全国人皆为法师您的弟子。曲文泰一心一意想把玄奘留下，做高昌国的大法师。

玄奘感谢高昌王的厚意，但是，他依然不让步地回答:“此行不为供养而来，所悲本国法义未周”双方各有坚持，玄奘就这样被困高昌。高昌王好话说尽，玄奘不为所动，最后曲文泰说两条路让您选，留下来，或是我送您回唐。玄奘说:“玄奘来者为乎大法，今逢为障，只可骨被王留，识神未必留也！”我的骨头可以被您留在高昌，但是我的意识却未必留下来。玄奘开始绝食，连续三天端坐，滴水不沾。到了第四天已经气息微弱，高昌王看到意志坚决的玄奘，吓坏了，明确表示:“任法师西行，乞垂早食。”恳求玄奘赶快结束绝食。

最后的结局是，高昌王与玄奘结拜为兄弟，也开始帮“王弟”准备西行的工作。这一个月的期间，玄奘也为高昌国讲经，根据史书记录，每次讲经前的“升座”，曲文泰都会跪下，趴着，让玄奘踩着他的背登上高座，展示最崇高的礼节。一个月后，高昌王帮玄奘准备了来回二十年的盘费，一百两黄金、三万钱银、五百匹绫绢、马三十匹和手力二十五人，另外还写了二十四封书信，给玄奘西行途中要经过的二十四个国家的国王，当然也帮他准备了要送给每个国王的“大绫”——高级丝织品——当是信物。

玄奘临行前的场景是，高昌王与玄奘抱头痛哭，高昌国人也跟着一起放声大哭，“伤痛之声震动郊邑”。玄奘写了一封文辞华美的长信感谢曲文泰的盛意，曲文泰也殷殷说您的回程一定要再来高昌。玄奘前往下一个国家“阿耆尼国”。

第四爻·六四　　损其疾，使遄有喜，无咎。

疾，疾病，也可说是缺点、错误；使，使人祭祀；遄，迅速；有喜，古人称病愈为有喜。六四以柔居阴，有无刚之弊，所以称之“疾”。以柔纳刚，能损其疾。使初九急速援救六四的“无刚之弊”，所以称之“损其疾”。初九有说“已事遄往”，就是祭祀大事得赶快行动。六四自损其阴柔，以容初九的阳刚相应，损其不善以从善。人之损过，宜速不宜迟，速则过不会太深，如病很快痊愈，这是可喜的事，当然无咎。

玄奘离开“阿耆尼国”，再往“龟兹国”，龟兹的读音是秋慈，是个“小乘佛教国”，而玄奘所信仰的是“大乘佛教”。大乘与小乘的区分是，大乘是要普度众生的，小乘是要自我修成阿罗汉；大乘就是利他，小乘只求自我解脱。中间主要的差别是“心量”。

玄奘抵达时，龟兹的国王、大臣，还有一些高僧都到京城外迎接他，其中有一位是龟兹的第一高僧——木叉毱多——当时西域的佛教领袖。在龟兹王盛大、殷勤又高格的款待后，玄奘回访了木叉毱多高僧，这是礼貌。然而在拜访时，玄奘在毫无准备之下，与龟兹第一高僧展开了一场激烈的“辩经”，所谓“辩经”就是对“佛法教义进行逻辑推理的讨论”，双方言辞论述中以“逻辑的思辨”与“引用经典”来作为讨论的依据。

木叉毱多先说，佛教经典《杂心论》、《俱舍论》、《毗婆沙论》等，我这儿都有，如果你在此“学知足得”，就已经够用了，没有必要“西涉受艰辛”。玄奘不直接响应，反问：“此有《瑜伽论》否？”他跳脱对方的知识系统，展开辩论技巧。木叉毱多答：“何用问是邪见书乎？真佛弟子者，不学是也。”意思是，这是一本观点都是错误的书，真正的佛门弟子是不会学这部书的。

玄奘听到木叉毱多如此封闭的回话，又说：“《婆沙》、《俱舍》在我们中土都有，我觉得那是比较粗疏浅显的佛理论述，还不是最高深的，所以才想西行求法，学习《瑜伽论》的。”玄奘又补上：“《瑜伽论》乃是后身菩萨——未来佛弥勒亲口所讲，你说它是邪书，难道你就不怕死后掉到深不见底的地狱里吗？”这是犯了骂佛的大罪，木叉毱多赶忙改问：“《婆沙》等汝所未解，何谓非深？”这几本经典你都还没完全弄明白，怎能说它不高深？

玄奘不正面回答，反问：“师今解不？”大师您都明白了吗？这是高招，逼迫木叉毱多回答，骂佛的事你闪过了，眼前这个问题只有面对了：“我尽解。”至此玄奘已经取得“提问权”，木叉毱多成了守方。于是玄奘连连发问，彼此辩论极其快速地进行，过程中木叉毱多好几次“色遂变动”，脸色已经数度变形，至此，大家都知道木叉毱多已经输掉这场辩经，问题是，他还不认输：“汝更问余处。”他要玄奘问其他问题，接着双方又是一阵快速对答，最后木叉毱多竟然说：“《论》无此语。”意思是《俱舍论》没你说的这句话，更深的意思是说：你玄奘胡说八道！现场哗然，龟兹王叔也在现场，他看不下去，说话了，拿经书来，一对之下，经书果然有玄奘引用的证据。铁证如山，木叉毱多怎么办？

木叉毱多无奈说：“老忘耳。”我老了，忘了。这个老外——玄奘，在龟兹国大获全胜，扬名西域。玄奘经过这次的胜利，说明他的佛学修为又提高了不少。

第五爻・六五　或益之十朋之龟；弗克违，元吉。

六五者，受益之主，而非受益之地也。以受益之主而不居受益之地，不求益者也。不求益而物自益之，故曰“或”。“或”者，我不知其所从来之辞也。

十朋大龟，谓用以占吉凶、决疑难的十类龟，古人视为大宝。易经大师郭璞说：“天生神物，十朋之龟，或游于火，或游于蓍。”六五中正柔德，以王者之尊而能虚中自损以应九二贤者，六五虽无求于九二，但有下贤之心，“自上佑之”实受天下之益。或益之十朋之龟来增益六五，其大吉可知。

由于大雪封路，玄奘在龟兹多停留了两个月。出发后两天，竟然遇到一伙贼——突厥强盗——总共有两千个人，根本就是一支军队。在荒郊野外，玄奘成了大肥羊，但是，奇迹发生了，这伙贼人不急着下手，自己人倒是为了分赃大打出手，而且越打越远，完全把玄奘等人晾在一旁。当然，玄奘跑远了，捡回一条命。接着又走六百多里，穿越一个小沙漠到了“跋禄迦国”。

再往西三百多里，到了海拔七千公尺的凌山——著名的冰山——常年积雪。根据玄奘自己的记录：“将欲眠食，复无燥处可停。唯知悬釜而炊，席冰而寝。七日之后方始出山。”地面太湿以致无法垒灶，只能高悬锅子做饭，睡觉时就躺在冰上，一连七天才下得山。

之后，又向西走了四百多里，到了咸海——伊克塞湖——吉尔吉斯最大的湖泊，那是今天中亚著名的疗养、旅游避暑胜地，玄奘绕着湖前进，我想这一段路，应该是玄奘最舒服的旅程，看着宽阔的湖面，充分感受阳光在雪山、湖水和沙滩上变幻出的不同色彩。一路向西，又是五百里的行程，到了碎叶城——这里就是大诗人李白的故乡。

玄奘就在碎叶城遇见了西域最强盛的突厥王朝的可汗——叶护可汗。突厥是个游牧民族，可汗在哪里，朝廷就在哪里，也就是说，随着水草而居的突厥行政中心，在这里让玄奘碰上了。叶护可汗对玄奘非常友善，很高兴地邀请他："暂一处行，二三日当还，师且向衙所。"就是邀请玄奘一起走，然后安顿他在可汗的居衙住下，两三天后，可汗打猎回来，他再请玄奘到自己的居住的大帐篷里，关于"大帐篷"，玄奘的形容是"金华装之，烂眩人目"，地上铺着厚厚的地毯，大家席地而坐，当然，可汗为了表示尊敬，特别为玄奘准备一把铁交床，铺设厚厚的坐垫。

叶护可汗收到玄奘转交高昌王给他的信函与贡品礼物，加上高僧来访，可汗热情款待玄奘，奏乐献果。几天后，玄奘准备继续西行，可汗在军队里找了几名通晓汉语和西域各国语言的少年们，先封他们官职，然后一路护送玄奘。离别时，叶护可汗还率领群臣送行十多里。当然，可汗善意地劝玄奘不需要前往印度，那个地方那么热，人都黑黑的。所有的西域君主，都是殷殷劝阻玄奘不要那么千山万水辛苦跋涉，叶护可汗对印度的高温和黑皮肤有意见，这倒是新鲜的理由，"观师容貌，至彼恐销融也。"法师清秀的面庞，恐怕会像是冰淇淋一样地融化了——这是我对这段字句的解释。

当然，玄奘还是离开碎叶城，继续西行。又经过几个小国家。这一路，玄奘的名声越来越大，不停地有别的君王邀请他去巡礼拜佛。玄奘他就这样一步一步前进，到了今天的阿富汗"梵衍那国"，不再往西了，他改向南。翻越过"黑岭"，玄奘历经了几个国家，千辛万苦，终于抵达了古印度——古代历史的印度——非今天政治版图的印度，当时那是由十六个大国和一些小国组成的古印度。

这时，正是贞观四年，六三〇年，玄奘三十一岁。

玄奘在那烂陀寺住下，向一百零六岁的戒贤法师求法，四十六岁回到长安

第六爻·上九　弗损，益之，无咎，贞吉，利有攸往。得臣，无家。

得臣，指的是得人心归服；无家，就是说无有远近内外之限也。上九者，“损下益上”之时，受益之地。处《损》之极，损极则益。而六三之德不可以无报也，故以无损于己者而益之六三，就是说居上而益下之时，即是所谓的“惠而不费”的境界：“上九不损于自己，却可让六三得益”。这样当然无咎，可以得吉，利有所往。当上九所施既广，所以“得臣”、“无家”。玄奘在印度四处礼拜佛迹，精益佛法、修行、旅行、辩经，前后十多年，他的成就在佛教的故乡——古印度——达到得臣无家的境界。

玄奘抵达了“摩揭陀国”。这里是佛陀的故乡，有关佛陀生平的圣迹绝大部分都在国都“王舍城”附近。

玄奘放慢脚步，他并没急奔心中的圣地——那烂陀寺，他先去参拜菩提树——佛陀就坐在这棵树下悟道成佛的。据说这株菩提佛陀在世时已经百公尺高了，巨大的树冠形成天然穹顶，后来一些不信佛的恶王来催伐它，玄奘看到这黄白色的古树时只有四五丈高。菩提枝叶是青翠的，冬夏不凋零，葱郁无比，整株树有一种宝光。但是每到佛陀涅槃的日子，春末的二月十五日（农历），

树叶急速飘落，呈现凋零光景。

佛陀涅盘后，有位国王在菩提树南北各竖了一尊观世音神像，面东，当时大家都知道，如果观音像没入土中，佛教就消亡了。当玄奘到的时候，南面的观音像已经被土没到胸口，玄奘一路长途跋涉，看到佛教的衰落，寺庙的残敝，玄奘终于忍不住了，五体投地，悲泪盈目，哭倒在地。他哀戚为何不早生千年，能够与释迦佛陀同一个时代?

附加一则故事：因为玄奘的关系，“摩揭陀国”从大唐起就有了两国密切的官方关系。高昌王曲文泰在贞观四年，到了长安觐见唐太宗，至此唐太宗也知道了有位玄奘高僧正在摩揭陀国取经。贞观十五年，摩揭陀王受玄奘的影响，派遣专使携带国书不远千里到达长安，唐太宗马上派人回访摩揭陀国，从此，两国交往密切。在当时，中国不会做砂糖，饮食中的甜物是“饴”——用麦芽或谷芽熬煮而成——麦芽糖。今天，我们有砂糖可以食用，正是摩揭陀人教会唐朝人熬糖技术，如何用甘蔗制成细腻、纯净的砂糖而来。

回来说玄奘，那烂陀寺得知这位奔波万里的唐土高僧已经抵达附近，派出四位高僧大德前来迎接，他们先安顿玄奘在一个村庄用饭，然而，饭都还没吃完，那烂陀寺又派出两百多位僧人和两千多施主，组成了庞大的仪仗队，举着华盖、携着鲜花前来迎接玄奘。玄奘西行求法，留学的目的地就是那烂陀寺——大师云集，拥有万名僧人——藏经丰富的寺庙建筑群。想想，有四位大教授来迎接这位留学生，那是何等荣誉。当然，欢迎仪式更是崇高的礼遇。而所谓“那烂陀”是梵文的音译，他的意思是“施无厌”，就是永远不知疲倦地施舍。

经过一番礼节后，玄奘他前往拜见那烂陀寺的方丈“戒贤法师”，这位一百零六岁的高僧问他来这里做什么？玄奘端正恭敬回答：“我是专程来跟老师您学习《瑜伽师地经》的。”没想到才讲完，戒贤法师竟然号啕大哭，涕泪肆纵，连在座陪同的高僧们也十分震惊，心中好大的疑团。等到戒贤法师平静下来，他让他七十多岁的侄儿讲一段故事：

原来戒贤法师八十多岁时得了痛风，发作时身上的关节都疼痛难忍。三年多前，病情加剧，使他这位得道高僧屡屡都痛不欲生，他决定绝食——其实就是了结这个痛苦的生命。就在绝食中，戒贤法师做了一个梦，梦中出现了三位佛，法相庄严而慈祥，其中，通身金黄色的仙人说话了：“你就这样要了结自己的生命？你会有这样的苦，那是你的前生。仅仅简单地厌弃你的肉身，并不能真诚从根本减除你的痛苦。”他介绍旁边碧绿色的仙人：“你认识他吗？这位就是观自在菩萨。”又指着那位浑身银白色的仙人，说他就是慈氏菩萨，也就是弥勒佛。而我是文殊菩萨！我们三人看见你正徒劳无益地准备放弃生命，而没有考虑忍受痛苦，利用有限的一生去做有益的事，所以来劝你去宣扬《瑜伽师地经》，去教授、传播这部由弥勒菩萨口授的重要佛典，这样，你的身体也就不会有何妨碍了。

文殊菩萨继续说：“三年后，有一位中土僧人打算跟你学习《瑜伽师地经》，所以你要活着，等着他来，教导他。”

戒贤法师解释了他之所以欣喜无限，不能自已的心情。忍不住又问了玄奘："你一路走了几年？""我走了三年多。"这一年是贞观五年，六三一年，玄奘三十二岁。

之后，玄奘他没马上学经，反而先到那烂陀寺周围游历。年底，他开始上课，戒贤法师以一年半的时间讲解了《瑜伽师地经》。玄奘在那烂陀寺留学前后大约五年，期间他至少从头到尾学了三次《瑜伽师地经》，可见此经在玄奘心目中的分量。五年时间很快过去了，戒贤法师告诉玄奘，你的学业已成，应该回国去宣传佛法了。但是玄奘并没有回大唐，他又前往古印度其他地方游历，也发生了许多事。

贞观十七年，六四三年，他才启程，载誉归国，将六百五十七部佛经带回中土。贞观十九年，六四五年，玄奘在长安，受到唐太宗热情接待，这时他已经四十六岁。

一九四四年，玄奘顶骨舍利被三分。一九五六年，供奉于天津大悲禅院的那一部分，转奉到印度那烂陀寺——玄奘求法处——佛教的圣地。而二〇一一年，我则在日月潭遇见玄奘。

柳如是

料青山见我应如是

《剥》卦，上卦艮山，下卦坤地，卦象就是高山依附于大地，

有土石剥落之象，喻示“剥烂侵蚀”，

全卦阐明事物发展过程中“剥除自我”的事理，

也论述“小人得势，君子困顿的时刻”。

命运多舛的美女柳如是，面对大明国亡，

她舍去“小我”的幸福、安逸、钱财，

以最大的“付出”和“剥落”，或暗或明投入危机四伏的复明运动。

崇祯五年，南方的世界纸醉金迷、快意人生

明末清初，著有《陶庵梦忆》、《西湖梦寻》的散文大家张岱，有一篇小品《湖心亭看雪》十分有名，文笔清新好看，水墨文字的描述跃然纸上，曾被选入中学课文：

> 崇祯五年十二月，余住西湖。大雪三日，湖中人鸟声俱绝。
>
> 是日，更定矣，余拏一小舟，拥毳衣、炉火，独往湖心亭看雪。雾凇沆砀，天与云、与山、与水，上下一白。湖上影子，惟长堤一痕、湖心亭一点，与余舟一芥，舟中人两三粒而已。
>
> 到亭上，有两人铺毡对坐，一童子烧酒，炉正沸。见余大喜，曰："湖中焉得更有此人！"拉余同饮，余强饮三大白而别。问其姓氏，是金陵人，客此。及下船，舟子喃喃曰："莫说相公痴，更有痴似相公者。"

张岱，字宗子，又字石公，号陶庵，别号蝶庵居士，江南山阴人，今天浙江绍兴。早年过着衣食无忧的生活，张家不但累世显宦，而且几代人都是学者，有治史的传统。张岱应试不中，即放弃科举，专心著述。一生潇洒不羁，澹泊功名。张岱爱好广泛，颇具审美情趣。喜欢游山玩水，深谙园林布置之法；既懂音乐，又谙弹琴制曲；善品茗，茶道功夫相当深厚；喜欢收藏，鉴赏能力不凡。他还是戏曲的评论撰文者。

崇祯五年，一六三二年，张岱二十九岁。颇有"名士风度"的他，自传说当时年轻："少为纨绔子弟，极爱繁华。好精舍，好美婢，好娈童，好鲜衣，好美食，好骏马，好华灯，好烟火，好梨园，

好鼓吹，好古董，好花鸟；兼以茶淫谲谑，书蠹诗魔。”现代的话，就是有钱的世家子，精通吃喝玩乐，懂得品味的花花大少。

张岱才气纵横，下笔雅逸，时杂诙谐，作品多写山水景物、日常琐事，描写生动而简练。他的许多作品成了许多生活考古学家，研究明末时期奢华与讲究的江南民间风俗人情的重要依据。

大明亡国后，张岱的作品表现了明亡后的怀旧感伤情绪。他的生活拮据，自述：“避迹山居，所存者，破床碎几，折鼎病琴，与残书数帙，缺砚一方而已，布衣蔬食，常至断炊。”

崇祯五年，北方的政局风雨飘摇、民不聊生

同样是张岱在西湖赏雪的崇祯五年，六月，北方大雨，黄河于孟津决口，军民商户死伤无数，百姓转徙，到处丐食，无路可走。八月，又雨，冲损庆陵——第十四位皇帝——明光宗朱常洛和皇后的陵寝。九月，顺天二十七县霪雨害稼。十二月癸酉，命顺天府祈雪。

又是崇祯五年，一六三二年，九月，农民义军高迎祥、李自成率七万人马，分四路出击连续攻克大宁、隰州、泽州、寿阳诸州县，正在山西、河南之间争夺太行、石城。明朝则有大总督张宗衡驻平阳，巡抚许鼎臣驻汾州，分地守御。

吴三桂因家庭背景和非凡天资，这一年他二十二岁，荣升为年轻的游击将军。吴三桂少年英挺，善骑射，成名于十八岁。当

年，其父吴襄带领五百名士兵出锦州城巡逻，被皇太极的数万大军重重包围，祖大寿与吴三桂登上城楼观战，祖大寿以城内兵少，不肯出兵相救，吴三桂竟率二十多名家丁，将其父吴襄救出重围。皇太极说："吾家若得此人，何忧天下？"

自崇祯二年，一六二九年以来，清兵铁骑历次入侵。崇祯五年，这一年登州、莱州兵叛，攻破城池十余座，太守朱万年以下，军民被惨杀三万余人。皇太极于崇祯九年，一六三六年，建立大清王朝，年号崇德。崇祯十二年，一六三九年，清兵攻陷济南，德王被杀死，屠城十几座，掳掠男女壮丁三十余万，骡马财物无算，被杀军民十万人，所过之地残破不堪，田野村庄，一片荒凉。内忧外患，民不聊生。

而这一年，崇祯五年，"大明皇帝"朱由检才二十二岁。

皇太极继承汗位已七年，四十二岁，正准备四年后登基为"大清皇帝"。

农民军领袖之一李自成——未来的"大顺皇帝"——二十七岁。

崇祯五年，江南有人在湖边赏雪品味人生，北方却是天灾人祸，每个人的日子都不同。没有人知道，大明王朝的气数只剩十二年。当亡国时，不同的人生将神奇地被绑在一起，相同的人生，不同的眼泪，相同的目标，不同的结局。

清末明初三大儒之一的黄宗羲二十三岁，正在南京游学，参加"复社"诗社。

明末文坛领袖钱谦益，从礼部右侍郎被罢职削籍，居江南老家常州，五十一岁。

秦淮八艳首席柳如是，当年十五岁，寒冬中被故宰相周道登的夫人赶出家门。

陈圆圆九岁，父母双亡，与祖母相依为命，居常州奔牛镇。

郑成功九岁，离开日本已两年，正与父亲郑芝龙居福建老家安平，读书习武。

年轻的柳如是被辗转卖入青楼

柳如是，本名杨爱，浙江嘉兴人，出生于万历四十六年，一六一八年。刚八岁，还是懵懂记事之际，因家庭经济窘迫，被父母卖到了吴江泽盛镇徐妈妈所开的妓院“归家院”，这个名字大概希望客人能宾至如归吧！柳如是平日除了伺候徐妈妈之外，便是跟徐妈妈读书识字，学习琴棋书画，因为灵巧，颇受赞美。

天启七年，一六二七年，十岁，柳如是又被转卖到周道登家当小丫鬟。那一年，年初，陕北农民起义军与明军作战开始。这场战争直到清顺治年间才结束，历史称为“明末农民战争”。对于农民起义，没有政治头脑但有木匠天赋的明熹宗，依然无感。这时掌政的太监魏忠贤，他在争议声中，将周道登由太子宾客礼部右侍郎，高升礼部尚书。在他只身进京之前，周道登对家中老夫人放不下心，便遣仆人在吴江四处，希望能找到一个聪明伶俐又贴心的小丫鬟。如此，柳如是进了周家。

不过，没几个月工夫，周道登以病辞官返乡。可是，同一年，明熹宗在宫中划船嬉戏不慎落水，病重，两个月后驾崩，时年二十三岁。传位给十七岁的弟弟朱由检，史称崇祯皇帝。周道登又再度入阁，而且还担任“内阁首辅”，可是，学术不精的他，常常被年轻的新皇上取笑。崇祯二年，大家看不下去他能力不足的糗态，几位御史前后交相弹劾，他再度丢官，闲居乡里。

生性好色的周道登，把柳如是纳为侍妾，她是众多侍妾之中年龄最小的，也最得周道登宠爱者，小柳如是时时得到他的指点，被称赞“提笔有虞褚之风，吟诗有盛唐余韵”。当然，那些侍妾是忌妒的，她们屡屡在老夫人面前搬弄是非。崇祯五年，冬天，周道登逝世后，柳如是就被赶出家门，当时她才十五岁。

无依无靠的柳如是在雪中跋涉多日，投靠了松江南楼的陈子龙。陈子龙年长柳如是十岁，他一年多前在吴越间游学，曾经专程到吴江拜访周道登，当时周道登老先生已经沉疴在病榻，他们论及国事日非之时，年轻的陈子龙声泪俱下，在一旁陪侍的柳如是被他的爱国之情深深感动，偶尔也加入他们的谈话。这让陈子龙觉得这位小妾不仅俏丽动人，还颇有胆识。因此，陈子龙在周家盘旋的几天中，两人有多次交谈的机会，甚至看到柳如是的书画诗作，越发地对她赞赏，两人之间有了“恨不相逢未嫁时”的情愫。

风雪中，陈子龙收留了无家可归的柳如是，两人感情深挚，情切意笃，本名杨爱的她，自此改名为柳如是。“杨柳”本一家，她再以南宋辛弃疾的《贺新郎》词：“我见青山多妩媚，料青山见我应如是”为本，自名“如是”。

然而他们终不得结为连理，因为，陈子龙的元配不能兼容。不管如何，两人彼此相知、相爱、相守。直到崇祯六年秋天，事情有了变化，陈子龙要赴京赶考，柳如是只能殷切期待陈子龙早日回来。结果是，陈子龙落榜，而他毅然决定再努力三年，要中试后再衣锦还乡。然而，在陈家没有身份的柳如是，没有及时等到陈子龙归来，最终不甘被陈夫人排挤与侮辱，悲切而毅然地离去了。后话是，陈子龙三年后果然高中进士，诗文被誉为“苍劲之气与节义相符”，明亡后曾出家，多次起兵抗清，最终兵败投湖自尽，再被清兵割下首级，抛尸河中。

坠入红尘改名柳隐，得“秦淮八艳”之首

无家可归的柳如是，红颜舛命的十七岁柳如是，只得投靠幼时曾住过的“归家院”，自此“坠入章台”，易名“柳隐”。所谓“章台”，这是古人文雅称呼的歌妓聚居之所，典故得自汉朝时，长安城有章台街，多是妓院。成语“章台走马”，原指骑马经过章台。后指涉足红尘妓间。这是根据唐朝诗人崔颢《渭城少年行》而来：

万户楼台临渭水，五陵花柳满秦川。
秦川寒食盛繁华，游子春来不见家。
斗鸡下杜尘初合，走马章台日半斜。
章台帝城称贵里，青楼日晚歌钟起。

从此绝才绝色的“柳隐”，使得无数的江南风流士子神魂颠倒，争相拜倒在她的石榴裙下，不到数月便名满吴越，在乱世风尘中得有“秦淮八艳首席”的称谓。明末时南京旧院，名妓辈出，盛极一时。秦淮八艳尚有陈圆圆、董小宛、李香君、马湘兰、顾横波、寇白门和卞玉京，这些名字即使到了今日，仍因其美貌及传奇性，让人琅琅上口。

崇祯九年，一六三六年，这一年在东北地区的皇太极，改国号为“大清”，改元崇德，历史进入新的回合。而在南京秦淮河畔的柳如是则搬出“归家院”，她在终慕桥北自建一幢房子，取名“十间楼”自立门户。平日只同些高才名士相处，饮酒酬答。

崇祯十一年，一六三八年，初冬，供职京师的“江左才士”钱谦益，本已高居礼部侍郎之职，眼看又要提升，却因政治斗争，不但受了廷杖之责，而且免去了官职，被迫返回原籍常熟。五十七岁高龄的钱谦益，猝遭巨变，心境黯淡悲凉，一路迤逦南归。途经杭州时，顺便前往西湖上荡舟闲游，排遣愁怀。在此之际，钱谦益便是落脚在杭州名妓“草衣道人”家中。当时，恰逢柳如是也客居杭州，她是草衣道人的闺友。一天，柳如是巧将一首游湖即兴小诗，搁在草衣道人的厅堂桌案上。钱谦益无意中发现了那帧诗笺，拿过来轻声诵读：

垂杨小宛绣帘东，莺花残枝蝶趁风。
最是西泠寒食路，桃花得气美人中。

草衣道人看到钱谦益击节称赞此诗清丽别致，便邀得两人与她同行，泛舟游西湖。画舫载着三个人悠悠荡荡，柳如是性格开朗，虽是与鼎鼎有名的钱谦益初次相见，也毫无拘束之态，谈诗论景，随心所欲。钱谦益面对如此可人儿，欣赏她藏有锦绣诗情，鹤发朱颜同舟泛湖，好不风光。钱谦益当天兴起，竟一口气吟了十六首绝句，以表示对伊人的倾慕之情。之后，钱谦益告别两位美人，返回常熟老家。

钱谦益学问渊博，泛览史学、佛学。他是万历三十八年，一六一〇年的科举“探花”——一甲第三名进士及第，即是全国第三名。明末文坛领袖，与吴伟业、龚鼎孳并称为“江左三大家”。他倡言“情真”、“情至”，主张具“独至之性，旁出之情，偏诣之学”。天启年间官僚崔呈秀——权倾天下的太监魏忠贤集团重要成员——编写《东林党人同志录》将钱谦益列为党魁。

钱谦益削籍南归后，许多年轻学子前来拜师，接受他的指导，早期最著名者有顾炎武，后期最著名者则是郑成功。话说当时崇祯十一年，一六三八年，十五岁的郑成功刚考中秀才，又经考试成为福建南安县二十位“廪膳生”之一，这是让人羡慕的成绩优异者，每月得有“廪膳”，每年领“廪饩银”四两。后话是，郑成功进入南京国子监深造，拜入钱谦益门下，钱谦益为了勉励郑成功还替他起了“大木”之别字。这又是崇祯十七年，一六四四年，年初的事。

柳如是与江左才士钱谦益的忘年之恋

崇祯十三年，一六四〇年，柳如是女扮男装，在一个冬日淡淡的午后，来到钱谦益的宅院“半野堂”，拜帖署名“晚生柳儒士叩拜钱学士”。钱谦益收到名帖以为又是慕名前来造访的无名晚辈吧，他打起精神到客厅会客，只见一身蓝缎儒衫，青巾束发，一位身材瘦小书生打扮的客人。“晚生见过钱老先生，冒昧造访还望见谅！”柳如是露出一丝狡黠的笑意，向钱谦益致意。而钱谦益可傻眼了，眼前这位明眸生辉，鼻挺嘴秀，皮肤白嫩，清秀有余而刚健不足的年轻人，有几分面熟，却始终想不起是在哪里见过。柳如是轻悠悠地吟出一首诗：

草衣家住断桥东，好句清如湖上风。
近日西泠夸柳隐，桃花得气美人中。

“哎呀，真没想到啊！柳姑娘光临寒舍，有失远迎，得罪！得罪！”西湖一别，钱谦益万万没想到柳如是竟然到常熟来看他，女扮男装飘然而至，又给了他一分额外的惊喜。一番寒暄问候后，钱谦益邀请柳如是在“半野堂”住上一段时间，柳如是欣然应允，其实，她就是抱着这个打算来的。

这一年，钱谦益五十九岁，柳如是二十三岁。他们老少一同踏雪赏梅、寒舟垂钓。为了感谢柳如是的相慰之情，钱谦益命人在附近的红豆山庄为柳如是特筑一楼，他亲临现场督工，仅以十天时间，一座精美典雅的小楼就建成了。钱谦益根据《金刚经》中“如是我闻”之句，将小楼命名为“我闻室”，以暗合柳如是的名字。小楼落成之日，他还特写诗抒怀：

清樽细雨不知愁，鹤引遥空凤下楼。
红烛恍如花月夜，绿窗还似木兰舟。
曲中杨柳齐舒眼，诗里芙蓉亦并头。
今夕梅魂共谁语？任他疏影蘸寒流。

柳如是来访钱谦益，本来是冬日无聊，徜徉于山水间打发时间，没想钱谦益虽是花甲老人竟是真情流露，她感知这是同样尝过生命的苦涩，而展现的纯真，如此深切的相知相感，柳如是感念之余，回赠了一首《春日我闻室作呈牧翁》，这时几场春雪刚过，春风又绿江南岸：

裁红晕碧泪漫漫，南国春来正薄寒。
此去柳花如梦里，向来烟月是愁端。
画堂消息何人晓，翠帐容颜独自看。
珍贵君家兰桂室，东风取次一凭栏。

两情相悦，柳如是有意许身，钱谦益则有年龄的顾忌，因为两人相差三十六岁。柳如是知道眼前的钱谦益，才华自不用说，二十八岁就考成了探花郎，诗词享誉一方。虽说年纪大些，可有情有趣，对她又是这般关照。面对柳如是的一片痴情，钱谦益无法再犹豫退缩，终于在崇祯十三年，一六四〇年，夏天，正式将柳如是娶进了家门为妾。

婚礼办得别出心裁，一只宽大华丽的芙蓉舫，在船舱摆下丰盛的酒宴，请来十几个好友，一同荡舟于松江波涛之中。由于老少配——礼部侍郎与风尘女子的婚礼——究竟惊世骇俗，致非议四起，举行婚礼过程中，船被扔进了许多瓦石。

婚后，他们老夫少妻相携出游名山秀水一段时日。崇祯十六年，一六四三年，钱谦益在半野堂后面修筑了一座五楹二层的藏书楼，他为了取悦柳如是，将新楼取名“绛云楼”，意寓柳如是“真诰绛云，仙姥下凡”，两人安居其中。西湖上的春花秋月，时光如诗一般地静静流过。可是，北方的大明朝廷却是风雨飘摇中，江山同时出现了三个皇帝：大明皇帝、大清皇帝、大顺皇帝，他们的争霸战进入最后腥风血雨的阶段。

崇祯十七年，一六四四年，三月十九日，大明皇帝朱由检上吊自缢于紫禁城后方煤山，死时光着左脚，右脚穿着一只红鞋。时年三十三岁。北京城破，大明王朝就此剥落。在西湖的柳如是幸福美好的日子，自此也剥落了。

在《易经》有一卦《剥》，说的是“由盛转衰，小人得势”的道理，理的是“剥脱衰落 ”的论述。《剥》卦六爻揭明事物在发展过程中，“阳”被“阴”剥落，正面因素为反面因素摧折的情况。在《剥》的理解中，看到风尘女子柳如是，她如何以豪放之情，让生命的高度与她最尊敬的南宋诗人辛弃疾的爱国热忱等温。让生命的纯粹与她最崇拜的巾帼英雄梁红玉不让须眉的精神同映辉。

从《易经·剥卦》看二十七岁的柳如是，如何力助复明运动

艮

坤

上九　硕果不食，君子得舆，小人剥庐。

六五　贯鱼，以宫人宠，无不利。

六四　剥床以肤，凶。

六三　剥之，无咎。

六二　剥床以辨，蔑，贞凶。

初六　剥床以足，蔑，贞凶。

《剥》卦，上卦艮山，下卦坤地，卦象就是高山依附于大地，有土石剥落之象，喻示“剥烂侵蚀”，全卦阐明事物发展过程中“剥除自我”的事理，也论述“小人得势，君子困顿的时刻”。阳气将尽，处在剥夺、剥落、浸蚀的时候，是不利于有所前往。柳如是二十七岁时面对大明江山飘摇，国事崩坏，在往后反清复明的岁月中，看她如何“皇皇多列士，侠骨让红唇”。阎尔梅，郑成功，黄宗羲等抗清志士多受她掩护和资助。

第一爻・初六　剥床以足，蔑，贞凶。

以，自也；蔑，就是灭掉。这一卦是柔爻从《乾》卦开始逐爻向上剥蚀刚爻，一直剥蚀到六五。阴知剥阳，自下而上，于“剥床”乃灭“床足以下”，渐次而上，终及于床上之人。剥之诸爻有“剥床以足、以辨、以肤”，邪侵正，邪灭正，故言“凶”。此乃小人道长之得，不宜逆势而为，宜顺时而有所不为。

十七年前，十七岁的年轻崇祯朱由检即位时，正值国家内忧外患之际，内有黄土高原上百万农民造反大军，关外有满洲铁骑，虎视眈眈，山河冷落，狼烟四起。他有果断的一面，也有优柔寡断的一面；既有刻薄寡恩翻脸无情的一面，也有多情柔肠的一面。

他自律极严，不耽犬马，不好女色，生活简朴。他也经常征求左右的意见，但刚愎自用，不能做到虚怀纳谏；他任用一些文武大臣时，言听计从，优遇有加。可是，一旦翻脸，严酷无情，果于杀戮。《明史》说他：“性多疑而任察，好刚而尚气。任察则苛刻寡恩，尚气则急遽失措。”简单地说崇祯不是什么明君，但也不致是昏君，他执政十七年，从没离开过紫禁城，可是，虽有心为治，却无治国良方，以致酿成亡国悲剧。

十七年后，三十三岁的朱由检自缢于紫禁城后的煤山，他死了，大明陨落了，可是他个人的悲剧，却引发了无数百姓的悲剧。北方的局面更加混乱无比，吴三桂一怒为了陈圆圆，打开了山海关引进清兵，自此大清势力如水银泻地，席卷了北方大地。而南方也是如炸了锅一样，南京——大明王朝的南都，在多方抗清集团与重臣的一番争执与论战后，政治妥协的结果是：由福王朱由崧即位，当时是一六四四年五月二十日，成了南明的第一任皇帝，年号弘光，史称“弘光帝”。

朱由崧是一个十分昏庸腐朽的君主，整日只知吃喝玩乐，沉湎于酒色之中，不理朝政。而朝政都掌握在凤阳总督马士英——南明弘光朝内阁首辅、东阁大学士手中。当时皇位选拔赛，钱谦益与史可法原来是支持另一位皇上候选人“潞王”，结果福王胜出。皇位之争结束了，史可法任南京兵部尚书，不久因党争不断，史可法自请督师江北，离开南京中枢，前往扬州守城抗敌。

至于钱谦益，则被弘光帝起用为礼部尚书。七月，钱谦益由常熟城出发，携柳如是到南京赴任，途中柳如是武士打扮，一身戎装，骑着马护驾着钱谦益的官轿，颇有慷慨以赴国难的英雄气度。

可是，弘光政权却不是英雄施展抱负的舞台，朝中文武大臣不能同仇敌忾，仍旧党争不断，中央有首辅马士英、太监阮大铖等掌握朝政大权，北边防线的四镇将领则是飞扬跋扈，据地自雄，不听中央指挥。整个弘光朝廷内部矛盾重重，外部大军压境，南京城危如累卵。而弘光帝却在群臣面前感叹：“后宫寥落，旦新春南都无新声”，他忙着下令广选美女。

柳如是到南京后，一心想帮助钱谦益力挽狂澜，光复大明，她使出浑身解数，一方面周旋于达官贵人之间，一方面交结四方豪杰。柳如是以其超群的大度和文才，加上自己极优的公关能力，在南京上流社会占尽风流。然而国势颓丧，柳如是又如何能扭转乾坤?

顺治二年，也是南明弘光二年，一六四五年，四月，另一位抗清英雄左良玉率数十万兵力，由武汉举兵东下，要“清君侧”、“除马阮”。自私的马士英急忙下令史可法，要他将所有江防之兵回防左良玉，史可法无奈只得听令，回防燕子矶。结果，左良玉败于黄得功，呕血身亡，全军降清，抗清的主力又折损了一大军团。史可法再奉命北返，最后到达扬州继续抗清。五月，清兵包围扬州城，史可法孤军奋斗，城破，史可法自刎不死，被俘。他向清将多铎表示:“城亡与亡，我意已决，即碎尸万段，甘之如饴，但扬城百万生灵不可杀戮!”之后壮烈就义。接着清兵进行了十天可怕的血腥大屠杀，史称“扬州十日”。

弘光王朝灭，柳如是对着钱谦益说：「你殉国，我殉夫！」

第二爻、六二　剥床以辨，蔑，贞凶。

辨者，床之干，以其分隔上下而谓之变也。简单讲“床辨”就是床腿部分。六二进一步以柔灭刚，所以也说是“蔑贞”。既灭床之足于下，又灭床之辨于中，阴长至二，其凶更甚。若仍不知随时适变，只知坚守其位，其凶必矣。

清兵逼近南京城，守军无心无力，眼看南京就要沦陷，弘光帝朱由崧急忙召集大臣商议，那些平时只会阿谀奉承的奸臣一言不发，众叛亲离的弘光帝只好和爱妃翻墙跑了，那一天刚好是他登基的“周年庆”。朱由崧的藏匿行踪被出卖，他被擒之后，送到北京，立刻斩首于菜市口。这位只知享乐，不问政事，沉湎酒色，荒淫透顶的南明第一任皇帝，就此呜呼哀哉。

另一个场景，柳如是知大局已无可挽回，便规劝钱谦益自杀殉国：“是宜取义全大节，以副盛名。”并激昂地说：“你殉国，我殉夫！”然而钱谦益思量再三，终不愿死。柳如是缓缓地步入后花园的荷花池，她要以她的一死促成钱谦益的殉国，可是钱谦益却死死地抱住柳如是不让她入水，并嘱咐家人严加看管，不能让她再度寻短见。

钱谦益自己外出，回到南京城，这时二、三十万的守城明军已逃逸无踪。钱谦益告诉其他大臣说：“事至此，唯有作小朝廷求活耳！”最后，钱谦益率领南京诸大臣在滂沱大雨中开城，跪拜在道路两侧向多铎迎降，并向多铎献上玉犀、象箸、宫扇、琉金珐琅等礼品。

介绍一下，杀史可法的“多铎”，钱谦益率群臣向他磕头的“多铎”，本名为爱新觉罗·多铎，是大清的猛将，也是努尔哈赤的十五子，十三岁被封为贝勒，狂放不羁，风流好色。入山海关大败李自成的大顺军，也是他。

几天后，钱谦益回到家中，柳如是发现他竟剃掉了额发，把脑后的头发梳成了辫子，这不是降清之举吗？柳如是气愤得说不出话来，钱谦益却抽着光光的脑门，解嘲道：“这不也很舒服吗？”其实，钱谦益不但是剃了发，甚至还已经答应了清廷召他任礼部侍郎兼翰林学士，让他管秘书院事，任《明史》馆副总裁。当时有人写诗嘲讽：“钱公出处好胸襟，山斗才名天下闻。国破从新朝北阙，官高依旧老东林。”仕清后，被人嘲笑为“两朝领袖”。顺治二年，年底，钱谦益自己只身到北京赴任，柳如是拒绝跟从。

顺治三年，一六四六年，六月，在北京半年光阴，钱谦益称疾乞归，返回南京，携柳如是返常熟老家。钱谦益大概想通了：“功名富贵，贵在知足，年逾花甲，夫复何求！”辞官返乡，而折节的耻辱仍然折磨着柳如是。一天，柳如是备下美酒佳肴，邀钱谦益一同乘船夜游六弦河上，遥望两岸江山依旧如画，人事已非，两人皆有不胜今昔之感。

酒酣之际，柳如是声泪俱下，她再度劝钱谦益效法屈原投水自沉。可怜的钱谦益从酒意中猛地惊醒过来，把手伸入河里搅了搅水，哀哀地说道：“水冷，奈何？”今夜水太凉，我们不如改日再来吧？“水冷有何妨！”柳如是知道他依然难舍此生，此时她满怀悲凉，无心再劝他什么，一直坐到天亮。

第三爻、六三　剥之，无咎。

六三在六四之下，不言“剥床”，而曰“剥之无咎”者，那是因为六三上应于上九之阳，小人知道归附君子，故称之“无咎”。《剥》卦孤阳在上，独六三与其正应，而无相剥之意。处在阴剥阳之时，六三志在从正，与其他上上下下的阴不同，所以得“无咎”。

之后，六十五岁的钱谦益不再过问政事，只是饮酒自娱，填词作赋，消磨时光。但是，关心国事的柳如是，依旧对故国大明深怀关切，当时，长江以南的大明故土，仍有两百多个军事集团，在神州大地四处燎原，他们高举着反清的火炬，无时不搅动着她的心。

南京弘光朝廷失陷后，陆续有几个监国政权先后建立：杭州的潞王朱常涝、抚州的益王朱慈、福州的唐王朱聿键、绍兴的鲁王朱以海等等。其中唐王朱聿键受郑芝龙等人在福州拥立，即位称帝，年号隆武，是为“隆武帝”，当时是顺治二年，一六四五年，闰八月。柳如是都对他们寄予厚望，希望他们能够恢复大明王朝。

故事是这样的：顺治四年，一六四七年，冬天，绛云阁来了一位客人，他是钱谦益的老朋友，一直致力于复明运动的黄毓琪。黄毓琪是个老贡生，字介之，江苏江阴人。明亡之时，他痛心疾首，曾与程璧等私下歃血为盟，效忠明室。

顺治二年，一六四五年，清政府开始对各地强推剃发令，他们的口号很简单——“留发不留头，留头不留发”。但江阴人偏偏不吃这一套，上下一心，只有一句话：“头可断，发绝不可剃！”这一天是六月初一，江阴人倡议守城；到八月中秋，已经七十余日。这段期间，江阴城久攻不下，清廷不断增派援军，甚至动用了大炮。

面对围城清军的狂轰滥炸，江阴城内，主帅阎应元与城民上下一心，毫不畏惧，宁死不降，大家都有“死义”的决心。江阴城外，黄毓琪、李寄等人都在外围协助坚守，商人程璧还在四处奔走求援。中秋后七日，江阴城破，清军屠城三日，史称“江阴屠城”。至于城外支持，一东一西的李寄与黄毓琪，只能看着江阴城变成人间炼狱——守城者全部牺牲，一座繁华都市，化为废墟。

李寄是徐霞客的遗腹子，以致不被徐家接受。无奈之下，其母周氏只得改嫁李氏人家，所以取名李寄——寄户籍于他处。明亡之时，他曾独自登山，夜观星象，知明朝气数已尽，遂痛哭而归。他和黄毓琪，在江阴城外围守护，失败后，两人分手。李寄隐居陕西，他的学问很好，四处寻访、搜集失落的徐霞客稿本，使濒临散失、湮没的《徐霞客游记》稿本得以传世。

黄毓琪则继续奔走复明运动，他来到了常熟城绛云阁。

钱谦益夫妇热情款待了他，当聊到弘光朝廷败亡的往事，钱谦益长叹：“我钱谦益脚踏禹贡九州岛相承之土，读的华族几千年相传的圣贤之书，几代受恩于先君，如今是一失足成千古恨呐！”黄毓琪向钱谦益夫妇介绍了各地的抗清形势，说到陈子龙自从在老家松江起义后，结合太湖义军抗清，在今年六月间被清兵逮捕，在押往北京途中，毅然赴水而死，可是清兵仍然斩戮他的尸首，砍下首级。这是柳如是自崇祯六年离开华亭之后，第一次听到关于他的消息，心里暗自庆幸到底识了个英雄。其实，柳如是"坠入章台"后，陈子龙陆续有她的消息，曾为她心碎三次。这是乱世鸳鸯的故事。

黄毓琪告诉钱谦益夫妇，自己已经联络了一批志士，准备起兵，希望他们能够在经济上给予帮助。当时，柳如是就代表钱谦益答应了这个要求。钱谦益夫妇开始投身复明运动。

钱谦益被告发，捆缚押往南京入狱，柳如是带病冒死相救

第四爻·六四　剥床以肤，凶。

六四的"肤"则将灭其身，所以说"切近灾也"。六四与上九无应、无比，剥阳之势正盛，剥床以至于肤，"肤"是床上人的皮肉，要把皮肉剥蚀掉，切肤之痛，所以不说"贞凶"，直接断言"凶"。简单说，这灾害已经到了身边，躲不及了。

黄毓琪离开常熟后，到舟山组织义军插旗反清，向常州进军。

顺治五年，一六四八年，黄毓琪在泰州被告发，旋被捕获，检出原南明印信及诗辑，中有复明之意。又查

出黄毓琪曾为钱谦益留宿，且有些许金钱资助招兵，于是株连之。钱谦益为明末著名诗人，曾为南明礼部尚书，降清后，未几，再以疾乞归，所以特别为清廷所忌。案发后，钱谦益力辩其诬，且言年已七旬，动履需人扶持，不敢萌发别念。

当天，清兵到绛云阁抓人，他们将钱谦益捆缚准备押往南京，柳如是正染病在床。一听到钱谦益被逮凶讯，她知道夫君此行可是凶多吉少，如不能无罪释放的话，那所有与各方志士复明运动的计划就会曝光，进而更多人会受株连。唯一的生机就是一定要保全钱谦益，让他脱罪。于是，她"蹶然而起，冒死从行"，跟随钱谦益一起被带往南京。

在南京，柳如是一面上书官府，请代夫死，否则就从夫而死，言辞激昂悲壮，没有丝毫向官府乞怜的意思。柳如是另一方面四处游说故旧新知，不惜变卖家产打通关节，后来，官府以证人的证据不足，释放钱谦益无罪返家，两人双双回到常熟老家。经此牢狱之灾后，钱谦益夫妇更倾力投入了复明运动。

至于，黄毓琪则"瘐死"狱中，瘐死就是冻饿而死的意思。

当初，钱谦益夫妇开始投入复明运动之际，钱谦益与原配所生的儿子钱孙爱，刚生了钱家的长孙，钱谦益夫妇便商量着给长孙取名"佛日"，字"重光"，小名"桂哥"，里面隐含了复明大业的意思。"重光"指的是大明重光，"桂哥"即是取自桂王的"桂"。

他们之所以对桂王寄予厚望，是因为辅佐桂王的正是钱谦益的得意门生瞿式耜。同时，正在金门、厦门渐成气候的郑成功也改奉永历年号为正朔，而郑成功也是钱谦益的门生。

瞿式耜才小钱谦益八岁，但是闻道有先后。他是基督教徒，圣名多默（Thomas）。在永历朝中，瞿式耜任内阁大学士兼吏部右侍郎摄尚书事；驻守桂林，三次击退清军进攻，永历四年，一六五〇年，城破被捕，留有绝命诗："从容待死与城亡，千古忠臣自主张。三百年吏恩泽久，头丝犹带满天香。"瞿式耜他的故事很精彩，希望有机会能够完整地说说他的故事。

第五爻・六五　贯鱼，以宫人宠，无不利。

"贯"的本意是把东西贯穿在一起，这里是指"鱼游动时，前后挨近所形成的行列"。古人称鱼为阴物，所以阴爻为鱼。"贯鱼"是许多鱼排成一行，前进有序。成语"鱼贯而行"的来源即是这里。六五正是排头的一爻，所以称"贯鱼"。六五进入"五"得尊位、天子位，身份尊贵而受宠。但真正的天子不是排起队来挨着做的，五阴反而比较像是"进宫的嫔妃顺序排列成串"，所以"以宫人宠"——得宠于一阳。六五如此，则无所不利。

"永历"年号，是桂王朱由榔——南明第四任皇帝——在广东肇庆即位所立的。朱由榔是明神宗——万历皇帝的孙子，在崇祯时被封为"永明王"，后来继承桂藩成了桂王。所以取"永"明王和万"历"年号，定为年号。一六四六年，十一月十八日正式称帝，史称“永历帝”。明朝诸侯王爵的规矩是，一字王号为亲王，如福王、桂王、鲁王；二字王号为郡王，如永明王、延平王即为郡王等级。郑成功于永历九年，一六五五年，被永历帝敕封为延平王，也可称之延平郡王。

仔细观察南明四位皇帝登基的地点，第一任在南京、第二任在福州、第三任在广州，到了永历帝则在广东与广西交接的肇庆城，地点“愈来愈南”，也代表复明运动“愈来愈难”。肇庆是历史悠久的古郡，战国时期即是百越的居住地，称之“肇庆”是因为这是宋徽宗的幸运地，由他所名，沿用至今。

顺治六年，一六四九年，也就是永历三年，钱谦益以密信向时任永历朝廷在广西的首相——他过去的弟子瞿式耜，提出“楸枰三局”的复明战略方针，钱谦益说：“人之当局如弈棋然，楸枰小技，可以喻大。”楸是树名，楸木可以制棋盘；围棋一局称之“一枰”，“楸枰”就是棋盘的古称。“楸枰三局”的战略内容就是以永历朝的西南之师，北上占领长江中上游，然后顺流而下，夺取江南为根本，再挥师北方，克复北京。永历朝廷对此策略反应积极。钱谦益受到鼓舞前去找黄宗羲，但是当时黄宗羲正在日本寻找援助。所以，当黄宗羲返国，他立刻准备亲至常熟会晤这位比他大一辈的东林老人。

顺治七年，一六五〇年，也就是永历四年，三月，当时被天下所称道的三大儒之一，著名复明领袖黄宗羲来到了常熟，在绛云阁住下。一个多月的时间，他与钱谦益夫妇畅谈天下大势，痛哀故国山河破碎的惨状。黃宗羲被尊称为“梨洲先生”，与顾炎武、王夫之并称明末清初三大思想家，或明末清初三大儒。

黃宗羲诚挚地鼓励钱谦益利用自己的影响力，促进复明运动，他的坦诚与信任使得钱谦益夫妇非常感动。在黃宗羲临走的前一天晚上，刚要睡下，只见钱谦益掌灯入房，将七根金条赠给了他，并说这是柳如是的意思，请他以后多来走动，互通声气。钱谦益夫妇更坚定了从事复明运动的信心。那一年，黃宗羲五十八岁、钱谦益六十九岁、柳如是三十三岁，至于在厦门军事渐壮的郑成功则是二十七岁。

这次会晤，在黃宗羲笔下看起来很平常，他只说在山房过了夜，翻遍了钱氏著名的书房绛云楼的藏书。其实，他们商讨的是“楸枰三局”战略，也谈到在浙江沿海的“鲁王”的作用。又谈及招降清将的事情，钱谦益看中的是与他有些关系的“金华总兵”马进宝。

五月，黃宗羲才刚离开绛云阁，柳如是便催促钱谦益前往金华，游说马进宝加入复明运动。为了给钱谦益壮胆，柳如是还陪同他到了苏州。在苏州，柳如是前往城外的灵岩山，参拜了韩世忠与梁红玉夫妇合葬的坟墓，梁红玉是青楼女子，也是宋朝抗金女英雄，于绍兴五年遇伏遭金军围攻，被“乱箭攒射，力尽落马而死”。在梁红玉墓前，柳如是真恨自己没有梁红玉一身的武功，不能亲上战场为复明而战。

确实，梁红玉的身世与女英雄的形象，甚至后来民间戏剧所塑造的：“慧眼识英雄，嫁予韩世忠，击鼓黄天荡，大败金兀术”，如此经典的“典型在夙昔”的故事，对柳如是有太多影响与鼓励。她曾说：“中原鼎沸，正需大英雄出而戡乱御侮，应如谢东山（谢安）运筹却敌，不可如陶靖节（陶渊明）亮节高风。如我身为男子，必当救亡图存，以身报国！”柳如是有诗《赠友人》，即是以青楼出身而能破敌救国的梁红玉自比，希望做出一番惊天动地的事业：

我闻起舞更叹息，江湖之色皆奔驰。
即今天下多纷纷，天子非常待颜驷。
丈夫会遇讵易能，长戈大戟非难为。
一朝拔起若龙骧，身帅幽并扶风儿。
大羽插腰箭在手，功高跃马称精奇。

永历王朝灭，郑成功迁军到台湾，钱谦益病死，柳如是自缢

第六爻·上九　硕果不食，君子得舆，小人剥庐。

上九以阳刚在艮止之上，阴所不能剥者，故如“硕果”之不将“食”，因为将有“复生之理”，《艮》卦反过来就是《震》卦，有动的意思；《剥》卦反过来看就是《复》卦——暗藏生机。“果”中有核有仁，是生生不息的源本。

上九刚爻，处《剥》之极，孤阳独存，《剥》极则《复》，虽然生机尚小，但君子应足以拨乱反正。如把刚爻为君，柔爻为民，则是“君子得舆”，像是一辆大车可以“民所载也”。另外一种“庐舍”说法，因为整个卦象像个房子，上九刚爻则是整个卦的屋顶，像是一座“庐顶”，如果柔爻继续剥到最后，上九这个庐顶也会被掀掉，如今，上九亦遭消剥，庐舍不存，则五阴亦无藏身处，其凶必矣。

可是，马进宝原是李自成部下，对明代根本无所谓忠不忠的问题，对钱谦益的到来，敷衍了事。钱谦益无奈而返，然而有件不幸的事情在等着他：十月，一个狂风呼啸的夜晚，绛云阁失火了，几万卷藏书和一大批古玩珍宝付之一炬。这次的火灾在心理上、经济上给了钱谦益夫妇沉重的打击，但他们并没就此停止复明运动。

第二年，顺治八年，因为反清的鲁王在长江口小有规模，清大军云集于江浙海滨，准备围剿鲁王，形势极为紧张。是年八月，清廷派出松江提督张天禄出崇明，台州总兵马进宝出海门，作为两翼，而闽浙总督陈锦和提督田雄等以全师出定海（今镇海），会攻舟山。结果，鲁王兵败，他南下投靠郑成功，居金门，去监国号。而舟山遭清兵屠城之惨。

但此时钱谦益的“楸枰三局”仍在进行。次年，即顺治九年，一六五二年 ，原张献忠大西政权的大将军——在云南长期休整后——李定国，这位明末清初最杰出的抗清将领之一 ，收复桂林，湖南、广西、四川大部尽入永历的版图——这是永历王朝最鼎盛时期，几乎让清廷准备放弃西南七省，最后，还是集结清军主力赶赴西南增援，如此一来，江浙的清兵势力空虚。

这时东南沿海的南明军，改由郑成功为主力，郑成功的时代到来了。这位英雄下次好好撰文介绍他的起落，三十九年的生命，神奇地牵动着台湾的命运，这位非比寻常的英雄，我们将透过一个“卦”，重新认识他。

顺治十二年，一六五五年，冬天，一直到次年春天，钱谦益在柳如是的策动之下，拖着老迈之身以治病为名，活动于南京一带，与一些有志之士密切来往，为郑成功进攻南京做准备，他争取到一些驻守在南京一带的门生故吏的支持。在南京，他说："丙申春就医秦淮，寓丁家水阁浃两月。临行作绝句三十首，留别留题，不复论次"：

秦淮城下即淮阴，流水悠悠知我心。
可似王孙轻一饭，他时报母只千金。

数茎短发倚东风，一曲秦淮晓镜中。
春水方生吾速去，真令江表笑曹公。

舞榭歌台罗绮丛，都无人迹有春风。
踏青无限伤心事，并入南朝落照中。

顺治十六年，一六五九年，正月，永历帝受清兵三路追逼，他从云南逃到了缅甸。四月，郑成功北伐南京，大败，退出长江，还军福建。钱谦益的"楸枰三局"至此宣告失败，他晚年的心血与精力，全部付之东流。他在诗中承认："腐儒未谙楸枰谱，三局深惭庆帝恩。"而黄宗羲也感到潮息烟沉，大势已去，他在这一年所作的《山居杂咏》一诗中表示："锋镝牢囚取次过，依然不废我弦歌。死犹未肯输心去，贫亦其能奈我何！"

顺治十八年，郑成功率师两万五千以及数百艘战舰自金门出发，已经到了台湾，正与安平的荷兰人对峙中。这一年，钱谦益八十岁了，八十寿诞当天，柳如是特地摘了一颗红豆送给丈夫，蕴涵红豆相爱之意。同时，柳如是早已在后园用菜籽种了一个大大的“寿”字，当天黄澄澄的花朵盛开，四周则是麦苗青青，柳如是引钱谦益登楼一望，他禁不住心都醉了。钱谦益以一代才子领受了一代绝色才女的终身之爱，这时，他已经完全归隐乡野，不再过问复明运动。

康熙三年，一六六四年，五月，八十三岁的钱谦益死了，他留下一个濒临破产的家。

柳如是嫁到钱家时，钱谦益的正室陈夫人还在。但二十年间，钱家的经济大权一直都掌握在她手中，这期间钱氏家族对她是恨得牙痒痒，极度容忍。钱谦益一死，抢夺家产的斗争即刻爆发，族人钱朝鼎就率领一帮子人闹到半野堂，逼迫柳如是交出三千两银子。柳如是当然无钱可给，她对这些人好言安抚，盛筵相待，在酒肉正酣之际，她宣称要到后楼上去取银两。上楼后，柳如是把门关好，她写下遗书对女儿说：“我来汝家二十五年，从不曾受人之气，今竟当面受凌辱，我不得不死。我之冤仇，汝当同哥哥出头露面，拜求汝父相知。”女儿啊！你们在父亲牌位前，向他说明我的委屈吧！四十七岁的柳如是被上孝麻，毅然悬梁自缢。

果然，根据当时法规，因家主新丧，迫死主母，唯有死罪。柳如是本来就不想苟活，如今族人钱朝鼎恶形恶状，她用她的死亡反戈一击，留下另一个惊叹号在人间。

纪晓岚

汝何敢妄谈国事

坤离明夷 ䷣

《明夷》卦，上卦坤地，下卦离日，卦象就是日落大地，
其光明不显于外而存于地中，取此外晦内明之象，喻示“光明殒伤”，
全卦揭示了政治昏暗，光明泯灭之世的情况。
《明夷》卦赞美“君子”自晦其明，守正不移的品质，
也论述“蒙受大难的时刻”。
才气纵横的纪晓岚与好友刘墉，面对自我感受良好的乾隆皇帝，
随着中国历史最长寿皇帝的岁月增长，骄横、精力不济、带头腐化，
加上一位超级大贪官和珅，纪晓岚只能隐藏明亮，
如同日落大地，让光明不显于外。

难得糊涂，郑板桥的伤心官场体验哲学

故事从扬州八怪之一的郑板桥说起。

郑板桥的本名是郑燮，父亲郑立庵是县私塾教师，郑燮自幼随父亲读书，爱读历史书和诗文词集，博学强记，所读的书都能背诵。乾隆元年，赴京礼部试，中进士。乾隆七年，任山东范县令。乾隆十一年，调任潍县令。“县令”是个七品官阶的小官，但是，郑板桥可把这个官职发挥到高点，留下让人津津乐道的故事。

但他究竟是艺术家，不耐官场险恶，加上直属长官的贪婪与地方豪绅的诬陷，想想自己五十岁才当上芝麻官，人生苦短，以老病为由，罢官客居扬州。身无长物，只有寥寥几卷图书，便以卖画为生。在“扬州八怪”——革新派画家总称，即是“扬州画派”，排行第二。其诗、书、画被世人称为“三绝”，他的“难得糊涂”哲学被后世许多人奉为“官场受伤后的心灵 SPA”。他的各项精彩成就，属怪咖等级。

擅长书法的郑板桥在潍县期间，题过几幅著名的匾额，其中最令人脍炙人口的是“难得糊涂”这四个字。郑板桥听说县城东南的云峰山，山上有很多历代的石刻，于是，专程到云峰山去看一块春秋时代留下的“郑庄公碑”。郑板桥姓“郑”，春秋时的郑国，就是“郑”姓的发祥地，自然引发他的兴趣。

由于天色已暗来不及下山，于是借宿了山间的一座茅屋，这茅屋的主人，是一位儒雅的老人，自称是糊涂的老人。主人高雅不凡，言谈之间，主客尽兴。老人收藏一只硕大砚台，石质细腻，

镂刻精美。老人请郑板桥题字，以便镌刻在砚背之上，郑板桥欣然慨允了，他细思老人必有来历，铺纸、润墨、提笔，挥就“难得糊涂”四个字，并盖上一方新印：“康熙秀才，雍正举人，乾隆进士”。这三个阶段刚好是他科举的过程，历经三朝，他有点自豪。

因纸张篇幅过大，还有不少的留白空隙，板桥便请老人作一跋语，老人也很兴至，便题了“得美石难、得顽尤难、由美石转入顽石更难，美于中、顽于外、藏野人之庐，不入富贵之门也。”老人也用一方印：“院试第一，乡试第二，殿试第三”。郑板桥一惊，心知这位老人非等闲之人，从印上看应该是一位退隐的官员，细谈之后，知其身世，于是郑板桥有感于糊涂老人的跋语，当下见纸张尚还有空隙，便再补写了一段：

> 聪明难、糊涂尤难、由聪明转入糊涂更难，
> 放一着、退一步、当下心安，非图后来福报也。

才子纪晓岚，文思敏捷幽默诙谐成了他的官场绊脚石

身居扬州八怪之一的郑板桥，退出官场后，日子更惬意了。书法风格独特，被评论家称赞为“古秀独绝”，当然他也很自负，自称从王公大人到山中老僧，对他的只字片纸都争相收藏。他也是个文坛怪才，诗风近陆游、白居易。好诗不少，怪诗也很精彩：

一片二片三四片，五六七八九十片。
千片万片无数片，飞入芦花总不见。

郑板桥巧妙运用了一二三四五六七八九十等数字，贴切地描写了一个风雪漫天的日子。在诗词中适当引用数字，困难度高，如果用得巧确实饶富趣味，让诗意更加轻盈。然而，历史上“怪诗首席”的头衔，当属纪晓岚，郑板桥与纪晓岚都是同个时代的人，郑板桥长了纪晓岚二十九岁，彼此认识，他俩一起吃过狗肉，也同列“清朝四大才子”，他们的仕途都跟乾隆息息相关。

有次乾隆皇帝下江南，看见江中风景如画，一艄渔船轻轻从旁滑过，随即命身旁的纪晓岚以十个“一”字，作一首山水即兴诗，纪晓岚脱口吟道：“一篙一橹一渔舟，一丈长竿一寸钩。一拍一呼复一笑，一人独占一江秋。”

传说自负的乾隆曾出过一个词谜，这是一首女人家的闺怨词，但是句句都隐藏着一个关键词，他要挑战纪晓岚的渊博学识与机智：

下珠帘焚香去卜卦，
问苍天，侬的人儿落在谁家？
恨王郎全无一点真心话，
欲罢不能罢，
吾把口来压！
论文字交情不差，
染成皂难讲一句清白话，

分明一对好鸳鸯却被刀割下，
抛得奴力尽手又乏，
细思量口与心俱是假。

这当然难不倒才高八斗的纪晓岚，谜底是“一二三四五六七八九十”，他的解法是：“下”去“卜”是一；“天”不见“人”是二；

“王”无“一”便是三；“罢”不“能”剩下四；

“吾”压去了“口”留下五；“交”不要叉（差），就是六；

“皂”没了清“白”即是七；“分”给“刀”割下了是八；

“抛”尽了“力”和乏了“手”是九；“思”去了假“口”、“心”是十。

答案是对了，这样聪慧的纪晓岚真让人钦佩，但又让人讨厌——这是乾隆的心思，纪晓岚不该猜对，他应该留一手，不要让皇上扫兴。想想，如此文思敏捷、幽默诙谐的纪晓岚确实会让人为他捏一把冷汗，因为他的交手对象，是自以为是明君、聪明睿智、品味高超的乾隆，这位自我感受良好，好大喜功的“十全老人”，目空一切，朕即天下的宇宙无敌大皇帝，他实在不习惯别人比他聪明。

但是，回头看看纪晓岚年轻时曾在庙门上挥毫题对联：

日落香残，要把凡心扫掉。
炉边火尽，须将意马拴牢。

看起来四平八稳，结果是戏弄庙里的和尚是“秃驴”，瞧瞧把“香”的日拿掉，再把“凡”里面的心扫掉，剩下“禾”和“几”，合成了“秃”字。“炉”去掉火，再将马牵来靠，变成了“驴”字。是不是很高明？比乾隆的 一二三四更胜一筹。所以，乾隆闺怨词的故事应该是山寨版的，如果是正版的，想想要纪晓岚装作答不出来，这也太为难他了。

才子纪晓岚，他的仕途与乾隆皇帝交集的时间长达四十四年，伴君如伴虎，这么长的职场接触，既要赢得乾隆的赏识，又要不伤到乾隆的自尊心，如同每天踩在高空绳索上。难怪他六十九岁时，已经开始检视自己的一生，写下挽联送给自己：“浮沉宦海如鸥鸟，生死书丛似蠹鱼。”

聪慧神童，机智活泼调皮加上胆量非同一般

纪晓岚本名纪昀，晓岚是他的字。纪家是书香门第，父亲纪容舒是著名的考据学家。纪晓岚出生在雍正二年，一七二四年，自幼天资聪慧，有一种异乎寻常的禀赋，机智、顽皮，格外讨人喜欢。从小与叔叔和哥哥们读书习字，一身文气，因为机敏才思和巧言妙对，乡里早已有“神童”之称。

纪晓岚八岁时参加童子试，主考官是个仅仅登科三年的官员。发卷时间未到，主考官端坐在正位上，因为考生们都是小孩子，所以个个忐忑，正襟危坐，鸦雀无声。主考官环视大家，有点洋

洋自得，忽然念头一闪说："时间尚早，我给各位出个对子对对：众童生如进阎王殿。"现场一片死寂，面面相觑，主考官当然陶然于自己的得意，面露微笑。小纪晓岚站了起来朗声："启禀大人，小生有一下联，不知当说不当说？""只管说来。"小纪晓岚念道："主考官如坐望乡台！"望乡台，原指古代久戍不归或流落外地的人为眺望故乡而登临的高台，在道教鬼神观念里，指的是地狱的鬼魂们可以眺望阳世家中情况的地方。你说我们在"阎王殿"，我说你在"望乡台"。主考官一惊，一问才知道眼前这位是传说中献县纪府那位名传乡里的神童。

主考官态度转趋和蔼："果然厉害，我再给你一个上联：八岁儿童，岂有登科大志？"纪晓岚回敬："三年经历，料无报国雄心！"主考官一愣，看到大门彩绘门神，灵机说："门上将军，两脚未曾着地。""朝中宰相，一手可以托天。"主考官环视四周，再找题材，他看到对面屋脊上的七层宝塔："宝塔六七层，四面东西南北。""宪书十二月，一年春夏秋冬。"纪晓岚这下子真正红了。

从畅游宦海，乘风破浪，到羁押待罪

乾隆三十三年，一七六八年，发生了乾隆时期著名的"两淮盐引案"。所谓"两淮盐"，指的是两淮的盐商，他们是明清时期最大的商业资本集团，因为他们经营、运输民生最重要的食盐物资——这是历朝历代最重要的国营事业——国家税收最重要的来源。两淮盐商垄断了两淮所产的食盐的全部流通过程，得有巨额利润，挥金如土。“盐引案”，说的是这是一桩牵涉多人的贪污受贿大案，连一向处世谨慎的纪晓岚也“鬼使神差”地卷了进去。

在新旧任两淮盐政交接之际，抖出了一些蛛丝马迹，结果一石投水，激起千层浪。面对这起盐税长期被？，乾隆使出霹雳手段查案，其中一位涉案人卢见曾是纪晓岚的亲家，纪晓岚的长女嫁给卢见曾的长孙卢荫文为妻。查案初期，身为侍读学士的纪晓岚得有最早的侦察情报，他见到亲家大难临头，跟女婿说两淮盐务有“小菜银两”正在查办。

这事，纪晓岚犯了三个错：第一，他不该“漏言”；第二，它不是“小菜”，它是惊天大案，中间贪污的金额高达每年盐税的三倍；第三，纪晓岚认为卢见曾——这位已经告老还乡的亲家公——是一位政声、文名俱佳的人物，其实，在同一个人身上反映出不同“棱面”，不足为奇。早年卢见曾第一次任职两淮盐运使，积极任事勤政除弊，结果遭奸人诬陷，被流放伊犁两年才被平反。八年后再度任职两淮盐运使，可是锐气不再，他的雅好成了他的收贿罩门，起初收下一些馈赠的“金石书画”，这些没有铜臭味的风雅之物，笑而受之，结果“浸久成习，不能自拔”。

对于纪晓岚向亲家通风报信一事，另有传说，他派一名亲信给卢府送去一只木匣，卢见曾打开只见有一信封，没有只字词组，只装有一撮茶叶和几颗盐巴。卢见曾一时不解，终于悟出“茶、盐，查盐，严查”，赶紧转移财产。等到侦察单位上门时只剩少许的零用钱，乾隆判断一定有人泄密，而负责查案的是大学士刘统勋——刚好是纪晓岚的座师——也是他的好友刘墉的父亲，他一一清查后，卢见曾被捕，很快死在狱中，四个曾通风报信的官员，包含纪晓岚“通听在押”候审。乾隆责其漏言，纪晓岚自己免冠说明：“皇上严于执法，合乎天理之大公。臣惓惓私情，猷蹈人伦之陋习。”辩解得好，这个答案，皇上满意，也幸好恩师刘统勋明地打学生给皇上看，暗地帮上小忙，但是活罪难逃。

纪晓岚等待判决前，惶惶不安。

西谪到乌鲁木齐，从怛怛不安到坦坦于途

乾隆三十三年，一七六八年，八月，翰林院侍读学士纪晓岚被削去职衔，带着两个家仆、一匹马，在萧瑟秋风中踏上漫漫西谪之路。那一年他四十五岁。纪晓岚往乌鲁木齐出发，气温越来越低，走过武威一带，已经入冬，“北风凄以厉”“飘落霜雪降”，眼前是广袤的戈壁，无边无尽的大大小小的石砾和起伏连绵的霭霭雪山，纪晓岚感慨“今夜不知何处宿，平沙万里绝人烟”。他慢慢前进。

他忆起年初有人拿画让他题字，画中的人是西域的一名猎手跨马奔驰，背景是辽阔无垠的天山草场，他激情满怀地写下：“白草黏天野兽肥，弯弧爱尔马如飞。何当快饮黄羊血？一上天山雪打围。”当时就像是拿着遥控器，坐在客厅沙发，舒服地看着探索频道，看着天山荒漠“眼睛进行着安全的冒险”。可是所有的摄影

师都说：“你眼睛看到的是天堂，我双脚拍摄时的地方可是地狱。”纪晓岚一路西行，越走越冷，他在凄厉寒风中吟着：“仕途多险阻，弃置复何辞。恻恻谷风诗，无忘安乐时。”

到了乌鲁木齐，已是初春之时。他在这里度过两年多的谪戍生活，留下深刻印象。而乾隆盛世的乌鲁木齐在纪晓岚笔下，丰富满盈，留下精彩的记录。

乾隆三十五年，一七七〇年，冬天，一道敕还回京的谕令到了纪晓岚手中。一摊一摊为他庆贺、送行的宴会陆续展开，他的人缘、才情深深吸引着大家，他的东返，大家为他高兴，可是又怅然有所失。春天一到，他要上路回京了，大伙都到东城送行，挥手再见的身影渐渐消失在黄沙外。

乾隆三十六年六月，风尘仆仆的纪晓岚回到了北京。第一个来访的是钱大昕，当时任翰林院侍讲学士，纪晓岚知道这是难能可贵的温暖友谊，他取出归途中所作的《乌鲁木齐杂诗》让他赏读，钱大昕边翻阅边抚掌叫好。这诗集的序文，后来即由钱大昕撰文，他赞叹“得之目击，异乎传闻，影响之谈”。

当然，纪晓岚抵达北京后，马上递上谢恩折子，等待朝廷的新任命。可是，乾隆迟迟没有召见他，也不见诏令下来。纪晓岚只有闲居待命，在这期间，门庭冷落，世态炎凉，他点滴在心头，除了钱大昕就数故友袁守成主动前来交往。后话是纪晓岚感谢此友温馨地相挺，他将两位女儿嫁到袁家，成了儿女亲家。

除了闲居待命，纪晓岚前去大学士府拜谒座师刘统勋。他是刘统勋选拔的，案子又是刘统勋查办的，刘统勋见到赦还的纪晓岚——略显风沙老态，对他一番勉励，临别时他还送一方自己收藏的宋代古砚给纪晓岚，他知道这是纪晓岚的嗜好，这方古砚算是对他的安慰。后来纪晓岚在这方砚上刻有：

砚材何用米颠评，片石流传授受明。
此是乾隆辛卯年，醉翁亲付老门生。

纪晓岚自己说："余与石庵皆好蓄砚。"石庵就是好友刘墉，"蓄砚"是他们俩的共同嗜好，古人称之"雅趣"。明朝张岱，就是写《陶庵梦忆》那位散文大家，他说："人无癖不可与交，以其无深情也。"意思是说，人如果没有这类的雅癖嗜好，非性情中人，就不要跟他往来。纪晓岚认识刘墉，是乾隆十二年，当时纪晓岚得中解元，前去刘府拜见座师，两人因为刘统勋的介绍，个性相投，加上年纪相差无几，当年纪晓岚二十四岁，刘墉二十九岁。在历史上，这两人的确是一对倾心交往的朋友。面对作福作威把持朝政的和珅，决不委身逢迎，他们俩成为险恶宦海中的知音。曾经有朝鲜使节评论清国朝臣："刚才正直推刘墉，风流儒雅推纪昀。"

乾隆三十六年十月，还在闲居待命的纪晓岚，听说皇上从热河的承德避暑山庄要回宫了，他到顺天府密云县准备恭迎圣驾。这一年，纪晓岚四十八岁，刘墉五十三岁，而尚未冒出头的和珅二十二岁，正在銮仪卫听差，等待机会。而这一天即将来临，纪晓岚与刘墉的生命也将随着转弯，收敛光芒。

在易经有一卦《明夷》，说的是“内明外柔，韬光养晦”的道理，理的是“光明殒伤”的论述。“夷”字意思是“伤”，卦名“明夷”即言光明遭损而暗澹。当邪恶昌隆，光明受创，唯有内明外柔，韬光养晦，才能承受大难。此时君子应觉悟局势的艰难，收敛光芒，艰苦隐忍，待机谋求挽救。

从《易经·明夷卦》看四十八岁的纪晓岚，如何用晦而明

坤

离

上六　不明晦，初登于天，后入于地。

六五　箕子之明夷，利贞。

六四　入于左腹，获明夷之心，出于门庭。

九三　明夷于南狩，得其大首，不可疾，贞。

六二　明夷，夷于左股，用拯马壮，吉。

初九　明夷于飞，垂其翼。君子于行，三日不食。有攸往，主人有言。

《明夷》卦，上卦坤地，下卦离日，卦象就是日落大地，其光明不显于外而存于地中，取此外晦内明之象，喻示“光明殒伤”，全卦揭示了政治昏暗，光明泯灭之世的情况，赞美“君子”自晦其明，守正不移的品质，也论述“蒙受大难的时刻”。纪晓岚与刘墉了解最危险的地方——朝廷，往往也是最安全的地方；最艰难的时刻，也是奋发有为的大好时机。邪恶不会永久，正义必然得到伸张。

因为四库全书的编撰，纪晓岚被赦返了，获旧职务翰林院编修

第一爻、初九　明夷于飞，垂其翼。君子于行，三日不食。有攸往，主人有言。

初九，《明夷》之初，故君子见几而避之。《明夷》卦的初爻与上爻均以“鸟”比喻，一下一上，一左一右好像鸟的两翼。初九居《离》卦之下，远离上六昏君，有“其明能照查天下无道于未显之时”，这是“见微知著”的贤者。

“明夷于飞，垂其翼”乃是说初九处《明夷》之始，像是鸟在夜幕低垂时，飞速避祸远走，小心翼翼，敛其翅膀而且低飞，以藏匿行踪。初九君子在避祸途中，无暇顾及饮食，有三日之久。但过早反应，未必为人所理解，所以会遭主人的责怪。

话说纪晓岚，能够在乌鲁木齐如此快速赦返回京，其实，是有大背景的。

乾隆三十五年，一七七〇年，乾隆帝为了宣扬他的文治武功，决心编撰一部囊括中国古今图书典籍的大丛书。规模上，不仅要超过康熙、雍正时编辑的类书《古今图书集成》一万卷，还要超越明代的《永乐大典》二万二千八百七十七卷，创历史亘古伟业。

正值六十岁花甲之年，企图心旺炙的乾隆帝，把七十二岁的刘统勋召进宫，廷议由谁担任总撰一职。乾隆帝叹道：“古来兵家常云，千军易得，一将难求，这编纂《四库全书》一事，乃千秋伟业，比疆场征战更难啊！朕沉思已久，难道以中国之大，竟无一人堪当此任吗？”刘统勋回话：“圣上乃真龙天子，当朝以后，天下太平，

四夷臣服，可谓国泰民安，万民乐业，为旷古未有的盛世。”这是一定要的开场白，接着说重点：“今圣上创千秋之伟业，成万世之宏章，地铺天助，定早已降下堪当此任的辅臣。只是老臣鲁钝不慧，不敢贸然荐举。”刘统勋在卖关子，也在铺陈。

乾隆帝催促报上名来。刘统勋说：“这人就是学富五车、才高八斗，当过侍读学士的纪晓岚啊！”乾隆帝沉默片刻，说道：“老爱卿，难道你是有意为他说情来啦？”

刘统勋赶忙下跪说：“圣上明鉴，臣蒙圣上恩宠，处以高位，自当鞠躬尽瘁，报效万岁隆恩。几十年来，臣以国事为重，忠心耿耿，今万岁爷求贤若渴，臣若知而不言，埋没了人才，岂非罪在不赦？臣尝思古人尚能内举不避亲，外举不避仇，今吾皇万岁乃贤明圣主，广开言路，故而老臣敢直言以陈。纪晓岚虽是臣的门生，但他更是圣上的宠臣。丁卯顺天乡试，臣蒙圣恩主其事，为国选优拔萃，不敢稍有懈怠，看到纪晓岚的才华出众，列榜首之人，非他莫属。中进士后，他恭敬侍上，深得圣上嘉许。戊子年因泄盐案发配到乌鲁木齐，乃圣上英明，爱惜英才，免其死罪，宽大至极。他在西域军中，也勤奋不已，并深为泄盐案愧悔，一旦赦免回京，定能不负圣上隆恩！”刘统勋侃侃奏来，入情入理，乾隆帝边听着边点头。

想着也只有纪晓岚是最合适的人选了，不过乾隆帝还是要做个人情给刘统勋，当即说：“看在老爱卿的面子，朕赦纪昀回京。”

纪晓岚在密云行馆朝拜了皇上，这几天乾隆心情极佳，因为前些日子蒙古的土尔扈特部十七万人归降清朝。乾隆见到了纪晓岚说："土尔扈特部已全部归顺，你应该作诗纪念才是。"纪晓岚倒是没荒废才气，马上完成五言排律三十六韵："醲化超三古，元功被八纮。圣朝能格远，绝域尽输诚……"洋洋洒洒，华丽非常的三百六十字，纪晓岚说的是土尔扈特部向乾隆输诚的歌颂辞，未尝不是自己向乾隆输诚。乾隆龙颜大悦，他想起了几年前与纪晓岚两人君臣唱和的往事。

十月初七，谕："纪昀着加恩赏翰林院编修。"

这一职务，纪晓岚三十四岁便曾获得过，走了十四年又得回原来的位置，不过，四十八岁的他更沉潜了。这一年冬天，有人拿一幅《八仙对弈图》，请纪晓岚题诗，图中韩湘子与何仙姑对局，五仙旁观，只有铁拐李枕着酒壶睡觉。颇有感触，题诗二首："十八年来阅宦途，此心久似水中凫。如何才踏春明路，又看仙人对弈图。""局中局外两沉吟，犹是人间胜负心。那是顽仙痴不省，春风蝴蝶睡乡深。"纪晓岚是矛盾的，出世入世之间，他羡慕蝴蝶自由自在，又割舍不下人间胜负。

后来，纪晓岚取个别致的自号，叫"观弈道人"。纪晓岚晚年很喜欢下围棋，在下棋的同时，他也从中体悟官场、世道、人心。局外，他闲看世间风云变幻；局内，他夹着尾巴过日子。

第二爻·六二　明夷，夷于左股，用拯马壮，吉。

六二，离明之中正也，故伤不至于甚，而“用拯马壮，吉”，马者，健顺之物，健者能正其志，顺者能晦其明。六二以柔居阴，中正柔顺。肱股喻君王左右之大臣，“夷于左股”，喻六二文明柔顺大臣为昏君所伤，当急速用壮马营救，才能避祸。君子自晦其明，终能逢凶化吉。

乾隆三十八年，一七七三年，乾隆下令开四库全书馆，选翰林院官专司纂辑。一项浩大的文化工程在乾隆主持下展开，这就是《四库全书》和《四库全书总目》的编纂。

五十岁的纪晓岚受命任四库全书馆总纂官，“总纂”就是主编。纪晓岚耗费十七年，广搜天下人才，竭尽全心全力，领修了《四库全书》，收书三千五百零三种，七万九千三百三十七卷，约八亿字。篇幅相当于明朝《永乐大典》的三倍半。纪晓岚还亲手撰写了《四库全书总目提要》二百卷，整整写了八年，也写《四库全书简明目录》二十卷。

表面上，豁达、乐观的纪晓岚可以应付周遭，左右逢源。实际上，他的处境仍然是非常艰辛，在四库全书馆编纂处，名义上是第一位的总纂官，但是在他之上还有二十多位正副总裁官，就是说，他的上面还有二十多位公婆。要命的是乾隆不断地干预，谕示“朕亲批阅厘正”，所以一部辑录完稿，一定要逐层交皇上，御览过程中，编纂人等便提心吊胆地等待御批示下。

据说，一部辑录书写完毕进呈时，往往还要在开卷首页和前面几页，故意留下一两处比较明显的谬误，以便御览时易于发现改正，这么做就是要满足乾隆他高人一等的虚荣心态，这个过程称之“钦定”。然而，乾隆哪来那么多闲工夫在书本校阅，他只是想要露一手代表他的学问非凡而已，结果一些故意留下来的“错误”就在乾隆的“钦定”下，“合法”地被保留下来。

乾隆皇帝让纪晓岚总纂《四库全书》，只是为了给自己多抹点脂粉，为自己的“文治武功”多弄些锦上添花。让纪晓岚当总纂，这是因为纪晓岚在这方面确实有他人无可比拟的才气，乾隆认为他只能做一些这类的工作，而并不是把他当成独当一面的重臣。不管乾隆心思如何，纪晓岚借由难得的境遇，倾注了大量的精力和心血，以自己博大精深的学识、惊人的意志力，对保存和整理中华古代文化遗产做出了巨大贡献。纪晓岚一生的荣耀和辉煌在此达到了顶点。

从乾隆三十八年至乾隆五十五年，整整十七年，任总纂官一职的仅有三人，即纪晓岚、陆锡熊和孙士毅。孙士毅任职时间不长，陆锡熊则入馆较晚、死得较早，所以“始终其事而总其成者”实只有纪晓岚。

在纂修《四库全书》的过程中，纪晓岚和许多同僚都饱尝了文字所带来的窘迫、艰辛甚至家破身亡，后人很难从其中看到“爬格子”的那种愉悦。总纂陆锡熊，甚至在前往盛京校书途中，连吓带冻一命呜呼；总校对陆费墀因无力负担修改费用而被革职，郁郁而终，死后仍被抄没房产祖业。纪晓岚也多次受到训斥和处罚，在乾隆五十二年，《四库全书》中有诋毁朝廷字句的书籍，乾隆大怒，“令纪、陆两人一体分赔”，负责重新修正，并由两人分摊费用。同僚和自己的亲身遭遇，带给纪晓岚更深的感触，也使他真切认识到自身所处环境的险恶。

有一年盛夏，纪晓岚差点掉了脑袋。事情是这样的：他和几位同僚在书馆里校阅书稿，纪晓岚是个大近视眼、畏热，炎热酷暑时常脱掉上衣赤身，把辫子盘到了头顶上。一次，乾隆不预期而来，纪晓岚来不及着装，只得躲进木箱内，箱内溽热，熬不住的纪晓岚小声问道：“老头子走了没？”其实乾隆已经看到他的身影，故意迟迟不离去，看他怎么办。纪晓岚爬了出来跪着请罪。乾隆大怒道：“纪晓岚，你好无礼！为何叫朕老头子，如果你解释得当，朕就放过你。”所有人都为纪晓岚捏了把汗。

纪晓岚真不愧是铁齿铜牙，他从容答道：“‘老’乃长寿之意，万岁长寿为‘老’也；‘头’为万物之首，天下的元首即‘头’矣；‘子’乃圣人之称，孔子、孟子均称‘子’焉。万岁、元首、圣人连在一起，则是‘老头子’！”乾隆听了，立即转怒为喜，不但没有责怪他，反而还奖赏了他。

总的说，这十七年间，纪晓岚“迭被殊恩，皆逾常格，为自来词臣所罕觏”，

第三爻、九三 明夷于南狩，得其大首，不可疾贞。

九三，刚爻刚位，至刚；又是下卦“明”的最上爻，最明智。但笼罩在完全阴暗的上卦下面，相应的“上六”又昏暗，开始不得不将明智隐藏，百般忍耐。可是不能长久如此，可以往南方征讨。古代认为南上北下，南方是光明的方位。亦即，向上攻击，开创光明，就能俘虏罪魁恶首，指的是“上六”。然而，这是非常行动，必须慎重，不能操之过急。这是指周文王被暴君纣王囚禁在羑里，隐忍得以脱险，终于发动革命。《象传》说：往南方狩猎，才能够大展抱负。

要好好介绍这位官至文华殿大学士，获封一等公爵的和珅了，和珅不姓和，他姓钮祜禄氏，是清朝满人八大姓之一。他从小得有良好的教育，语言天分甚高，通晓汉语、满语、蒙古语、藏语、英语、西班牙语、葡萄牙语、荷兰语。幼时，他与弟弟和琳一起在北京咸安宫就读，这是主要招收八旗官员俊秀子弟的官学。

乾隆三十四年，一七六九年，二十岁的和珅完成学业，这时他风度翩翩，一表人才。当时刑部尚书兼户部侍郎，也是正黄旗都统的英廉看中他，就把最疼爱的孙女嫁给了他。有了这个关系，和珅被安排在“銮仪卫”当差，位阶不高，但是能够接近皇上，一旦得到垂青，便可飞黄腾达。

机会来了，乾隆四十年的一天，皇上外出，中午炎热，侍卫找不到“黄盖”——皇上的遮阳伞，原来是掌黄盖的人忘记携带。乾隆不高兴，问道：“是谁之过？”这是借用《论语》的问语，所有人早已吓慌了，瞠目结舌，只有和珅回答：“典守者不得辞其责。”乾隆看到这位年轻人，唇红齿白，声音清亮，仪度俊雅，一时怒气全消。问他：“读过《论语》吧？”又问他的家世、年龄等，和珅一一作答。乾隆看他口齿伶俐，十分满意，于是马上将他升为宫中总管。

担任宫中总管后，得以常常随侍乾隆，凭着自己的机灵，留心观察，对乾隆的脾气、好恶、心理等等了解得十分透彻。由于生性乖巧，办事能干，深得乾隆喜欢。这一年二十六岁的和珅，平步青云！

这段时期的和珅算是为政清廉。乾隆四十二年，和珅兼步兵统领。次年兼任崇文门税务总督，总管行营事务。乾隆四十四年，乾隆钦赐和珅长子名“丰绅殷德”，并把心爱的小女儿十公主许配给他，丰绅殷德与十公主当时都五岁。这时和珅不仅大权在握，而且成了皇亲国戚。

有了皇上当靠山，乾隆四十五年，和珅开始转型当贪官。

随着权力的成长，他的私欲也日益膨胀，利用职务之便，结党营私，聚敛钱财，他擅长使用贿赂、迫害、恐吓、暴力、绑架等方式笼络地方势力、打击政敌。此外，和珅还亲自经营工商业，开设当铺七十五间，设大小银号三百多间，且与英国东印度公司、广东十三行有商业往来。二十年的光阴，他成了后人所称权倾天下、富可敌国的“贪污之王”，十八世纪的世界首富。

乾隆四十七年，山东巡抚"国泰"连两次被弹劾专权，贪赃枉法。国泰是满人，一位皇族，更是和珅的党羽。兹事体大，乾隆派出和珅与刘墉一起查办。刘墉在此之前，一直在江西、陕西、江苏地方当官，这一年刚奉调入京，出任左都御史，命在南书房行走。刘墉当然知道和珅与国泰的关系，一路严查，不让和珅有机可乘，最终将国泰钱粮亏空案查得水落石出。当然，刘墉也就得罪了和珅。

关于纪晓岚与和珅的关系呢？一次，和珅新修府第，便求纪晓岚为他的府第题写一匾额，纪晓岚爽快答应，题以大字"竹苞"。这二字出自《诗经．小雅》中"如竹苞矣，如松茂矣"句，人们常以"竹苞松茂"颂扬华屋落成，家族兴旺。和珅得到纪晓岚的题字，大为高兴，就高高挂在书亭上。乾隆偶尔临幸和珅宅第，一见纪晓岚题字，马上就知道了纪晓岚是在捉弄和珅。他笑着对和珅说："纪晓岚是在骂你们一家'个个艹包'呢。"结果和珅对纪晓岚恨之入骨，也埋下了几次进谗言，参奏纪晓岚的种子。

自晦智光的纪晓岚遭到乾隆辱骂，愤懑，此后更加低调

第四爻·六四　入于左腹，获明夷之心，出于门庭。

六四在坤之初，近明夷之君，故言能获其心意，则当出门庭以避之。“入于左腹，获明夷之心”即是六四深知昏君暗昧已极，善言难道，无可救药，乃走出门庭，不要滞留家中，才可避祸。

这一爻的含义，右尊左卑，这是说，要进入卑鄙的心腹之中，才能获知伤害光明的暴徒的心意。这样接近暴君，不会有危险，留在家中，反而招祸；所以，要入虎穴，到朝廷中去避祸，亦即“大隐于朝”的意思。

和珅的官邸成了清朝的黑市中心。他大肆培植亲信，树立私党。他的弟弟和琳是生员出身，只是因为和珅当朝，前后任过杭州织造署主管——明、清两代都在杭州设局织造宫廷应用的丝织品——《红楼梦》作者曹雪芹的祖父曹寅曾任此职。

也有一些人见和珅深得乾隆宠信，主动投靠。与其狼狈为奸者，像是“福长安”，他是乾隆李贤皇后的侄子，福长安的父亲傅恒——曾经是乾隆二十二年的首席军机大臣——低调的乾隆大舅子。福长安由侍卫逐渐升为军机处行走，和珅曾推荐他代理自己的户部尚书职务，两人合伙干了不少坏事。福长安能在乾隆晚年得到宠信，一方面是由于他死心塌地追随和珅，与其结成死党，另一个重要原因却是因为他年轻漂亮。曾经来华的英国特

使马戛尔尼在其著作中记载说，福长安英气逼人，是一个典型的贵族美少年。另外王杰、于敏中、董诰、梁国治等人也都是其私党，他们的共通性有一个重要特点：都是美男子！这些人都是乾隆的“洋基队员”——帅气、英俊、玉树临风，个个都有明星架。

刘墉，有微微的驼背，民间喜称他“刘罗锅”。正如民间昵称纪晓岚“纪大烟袋”，因为他的烟瘾太大了。然而，相貌平庸的纪晓岚却偏偏又碰上乾隆——外貌协会总会长，所以即便他再才华横溢，也难得到真正的重视，难以参与重大的政治决策，只能以文字安身立命。纪晓岚他清楚自己的强弱项，诙谐对待人生，也自晦沉潜。

有一回，纪晓岚趁君臣对句轻松之际，说了几句施政建议，立即被乾隆斥为“多事！”这位志得意满的皇上还挖苦他：“朕以汝文学尚优，故使领四库书，实不过以倡优蓄之，汝何敢妄谈国事！”被乾隆骂为娼妓，才学超人的纪晓岚当然满腹愤懑。他太清楚伴君如伴虎的道理，他不敢拂袖而去，怕全家乃至宗族上百家口受到圣威的株连。一代才子，忍辱以“隐于朝”的方式，游走一生。

乾隆对纪晓岚说这句重话的背景是这样的：内阁学士尹壮图指陈弊政，称各省督抚“声名狼藉，吏治废弛”。而晚年的乾隆早已陶醉在自我美化的乌托邦里，再也听不进忠言，那些见风使舵的大臣奏议将尹壮图拟斩。纪晓岚与尹壮图之父尹松林为同年进士，因这层关系，纪晓岚为尹壮图求情，乾隆勃然大怒骂出他心中的真实想法，称纪晓岚“不过当作娼妓一般豢养罢了。”

历史总是惊人的相似。在纪晓岚的一千八百多年之前，汉朝司马迁也是为他人（李陵）讲情，因而惹得汉武帝暴怒，对其施以惨绝人寰的宫刑。司马迁以自己血淋淋的教训总结出："文史星历，近乎卜祝之间，固主上所戏弄，倡优畜之，流俗之所轻也。"这一幕在纪晓岚身上重演了。幸运的是，乾隆比汉武帝温情多了，训斥一顿之后，放过了纪晓岚。

之后，纪晓岚他隐约其辞，在给儿子的信中警示仕途险峻："有拗捩者，有偏倚者，有黑如漆者，有曲如钩者，有如荆棘者，有如刀剑者，有如蜂虿者，有如狼虎者，有现冠盖形者，有现金银气者。"重学识、轻官爵从此就成了纪家的传统与家风。

第五爻·六五　箕子之明夷，利贞。

和珅依然气焰高涨，沉潜的纪晓岚，难免如惊弓之鸟

六五居至暗之地，与昏君为邻，若彰显其明志，则必见伤。所以应当学箕子晦藏其明，而守其正，所谓"内难而能正其志"。箕子是商纣的亲戚。纣王刚开始使用象牙筷子，变得奢侈来时，箕子叹说："他用了象牙筷子，就一定会想配上玉环；用上了玉环，就一定会想得到远方各种珍罕新奇的东西来使用。车马宫室，以及种种奢侈之举就要从这儿开始，而纣王也就要耽于安逸，不思振作了。"果然，纣王变得越来越奢侈，贪图享乐，行为残暴。

箕子向纣王进谏，纣王不听。有人劝箕子："你可以离开纣

王了。”箕子回说：“为人臣子，如果因为君王不听自己劝谏，就离开君王，那就是以这样的行为来彰显君王的罪恶，而为自己在百姓那儿争得好名声。我不忍心这样做！”于是披散头发，假装发疯，去当别人的奴隶，从此不过问政事。箕子虽为商纣之大臣，为同姓之亲，宁可用晦而明，佯狂为奴，以免于害。

乾隆五十一年，一七八六年，监察御史曹锡宝准备弹劾和珅管家刘全，仗势私营，衣服车马超过朝廷礼制规定。身为好友的纪晓岚，就宋人《咏蟹》诗中的两句赠曹锡宝，说：“水清讵免双螯黑，秋老难逃一背红。”意思是说“黑螯螃蟹暂且让他继续横行，深秋时节再将他烹煮成红蟹”，现在参劾和珅，恐怕时机不够成熟。

曹锡宝没有听从纪晓岚的告诫，毅然上了一道奏章，弹劾和珅家奴刘全建造房屋规模宏大，服用奢侈，器具完美，恐有倚借主势，招摇撞骗之事。其实，乾隆明白和珅实际上是给自己的女儿十公主和女婿丰绅殷德盖的华厦。因此，正在承德避暑的乾隆看过曹锡宝的奏折后，很是生气，谕令军机大臣，杀气腾腾地逼向了曹锡宝。

乾隆下达军机大臣和纪晓岚的谕旨：“前据曹锡宝奏：和珅家人刘全房屋宏大、服用奢侈、器具完美恐有招摇撞骗等事一折，已交留京王大臣等查办矣。曹锡宝如果见刘全倚借主势，乃徒托诸空言！或其言本欲参劾和珅而又不敢明言，故以家人为由，隐约其词，旁敲侧击，以为将来波及地步乎？或竟系纪昀因上年海升殴死伊妻吴雅氏一案，和珅前往验出真伤，心怀仇恨，嗾令曹锡宝参奏，以为报复之计乎？”乾隆怀疑这次弹劾的幕后主使是纪晓岚。

“此乃朕揣度之意，若不出于此，则曹锡宝之奏何由而来？着留京王大臣，详悉访查询问，务得实在情节。朕于此案总期根究明白，并非因此一虚言欲治和珅，更非欲为和珅开脱。留京王大臣等不可误会朕旨，将曹锡宝加以词色，有意吹求，使原告转为被告，亦无是理。务须平心静气，虚衷详问。如曹锡宝果能指出全儿借端撞骗款迹，访查得实，即一面从严审办，一面据实具奏，不可同和珅稍存回护。若稍存回护，是乃陷和珅亦自陷也。”皇上都已经上气了，话说到“和珅是我的人”这个等级，案子当然在湮灭证据后，查无证据下结案。结果，御史曹锡宝被“革职留任”，最后郁抑而终。

纪晓岚心理压力很大，他的《又题秋山独眺图》诗，即隐隐流露出忧惧之情：

秋山高不极，盘磴入烟雾。仄径莓苔滑，猿猱不放步。
杖策陟巉岩，披榛寻微路。直上万峰巅，振衣独四顾。
秋风天半来，奋迅号林树。俯见豺狼蹲，侧闻虎豹怒。
立久心茫茫，悄然生恐惧。置身岂不高？时有蹉跌虑。
徒倚将何依，凄切悲霜露。微言如可闻，冀与孙登遇。

秋山独眺，理当金风送爽，心旷神怡，逸思腾飞。但是纪晓岚却觉得危机潜伏，心茫茫，悄然生恐惧，这种如履薄冰的不安情绪，在诗的字里行间弥漫不去。

第六爻·上六　不明晦，初登于天，后入于地。

上六，不但没有光明，反而带来黑暗。刚开始时升起在天空，而后来却堕入地下。《象》曰："初登于天，照四国也；后入于地，失则也。""初登于天"，刚开始时升起在天空，是说太阳初升，君子进仕，它的光明能够普照四方各国；"后入于地"，而后来却堕入地下，是说太阳隐没，君子引退，国无楷模。它已经因违背正道而丧失了应有的作用，由光明转入了黑暗。上六处《明夷》之极，不明其明德，乃至于晦。始则登于天，为暗主，肆意以伤贤明君子，终则自伤其明，为臣民所唾，而入于地。

和珅用贪污受贿得来的大量钱财，大肆挥霍，过着极其腐化的生活。他有三处花园供其玩乐，其中以"淑春园"最豪华，装潢布置一如皇宫。淑春园创建于乾隆初年，乾隆晚年时，和珅势倾朝野，他自己的原来位于城内的宅第虽一再改建，但毕竟不符合珅的身份与要求，于是，乾隆就把淑春园赐给了和珅。

和珅得了淑春园，不惜重金，进行大改造，他掘地为湖，叠石为山，修建成山水相间、风景秀美的园林。建筑布局仿圆明园，园内遍栽名花异草，至于建筑物均依照皇宫里的大寿宫，富丽堂皇。

乾隆五十四年，一七八九年，和珅的长子丰绅殷德要结婚了，新娘是早在十年前就已订婚的乾隆十公主。婚礼的排场奢华铺张到极致，已非常人可以想象，乾隆对此小女儿非常疼爱，陪送的嫁妆比以前的几个女儿还要丰盛得多。和珅将十六岁的丰绅殷德小夫妻安排在园子的西半部分，他自己与妻妾们则住在东半部分，好不荣耀啊！

当初乾隆即位时，他曾焚香祷告上苍，以祖父康熙为典范，立下心愿："如果上天保佑，我能做六十年皇帝，一定传位皇子，归政退闲。"一七九五年，六十年已经到来，他决定让位给他的第十五子颙琰，即是后来的嘉庆。但是乾隆一直守着这个与上苍承诺的秘密，没有人知道，直到宣布的前夕，乾隆告诉了和珅一个人。老皇帝乾隆八十五岁，他要退休了，和珅才四十六岁英华正茂，他感到无所倚恃，必须投向新皇帝的怀抱，才能保住自己的地位、身份和财富。

颙琰是第三个被乾隆"立储"的，前面两个都因皇帝老爸活太久了，他们等不及都先走了。和珅决定利用绝好机会，带了一柄表示吉祥、喜气的玉如意，跑到颙琰的嘉亲王王府，向他进献，暗示天大的喜事就要降临了，以博取拥戴新皇帝登位的功劳，作为日后的政治资本。

其实，嘉庆早就厌恶一手遮天的和珅，他清楚如果自己继续重用和珅，就会不得人心。可是，乾隆还是太上皇，政治天平还是倾斜在老皇帝——退而不休的乾隆——那一边，乾隆掌权的手没有放开，和珅依旧大权在握，嘉庆知道他要"认真地敷衍和珅"，因为他还是有能力逼自己让位。嘉庆他是充分意识到这种危险的，而和珅却摸不透新皇帝的心思，表面上，嘉庆对他既客气又尊重，有要奏请太上皇的事，他自己不去，都让和珅转奏。但是，对和珅的献媚讨好，嘉庆则不作任何表示，这使得和珅一直心神不安。

和珅决定试探嘉庆，于是，和珅派出自己的老师吴省兰去给嘉庆抄录诗草——就是去检查思想，嘉庆十分谨慎，吟咏之中不露任何痕迹。嘉庆左右近臣有人批评和珅，他却说："我正依靠和相公处理国家大事，你怎么可以非议他呢？"这些话，当然很快就传到和珅耳里。和珅用尽了办法，观察嘉庆一段时间，见新皇帝没有对自己不满，才稍稍定下心来，对嘉庆也就放松了。

嘉庆手中有几张王牌，明的，摊在桌面上的是他的老师——朱珪。嘉庆二年，他已经任职户部尚书。另外两张"暗的"王牌：纪晓岚和刘墉，七十岁的纪晓岚任职吏部尚书，七十五岁的刘墉则是体仁阁大学士，当然太上皇乾隆对刘墉依旧不爽，指责他"向来不肯实心任事，行走颇懒"，又说"兹以无人，擢升此任"难道朝廷没有人了吗？要任用这个人？可见在政治黑暗时期，刘墉与纪晓岚"自晦"得多成功。

嘉庆四年，刚过完年，元宵节前夕，八十九岁的乾隆死了，传说他因为坚持一口要吃两颗汤圆，结果噎死了，传说不可靠，但是乾隆确实死了。这位七十岁时就已经"昨日之事，今日辄忘；早间所行，晚或不省。"中国皇帝中最长寿的太上皇，终于退出人生舞台。嘉庆亲政了，他已是四十岁中年。

乾隆死后第二天，和珅就被嘉庆撤除了军机大臣、九门提督等职务，遭到软禁。第三天，身着孝服的嘉庆首先向全国发布一道谕旨，对将帅懈怠、军事连连失利及官场中种种恶习，深为不满。新皇帝表态了，朝廷大臣纷纷列举和珅罪行。乾隆死后头七，嘉庆下诏宣布和珅的二十大罪行。正月十八日黄昏，执法官员捧着嘉庆圣旨，到监狱宣读，和珅跪在地上，听完后叩头谢恩。然后对着丰绅殷德和福长安说："我和你等服事先帝甚久，本来应当一道同归。今皇上已有钟爱之臣，不再需要我们了！"说完，和珅吟唱绝命诗，后转身，悬梁自尽。福长安等跪在一旁眼看着和珅断气。和珅所有财产抄没，总金额超过清朝的十年税收。名列公元一千至两千年，这一千年来，世界富豪第六名。

嘉庆八年，纪晓岚任兵部尚书，八十大寿时，皇上特命颁赐珍品，以志祝贺。

嘉庆九年，纪晓岚的好友刘墉病逝，这位可爱的老人享年八十六岁。晚年诗有：

粗茶淡饭布衣裳，这点福让老夫消受。

齐家治国平天下，那些事有儿辈承担。

嘉庆十年，纪晓岚于正月被授以礼部尚书、协办大学士，加太子少保，管国子监事。二月初十，病；十三日朱珪代表嘉庆登门探视；十四日酉时卒于北京虎坊桥，享年八十二岁。这位中国和世界文化史上少见的文化巨人，就此熄灯走人。

纪晓岚

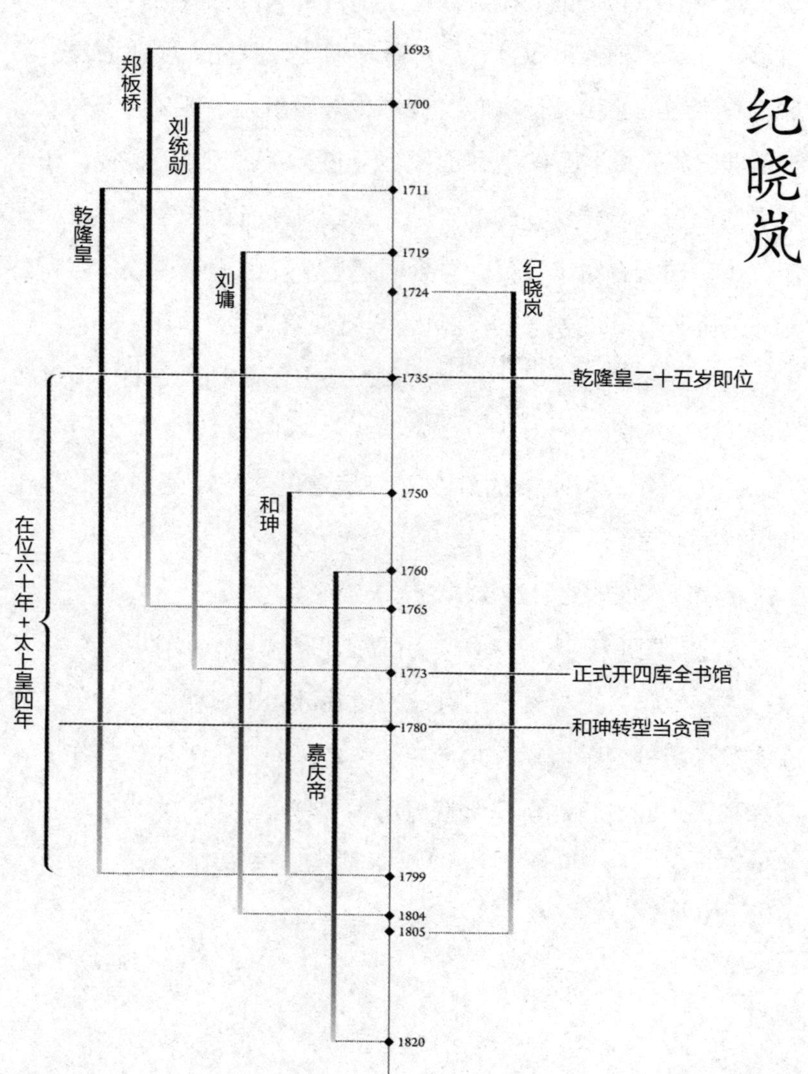

郑板桥
刘统勋
乾隆皇
刘墉
纪晓岚
和珅
嘉庆帝
1693
1700
1711
1719
1724
1735
乾隆皇二十五岁即位
1750
1760
1765
1773
正式开四库全书馆
1780
和珅转型当贪官
在位六十年+太上皇四年
1799
1804
1805
1820

霍去病

匈奴未灭，何以家为

《益》卦，上卦巽风，下卦震雷，卦象就是风雷二物，相激相荡，

雷激则迅，风烈则雷迅，风雷相薄，震雷奋响，

风鸣交助，喻示“增益”的情况。

全卦揭示事物有时必须获得增益的道理。

霍去病与他的舅舅卫青，生长在汉武帝鼎盛的年代。

强力而且有丰富资源的国家与帝王，

十八岁的霍去病，他如何掌握了这个大时代，

创造了之后两千多年来，所有将军都在追寻他所创立的惊人标杆。

在台南武德殿外，一位剑道八段的高手谈起霍去病

今年七月，引导一群年轻人参观台南孔庙，这群人中有六十多位学生来自中国内地大学，他们到台湾参加艾森豪威尔基金会的游学活动，当天是他们的台南行程。我向他们细说着“礼失求诸野”的台南孔庙，其中所蕴藏的种种文化重量和历史渊源。结束后，我们从西大成坊离开。

离开孔庙，映入眼帘的是日治时期的建筑“武德殿”，硕大屋顶的唐博风日式建筑，非常壮观。武德殿创建于八十多年前，当时是日本人剑道与柔道的练习场，现在则是忠义小学的礼堂。但是，假日时则成了台南剑道协会的击剑场。当天，建筑内外，一波波的人群，他们都穿着正式的剑道服：二重靛蓝染剑衣和靛蓝染纯手工剑裙，外面披着盔甲护具，像是到了日本大河剧的场景。我甚是好奇，有人跟我解释今天是台湾的剑道比赛，比赛的队伍来自各地，他们也说着台湾剑道最强的是台南和宜兰队，而他们就是来自宜兰。

他们热心地向我介绍一位近八十岁的长者，精神矍烁，目光炯炯，一身剑道劲装，说着这位八段高手可以跟我介绍他们身上的服装。老先生比划着他胸前的硬硬厚甲护具“胴包”说，这道从前胸到腋下的弧线，就是当年霍去病将军临阵与敌人对击时，所设计的战袍盔甲样式，为了更灵巧地与敌人作战而产生的新式战袍。今天的护具就是唐朝之时，日本人把它学了去，现在再传

到台湾。

霍去病，我想起那个弯大弓射大雕的年代。

身后是一群大陆来的大学生，眼前的宜兰来的八段剑道高手，所谈的竟然是两千二百年前的汉朝大将军，时空真是错乱！可是，我却对这次偶然的巧遇印象深刻，也思绪飞远地想着霍去病——这位在历史课本惊鸿一瞥的英雄。

匈奴，在历史课本上占了一大页的古代民族

匈奴是古代民族。中学开始读历史时，总感觉他们横跨了好几个月的课程，后来，改由突厥、回纥、鲜卑和蒙古等等陆续彼此取代在历史课本里，可是“匈奴”这个听起来像是“凶残的、卑下的民族”的名称，感觉上还是他们最厉害。可是，他们是谁？从何而来？为何消失在历史课本？老师没说，年轻的岁月当然也不太在意。

战国时期，匈奴分布于燕、赵、秦以北地区，秦汉之际势力强盛，统治着大漠南北，为中原一大外患，秦始皇的“万里长城”就是针对他们而修筑的，当时还动员了五十万人。匈奴政权由首领“单于”统帅着，单于的读音是蝉于，全名译音是“撑犁孤涂单于”，译为“像天子一样广大的首领”。根据记载，他们的外观：“身材矮而粗壮，头大而圆，阔脸，颧骨高，鼻翼宽，上胡须浓密，下巴仅有一小撮硬须，长长的耳垂上穿着孔，佩戴着一只耳

环。头顶留着一束头发外，其余部分都剃光。”

汉高祖七年，公元前二〇〇年，匈奴大败汉军于平城——今山西大同东北，当时四十万匈奴骑兵团团包围了平城白登山，此段故事就是历史上有名的“平城之围”。陈平使计，解除了刘邦的七日之困。最终刘邦与匈奴缔结和亲之约，把一位山寨版的大汉公主，嫁给单于为妻，正如以后的诗人们所吟：可怜的“鹧鸪”嫁给了“蒙古的野鸟”，更那堪鹧鸪声住，杜鹃声切。

简单说，匈奴帝国——曾经是亚洲大陆上最强大、幅员最辽阔的大帝国，一度纵横驰骋，四处劫掠，成为横亘在东西之间的一支可怕的文明破坏力量。后来匈奴帝国在与汉帝国连续的征战中，因为高消耗而走向衰弱，但是余力仍是可观，南宋岳飞的《满江红》中：“壮志饥餐胡虏肉，笑谈渴饮匈奴血，待从头，收拾旧山河，朝天阙。”代表这些游牧民族依旧有能力蹂躏中原。

从有文字记载的历史开始，东亚的蒙古高原，就是凶猛的游牧部落的故乡，他们是草原文明的缔造者和传承者，他们四处侵略农耕文化的国家。尤其是每当出现较大的自然灾害，牲畜大批死亡的时候，他们就会进入农业文明的领地，通过掠夺资源，来延续着自己的存在——他们一批批的从蒙古高原冲了出去，他们征服了许多的亚洲帝国，并且一度成为了半个欧洲的统治者。

汉武帝即位后，多次进军漠北，扭转了屈辱忍让的局面。历史上称之为“汉匈大战”，主要有三场大战：漠南之战、河西之战、漠北之战。此时正为伊稚斜单于在位时期。而此汉匈大战的汉朝代表人物，即是卫青和霍去病的舅甥二人组，也是我们这次要说的故事。

“汉匈大战”后，匈奴帝国内部纷争，于东汉建武二十四年，发生严重的自然灾害，人畜饥疫，死亡大半，政权分裂。有四万多人南下附汉称臣称为“南匈奴”，被汉朝安置在河套地区；而留居漠北的称为“北匈奴”。北匈奴屡为东汉和南匈奴联军所败，部分西迁，引起欧洲民族大迁徙，间接导致了罗马帝国的崩溃。至于南匈奴，则在二〇二年，归附东汉丞相曹操，四年后，匈奴单于王朝终结。

卫青从私生子、放羊娃、骑奴、建章监到太中大夫

匈奴帝国的衰落关键是“汉匈大战”三役都败于汉军，精准地说都败于卫青与霍去病两人之手。所以，先要认识这位大将军卫青。

卫青原名郑青，是平阳府里一位女仆“卫媪”的私生子，“媪”不是名字，而是古代妇女的通称。而所谓“平阳府”，就是汉武帝的姊姊平阳公主的府邸，，卫青的母亲就是平阳公主府里的女奴。

卫青还是小童时，因为卫媪一家太穷了，所以他被送到生父郑季家中，因为出身卑下让人瞧不起，郑季态度粗暴，同时又受到郑季元配的歧视和其他兄弟姐妹的欺凌，只得到山上放羊，从此坚强早熟，养成谦卑隐忍的个性。

逐渐长大后，便离开父家，到长安城与母亲一起生活，并改随妈妈姓“卫”。长大后，因为帅气懂事、善解人意，加上骑术精湛，便在平阳公主府邸担任了平阳公主的“骑奴”——就是骑兵侍从——身份还是奴仆。卫媪有六个孩子：长女卫君儒、次女卫少儿、三女卫子夫、长子卫长君、次子卫青，还有三子卫步广。

一次，汉武帝出游灞上，返回途中在姐姐家歇脚。平阳公主设宴款待，席间还有歌舞表演。才貌出众的卫子夫，歌声委婉动听，舞姿曼妙，被汉武帝一眼看上。平阳公主乐得成全，将卫子夫送入宫中。有了这一层关系，卫青因此也跟随到了“建章宫”，建章宫就是西汉皇家宫殿“未央宫”的外环建筑群。

不久，卫青被秘密逮捕，有人要杀掉他。啥都搞不清楚的卫青被关在密室，孤立无援。幸好卫青在建章宫新认识的好友公孙敖，知道了他的行踪，带领了几位壮士冲入密室，救出了卫青。这事，汉武帝也知道了，他知道这是皇后陈阿娇因为忌恨新宠卫子夫所下的毒手。汉武帝索性把卫青提拔为“建章监”，就是建章宫的管理官，同时加封为“侍中”，这是一种加官，就是在本来官职之外又加授的称号，可以进出宫禁，接近皇上，算是“皇上私人俱乐部会员”。后来，卫子夫被升为“夫人”，卫青也被提拔为“太中大夫”，这是负责在朝廷中掌管论议的四品官职，成了皇上身边亲信的顾问官。当然，公孙敖因为营救卫青也受到多次提携。

汉武帝十六岁登基，年号建元——这是历史上第一个用年号纪元的重要创举。这位年轻的皇帝新手上路，便以儒学当是执政主轴，轰轰烈烈地开始改造大汉的体质，可是经过了两年新政后，受到保守势力反扑，被祖母窦太皇太后急急地踩了煞车，她只手遮天，彻底粉碎新政，汉武帝选择沉默与沉潜，这段时间皇权旁落，汉武帝隐忍着。三年后，建元六年，窦太后去世，二十二岁的汉武帝终于可以自由行使皇权。

这一年，匈奴又有和亲之请，汉武帝想要改变长达六十多年的和亲政策，他将是否和亲这件大事提交"朝议"——就是在朝廷上由大臣们议论，主战派以外交部长"大行"王恢为代表，和亲派则以御史大夫韩安国为主。韩安国的演讲生动，赢得多数人的支持。但是，王恢认为和亲不能长期保持和平，战争才是一劳永逸的解决办法。汉武帝懂得，战争虽是正本清源，但是有风险，而且要有时机。最后，汉武帝采纳了以御史大夫韩安国为代表的多数朝臣的意见，他同意和亲。可是，这位年轻皇上的内心，终究是要以武力打击匈奴的，他只是在寻找一个最佳时间点和最佳方案。

其实，当汉武帝十七岁时（登基的第二年），他已经派人出使西域，目的就是要断匈奴的右臂，为日后大规模对匈奴作战布局。出使西域的人，就是历史上大名鼎鼎的冒险家、旅行家、外交家张骞。建元二年，前一三九年，二十五岁的张骞率领一百多名随行人员，和一位名叫堂邑父的胡人向导，从陇西出发。不料中途遭到匈奴俘虏，张骞被严密地囚禁起来，虽然没有受到凌虐，但是让他娶了匈奴女人，多年来还生了几个孩子。可是，张骞一直伺机脱逃，他表现出安逸的态度过着游牧日子，麻痹监视他的匈奴人，时间一年一年过去，他没有忘记自己的使节身份，始终保留着使节的象征——“汉节”。整整的十年，元光六年，机会来了，张骞和随从堂邑父两人终于逃出了匈奴的控制，往目标“月氏”国前进。而这十年软禁的光阴，在长安的汉武帝只能等待着，他完全不知张骞发生了什么事。

和亲后的第三年，元光二年，匈奴大举进犯代郡、雁门，并有侵犯长安之势。二十四岁的汉武帝想对匈奴动武，他不再等张骞了。

汉武帝的第一击，他打的是如意算盘：马邑之谋

汉武帝再度举行“和亲或作战”的廷议，王恢与韩安国依然各持己见，唇枪舌战。韩安国还是说着七十年前，汉高祖刘邦如何被困平城七天陈粮烂米的老故事，细数之后有惠帝、吕后、文帝、景帝四代相继和亲的政策。但是，王恢这次口才进步了，他反驳：高祖之所以主张和亲，不是没有能力动武，而是想让百姓生活安宁。如今边境屡遭侵犯，苍生尸骨累累，如果高祖在世，他老人家一定不会坐视不顾的！韩安国不敢反驳，因为一还嘴，便陷入“污蔑高祖刘邦”的圈套。韩安国辩输了。

王恢还提出作战方案，他说作战诀窍是以饱待饥，以逸待劳。汉军如果长驱直入，深入匈奴后方，后勤补给线太长，而且长途

跋涉，容易兵疲马困，不易战胜。这次，我们要“引诱单于到汉朝边境”，选出精兵“枭骑战士”埋伏四处，“或营其左，或营其右，或当其前，或绝其后”，用口袋战术包围匈奴军主力，如此单于可擒！韩安国完全哑口无言。而这个零风险的计谋，正是汉武帝苦苦等待和寻找的对匈奴作战的方案。

有位马邑来的富豪叫做聂壹，他向王恢献计，说马邑是汉朝西北边地，近年因为两国和亲不久，状态比较和缓，可以趁机引诱单于偷袭马邑，再以大量的埋伏精兵将其主力歼灭。汉武帝同意此作战计划，立刻执行布局细节。首先，聂壹亲自扮作边境贪利的商人，拜见匈奴单于，说他愿意帮单于除掉马邑的县令、县丞，再将马邑献给单于，城内的人民和财产，你们都可以全部掳掠回来！单于想想可以捡到现成的肥肉有何不可？

聂壹迅速回到马邑，杀了两位死刑犯冒充的县令和县丞，将他们的头悬挂在城头，然后对匈奴的密探说事情已经办妥，请单于赶快发兵，免得夜长梦多。单于被笑里藏刀之计迷惑，发兵十万从武州塞进入汉境，这十万全是骑兵队，风风火火地离马邑还剩一百多里，这时汉武帝已经布阵三十万大军，率主力部队埋伏在马邑附近的山谷中，严阵以待。

另外安排“大行”王恢为将屯将军，率军三万准备 从侧翼袭击匈奴的辎重并断其退路。可惜此“请君入瓮”之计有破绽，单于发现沿途有牲畜，却无人放牧，这实在可疑。匈奴在此时攻下一座汉军边防小亭，俘获了汉雁门尉史。尉史在威胁下将汉军的计谋全部说出，单于听后大惊，继而大喜，下令立即撤军。

此时，另一边的三十万汉军依然紧张地等着，等着，再等着。直到塞下传来匈奴已经退兵了，三十万汉军才猛追到关塞，当然，匈奴军早已人去楼空。汉军只好灰头土脸，撤军！一直等着捷报的汉武帝当然大怒，他同意三十万大军追赶不上匈奴军，这事算了。可是，潜伏在半途的王恢有机会可以跟匈奴一战，汉武帝恨意难平，他责怨王恢没有出击而擅自罢兵，使汉军一无所获，“王恢当斩！”

王恢当然有话讲，他说我如果出击，三万人势必不敌匈奴十万精兵，出兵，是死，不出兵，回来也是死，臣已经做好必死的准备，但是臣是为了保全陛下的三万兵力！王恢还是被汉武帝下狱，最后自杀。他确实有些冤枉的，现实考虑下结果，他以一人生死保全了汉朝三万兵力。但是，皮薄的年轻皇帝，他要的是对战！如果有损兵折将，也是努力过的结果，或许两军对峙厮杀之中，三十万主力军能及时赶到，谁胜谁负还很难说呢。最终，二十四岁的汉武帝明白“马邑之谋”是个美丽的泡泡，他必须选择铁与血，和亲政策已经不可逆转了，他将以战马长戈，面对面向匈奴开战！

青年将军卫青，初试啼声，捷报频传屡获战功

马邑之谋失败，汉武帝不爽。当然，匈奴单于也不爽。自此之后，匈奴单于拒绝和解，不断侵扰掠夺汉朝边郡关塞，次数不

可胜计。

元光六年，前一二九年，匈奴大军入侵上谷郡——今天的河北的张家口。而汉武帝为了挽回三年前马邑之谋的失败局面，打击匈奴的疯狂报复、残忍入侵，二十八岁的汉武帝卷起袖子亲自部署反击计划：车骑将军卫青、骑将军公孙敖、轻车将军公孙贺和飞将军李广各率一万骑兵，分别出击。

结果四路人马唯独卫青立功，率兵出上谷（今河北怀来），长驱直入一路杀到龙城，斩首俘敌七百。虽然杀敌不多，不是很辉煌，但是意义重大。“龙城”是匈奴的王廷，是单于大会诸侯，祭祀天地、祖先的神圣之地，这次竟然有汉军杀到老家心窝来，这真是令匈奴震撼的大事！对匈奴的精神打击远比军事打击要沉重得多。另一方面，对汉军除了深受鼓舞之外，也提供了远途奔袭作战的最初范例。

唐朝诗人王昌龄的诗《出塞》：“秦时明月汉时关，万里长征人未还。但使龙城飞将在，不教胡马度阴山。”就是赞美卫青的这次赫赫功绩，也对唐朝的国情忧虑。

立下头功的卫青，被封为“关内侯”，这是有食邑无封国的侯爵，换成现代说法就是职等上升薪水增加。这次战争，历史以“河南之役”记录之，它是汉匈系列战争的前菜。未来两个大国扩大战争局面与惨烈的乌云，已经笼罩了那个时代。

当年秋天，匈奴连续数次侵盗掠抢边郡，以雪龙城之辱。汉武帝急急派出韩安国为材官将军，屯兵渔阳郡。次年，元朔元年秋，匈奴两万骑兵再度攻击辽阳郡、渔阳郡、雁门郡一带，而且杀了辽西太守并掳去两千余人。不久，又击败渔阳郡太守军千余人，围攻韩安国驻军，汉军几乎战死，还好援军及时赶到，渔阳才未被攻破。同时，匈奴本部进攻雁门，击败雁门郡太守，斩杀千余人。汉军的败战如骨牌，一张一张倒下。

关键时刻，卫青奉命率三万骑兵，从雁门郡出塞，另一位副军李息则从代郡出塞，声援渔阳，两军一起夹击匈奴。卫青斩获数千，匈奴败走。史称“雁门之战”。卫青的军事天才，使得汉武帝刮目相看，他从此屡屡出征，战果累累。

这一年，卫青的姐姐卫子夫在连生三个女儿后，终于生下皇长子刘据——二十九岁汉武帝的第一位儿子——可喜可贺，卫子夫生子有功，晋升为皇后。卫青或许有因为老姐的关系当上了将军，但是他出身骑奴，书读的少，兵书更少。相对于老一辈名将李广、韩安国，他运筹帷幄和作战经验都远远不如他们。为何唯独青年将军卫青超越老将，胜过同侪，捷报频传?

在易经有一卦《益》，说得是“帮助他人，获得信任”的道理，理的是“获利受惠的时刻”。损己益人，卫青深入险境，以“攻其不备，出其不意”，急公好义自然使人喜悦，赢得赞美，同时也会得到诚心诚意的回报，获得信任与支持。接着就是上下团结，当然可成就大事，冒险犯难。司马光在《资治通鉴》中记载:“青虽出于奴虏，然善骑射，材力绝人；遇士大夫以礼，与士卒有恩，众乐为用，有将帅材，故每出辄有功。”

汉朝从高祖刘邦到汉武帝，已经有七十年的休养生息，百姓丰衣足食，长安城积聚的钱币千千万万，穿钱的绳索都朽烂了，根本无法统计到底有多少钱财，“太仓之粟，陈陈相因，充溢露积于外，至腐败不可食”，粮食太多，都堆积到了粮仓外头，露天堆放，以致腐烂变质。年轻气壮的汉武帝，有好的客观基础放手一战，争一时也争千秋。

从《易经·益卦》看二十八岁的卫青与十八岁的霍去病，如何大败匈奴

巽
震

上九　莫益之，或击之，立心勿恒，凶。
九五　有孚惠心，勿问元吉，有孚惠我德。
六四　中行，告公从，利用为依迁国。
六三　益之用凶事，无咎，有孚中行，告公用圭。
六二　或益之十朋之龟，弗克违，永贞吉，王用享于帝，吉。
初九　利用为大作，元吉，无咎。

《益》卦，上卦巽风，下卦震雷，卦象就是风雷二物，相激相荡，雷激则风迅，风烈则雷迅，风雷相薄，震雷奋响，风鸣交助，喻示"增益"的情况。全卦揭示事物"有时必须获得增益"的道理。《益》卦主"损上益下"，阐释损己益人的道理。施与受本来就是一体两面的，《益》卦与《损》卦为一组正覆卦，《损》卦的卦画上下颠倒就是《益》卦，所以"益，损上益下，民说无疆"，说同悦，疆是边，"在上位者减损自己来增益在下的人民或士卒，所以百姓喜悦无边"。

在此，我们可以知道卫青不摆将军的架子，也不以皇后姐姐的后台当是本钱，他与士大夫交往很重视礼节，对士卒很关心，这就是益者。益者，所以损上以益下，益下则本固而民富，民为邦本，本固邦宁。司马光的结论："天下由此服上之知人。"对于卫青杰出的表现，百姓因此感佩汉武帝知人善用。

卫青迂回侧击匈奴后方，收复了河朔之地，受封长平侯

第一爻·初九　利用为大作，元吉，无咎。

初九是全卦的主爻，以刚居阳位，当位得正，也是《震》卦的主爻。当《益》之时，其正应六四为巽主——乃是巽顺近君大臣，初九得其信任，处《益》之初，大有作为。因初九是“天旋地生”的主爻，行动吧！天时地利正在大可增益的时机，故大吉大利，没有咎害。

元朔二年，前年，匈奴骑兵又侵入上谷、渔阳，杀掠吏民数千人。汉武帝决定用全力收复河南地，以消除匈奴的直接威胁。这里水草丰美，宜于农牧，其地又有直道与首都长安相连，无论在经济还是军事上，都占有十分重要的地位。

这次战争是汉朝对匈奴发起的第一次战略性进攻，战前，汉武帝深思熟虑，决定采取胡骑东进，汉骑西击的避实攻虚的战法。卫青率将军李息，领四万铁骑北出云中——今呼和浩特西南，冒着凛冽的风沙，沿黄河西进。卫青采用“迂回侧击”的战术，西绕到匈奴军的后方，迅速攻占石水门和高阙，他先切断了驻守河南地的匈奴军与匈奴指挥中心龙城的联系。再折向南，围击匈奴大军，歼敌数千人，夺取牛羊牲畜一百多万头，卫青完全控制了河套地区，取得河南地，开辟其后出击匈奴单于王庭的基地。

卫青在此“河南之战”后，受封长平侯，食邑

三千八百户。此战规模不大，但它是汉匈战争史上的一个关键转折点，收复了河朔之地，使得汉朝的北边防线更往北推移到黄河沿岸，为长安城增添一道防线。匈奴当然不甘心河套平原的失守。元朔四年，前一二五年，率三万骑兵欲夺回河南地，进攻朔方郡。次年，元朔五年春天，汉朝军队大举反击，这次当然是卫青领命率军，他统领六将军，带了三万骑兵、十万步兵。卫青得悉匈奴军不备，于是秘密自朔方渡河至五原郡。又于夜间潜军六、七百里，兵贵神速，夜袭匈奴军驻地，趁夜包围这位骄傲轻敌的匈奴右贤王的营帐，这时右贤王宿醉，正与爱妾酣然大睡，帐外杀声震天，火光冲天，右贤王只得带了几百兵卒突围而去，匈奴军在混乱中全军溃败。卫青大获胜利，掳获敌军一万五千名，牲畜十万，史称“朔方之役”。

汉武帝接到胜利战报，喜出望外，帕特使捧着印信，到军中拜卫青为“大将军”，加封食邑八千七百户，所有将领归他指挥。卫青的三个儿子都还在襁褓之中，也被汉武帝封为列侯，卫青非常谦虚，坚决推辞。他奏请皇上对随行有功的将校封侯赐爵，汉朝军威大胜。而这次战役中，在卫青后勤部队中有一位见习杂役——十六岁的年轻人——霍去病。

霍去病要叫卫青舅舅，他的身世也是坎坷。卫青的二姐卫少儿，年轻时也在平阳宫当个女奴，她与平阳县小吏霍仲孺私通，生下小霍去病，结果小娃儿成了父亲不敢承认的私生子，因此，只得在平阳宫的角落被奶着。大约在霍去病刚满周岁的时候，他的小阿姨卫子夫受宠，进入了汉武帝的后宫，年轻的舅舅卫青因此进了建章宫，小娃儿霍去病也搬了进去。卫青、霍去病的命运因此改变了，大汉的命运也因为这两人而改变了。

在卫青建功立业的同时，霍去病也渐渐地长大了，在舅舅的影响下，他羡慕率领千军万马，驰骋大漠，建功封侯的军事生活。十二三岁的少年，拥有梦想的年纪，已经暗暗立下志向，决心将来像舅舅那样驰马边疆，建功塞外。

十六岁的霍去病，像个小大人，骑跨着骏马，低调地跟随着舅舅到了朔方郡，看到汉军这一次光荣的胜利。

漠南大战，十八岁的小将霍去病，汉武帝赞叹他『勇冠三军！』

第二爻・六二　或益之十朋之龟，弗克违，永贞吉，王用享于帝，吉。

《益》是《损》的覆卦，《益》的六二就是《损》的六五倒过来，象相同，命辞也相同。《益》的六二与《损》的六五不同之处在于位置变了，二是柔位，五是刚位，二是卑位，五是尊位。“十朋大龟”乃喻极其贵重的宝物。祭天乃天子之事，故说“王用”。帝，指的上帝、天帝。

六二以柔居阴，刚不足，而其正应九五则以刚居阳，刚有余。九五具刚中之德而居至尊，能自损其有余之刚，以益虚中的六二，其吉可知。六二柔爻居阴，当位得正，与九五阴阳正应，配合得天造地设，变动则不利，故言“永贞吉”。如同以“十朋之龟”之重宝来增益六二，也不得辞却，六二虚中只需守其常永贞固之德，则得吉。六二乃虚中永贞之臣，九五君王用之以主持享祀上帝的祭典，当然得吉！

虽然经过几次战役，但是匈奴实力并未受损多少，依然猖獗。

元朔六年二月，汉武帝又命卫青攻打匈奴。六路大军十余万骑，全统归大将军卫青指挥，从定襄出发，北进数百里。这是史称“漠南大战”的序幕。

霍去病是卫青外甥，他在卫青的直属军队中任职。霍去病在朝廷任职“侍中”，汉武帝任命他为“骠姚校尉”，这是个中级军官，骠姚是劲疾、敏捷的意思。汉武帝有意栽培他，特别诏令大将军卫青，挑选八百名精锐勇猛的骑兵，交给霍去病指挥。这些精兵猛士都是从“羽林军”选出，这是专门护卫皇帝的精锐部队，号称“羽林骑”，取其“如羽之疾，如林之多”的意思。霍去病手下这八百名“羽林骑”，他们来自边境六郡，民风剽悍，善于骑射。

一次，卫青分五路兵马去抗击匈奴，霍去病就带领这八百名骑兵出征，作为一支奇兵，可以脱离大军在茫茫大漠里奇袭匈奴，打击匈奴的软肋。史书记录：“与轻勇骑八百直弃大军数百里赴利，斩捕首虏过当”。所谓“赴利”，就是奔向有利之处，以消灭敌人。此役霍去病奔驰数百里，斩敌两千多人，杀匈奴单于的祖父，俘虏单于的国相及叔叔。凯旋回来时，他还提着一颗人头，押着两个俘虏。汉武帝太振奋了，立即封他为“冠军侯”，赞叹他“勇冠三军！”食邑两千五百户。

这时霍去病才十八岁。霍去病的首战，以这样光彩夺目的战果，向世人宣告，汉朝最耀眼的一代名将，横空出世了。王维的

《少年行》就是描述这位年轻将军，一时之间成为无数青年人心中偶像：

出身仕汉羽林郎，初随骠骑战渔阳。
孰知不向边庭苦，纵死犹闻侠骨香。

河西大战，十九岁的骠骑将军霍去病孤军深入祁连山，痛击匈奴

第三爻·六三　益之用凶事，无咎，有孚中行，告公用圭。

古人把灾荒称之凶事。“圭”是一种玉器，是救灾的凭证，珍圭是天子派使者去赈恤灾荒的专用凭据。“益之用凶事”，是用上面增益给的东西去赈恤灾荒。孚，诚信也。中行，中道也。

六三以柔居阳，刚非不足，其应上九以刚居阴，刚非有余。“中行”指六三推移到了全卦中间的位置，在中间行走，第三位阴爻、第四位阴爻，这两爻在整个卦中，处在中位，如同《中孚》卦中得有诚信。六三处震体之极，位非卑下，于凶事突然降临之际，可以行权以损上益下，好像在荒年开仓赈济灾民，义所当为，何咎有之？只要六三诚孚在心，所有作为合乎中道，当然可以得信于上，宛如行使天子赈恤灾荒的使命。

元狩二年，前一二一年，春天，汉武帝任命霍去病为“骠骑将军”，独自率领精兵一万出征匈奴。作战计划非常简单，从陇西出发，去夺取“河西走廊”。目标明确，但是困难度极高。这场“汉匈大战”里的“河西大战”上半场，要开锣了。

十九岁的霍去病率万名骑兵在千里大漠中闪电奔袭，路线呈现了一个“大迂回”，他们在燕支山一带转战六天，六天中连战了匈奴五个部落，一个一个摧毁他们，再一路猛进，并在皋兰山与匈奴卢侯王、折兰王打了一场硬碰硬的生死决战。在此战中，霍去病惨胜，一万精兵仅剩三千余骑。

然而匈奴军更是损失惨重——卢侯王和折兰王都战死，浑邪王子及相国、都尉被俘虏。霍去病斩敌八千九百多人，匈奴休屠王的“祭天金人”也成了汉军的战利品。所谓“祭天金人”，就是匈奴的铜铸祭祀佛像圣物，造型有点像希腊战神阿瑞斯。在这一场血与火的对战之后，汉王朝中再也没有人质疑少年霍去病的统军能力，他成为汉军中的一代军人楷模、尚武精神的化身。夏天，汉武帝决定乘胜追击，再度任命霍去病为骠骑将军，他要发动更大的“河西战役”的下半场。此战，年轻将军霍去病成了汉军的统帅，而作战多年的老将李广等人只作为他的策应部队。

两军开打，配合作战的“沙漠老鸟”公孙敖，居然在大漠中迷了路，与霍去病失去联系的情况下，没有起到应有的助攻作用。而老将李广的部队则被匈奴左贤王包围。霍去病遂再次孤军深入，到达祁连山，霍去病所率领的部队斩敌三万余人，让匈奴的实力受到一次非常大的打击。清点战果，共俘虏了匈奴王爷五人，其中以浑邪王的王子最为关键，还有其他匈奴大小阏氏、匈奴王子五十九人、相国将军、当户都尉共计六十三人。

经此一役，匈奴不得不退到焉支山北，汉王朝终于收复了河西平原。曾经在汉王朝疆域为所欲为，使汉朝无数百姓家破人亡的匈奴，终于也唱出了哀歌：“亡我祁连山，使我六畜不蕃息；失我燕支山，使我妇女无颜色。”

从此，汉军军威大振，而十九岁的霍去病更成了令匈奴人闻风丧胆的战神。算一算，霍去病出生的那年，就是汉武帝登基的第二年，所以这位年轻人，确实有汉武帝说不出来的亲切，加上现在他战功显赫，当然也就更加宠信。然而，霍去病“少言多行”，不喜说敷衍话。三十六岁的汉武帝曾经想亲自教他《孙子兵法》，他竟回答道：“打仗应该随机应变，而且时势变易，古代的兵法已不合适了。”汉武帝也就随他去了。

一次偶然的机会，霍去病得到了他生父的消息。霍仲孺当初不愿承认是小孩的父亲，所以霍去病生下来就成了私生子，母亲卫少儿也就不曾告诉过他自己的身世。当他立下大功勋之后，他终于知道了自己身世的前因后果。

就在他成为骠骑将军之后，他来到了平阳城，向当年抛弃了自己的父亲霍仲孺下跪道：“去病早先不知道自己是大人之子，没有尽孝。”霍仲孺愧不敢应，回答说：“老臣得托将军，此天力也。”随后，霍去病为从未尽过一天父亲之责的霍仲孺置办田宅，并将父亲与元配所生的霍光——算是同父异母的弟弟，带到长安城栽培成材。霍光，历史上一个大政治家，开始走进史书扉页，我们将来一定要介绍这位西汉中兴名臣。

第四爻、六四　中行，告公从，利用为依迁国。

依，依附于上也。“迁国”的国是指国都，就是把国家的首都换一个地方。这一爻的“依”，古人多讲成是依附于某个强国而得到庇护。一个诸侯国当受到外敌的威胁时，迁都是常有之事。迁都当然要找安全的地方，依附在某强国从而得到庇护，这是情理中之事，也是益民。

六四以柔居阴，上比九五，与初九阴阳正应。六四处一卦的中间，所以能行中道，有告于上而获信从。六四为巽主，往上依附在九五刚中之主，以益其民；往下运用初九阳刚之材，以致其动，因为初九依从，也增强了六四的心志。

匈奴屡次受创，内部开始分化，其最大的属国浑邪和休屠准备向汉朝投降。起因是这样的：春天、夏天两场河西大战后，匈奴单于想狠狠地处理一再败阵的浑邪王，消息走漏后，浑邪王和休屠王便想要投降汉朝。

秋天，汉武帝不知匈奴二王投降的真假，遂派霍去病前往黄河边受降。

当霍去病率军渡过黄河的时候，果然匈奴降军中发生了哗变，“见汉军，而多欲不降者，颇遁去”，面对这样的情形，霍去病竟然只带着数名亲兵，不顾个人安危，当机立断地“驰入”匈奴军中，来到浑邪王的大营，他独自骑马冲进了帐中，直接面对浑邪王，也说服了浑邪王诛杀哗变士卒，最终，浑邪王下令斩杀了想要逃走的八千多人。

这个画面真是精彩，今天的我们却只能用景仰的心努力想象，在那个局势迷离不清，危机四伏的时候，那位十九岁的少年是怎样站在敌人的营帐里，仅仅用一个表情、一个手势、一个眼神就将帐外四万兵卒、八千乱兵制服。浑邪王有太多机会可以反悔，将霍去病擒拿，然而这名敢于孤身犯险不惧生死的少年，他的气势竟然完全镇住了浑邪王。

哗变结束后，霍去病叫浑邪王独自赶到汉武帝的行营去朝见。河西受降顺利结束，这次浑邪王共率领四万之众——历史上号称十万——前来归降。后面会再说说。

河西走廊正式并入汉王朝。这样，长期被匈奴作为从西方进袭中原战争的策源地——河西地区，便逐渐变成了稳定发展的农业生产地区。后来，汉王朝又迁来关东贫民七十二万多人，与投降的“五属国”匈奴混居。这些措施无疑对巩固河西、漠南地带，发展当地社会生产，具有长远的重大战略意义。我们可以结论：汉王朝由于夺得了河西地区，基本上，已经扫除了西部匈奴势力。

霍去病每到一座山上，就筑起祭台，祭告天地，悼念为国捐躯的将士，犒劳立功的英雄，然后班师回朝。汉武帝看到霍去病立了这样大的功劳，为了奖励他，指派了许多工匠，特地为他修建了一所比较宽敞豪华的住宅。住宅落成后，汉武帝让霍去病先去看看，是否满意。霍去病向汉武帝回说：“匈奴未灭，何以家为！”这句洋溢着爱国激情的名言，从此世世代代激励着后人。

第五爻·九五　有弗惠心，勿问元吉，有孚惠我德。

九五居全卦尊位，损其多余之刚以益六二，在损上益下之时能施惠于民，是心怀诚信的圣明君主。天子恩惠下施，百姓心怀诚信感激这种恩德。“勿问元吉”，毋须问民感受，则可知至善大吉。“有孚惠我德”，民必亦交孚至诚，以君之德泽为恩惠也。

元狩四年，前一一九年，为了彻底消灭匈奴主力，汉武帝发起了规模空前的“漠北大战”。他大胆制定了深入漠北、犁廷扫穴、寻歼主力的战略方针，集中十万精锐骑兵，步兵数十万、预备马匹十四万，组成两大军团，分别由大将军卫青、骠骑将军霍去病统领，所有的人士气饱满。

卫青从定襄出兵，行进两千多里，越过沙漠，于漠北寻找匈奴主力决战。

这时的霍去病，已经毫无争议地成为了汉军的王牌。汉武帝对霍去病的能力无比信任，在这场战争的事前策划中，原本安排了霍去病打单于，结果由于情报错误，这个对局变成了卫青的。恰在此时，卫青从一名匈奴俘虏口中，得知单于的具体位置，这是个重要情报，卫青下令前将军李广率军，合并到右将军赵食其的部队，形成东路军团，合围单于。

东路的地形迂回，比较不利大部队行进。战前重新布局，李广对突然调到东路心有不满 。飞将军李广入伍已有半世纪，历经文帝、景帝、武帝，一生与匈奴交战四十余年，大小七十余战，这次，难得有了打前锋的机会可以对击单于，突然被调到东路，他真的不甘心。

同时，卫青率领左将军公孙贺组成西路军团，他要亲自正面迎击匈奴军队。汉军用战车排成环形营垒，阻挡匈奴骑兵的猛攻，然后以左右两翼疾驰向前，包围单于的主力部队。单于看到汉军进退有节，人数众多，装配精良，匈奴军难以取胜，他利用天色已暗，率领几百名骑兵，突围而去。其他的匈奴军当然无心恋战，四散奔逃，汉军斩杀、俘虏了一万多人。至于，缉拿单于的汉军骑兵，足足追了二百里还是让单于跑了，这时天也快亮了。

另一个场景，霍去病没能遇上他最渴望的对手，而是碰上了左贤王部队。

然而这场大战完全可以算是霍去病的巅峰之作。霍去病率领“敢力战深入之士皆属骠骑”，在深入漠北寻找匈奴主力的过程中，霍去病率部队再度奔袭两千多里，损失了一万五千人，共歼敌七万多人，俘虏匈奴王爷三人，以及将军、相国、当户都尉八十三人。应该是渴望碰上匈奴单于吧，霍去病一路追击，来到了今蒙古肯特山一带。就在这里，霍去病暂作停顿，率大军进行了祭天地的典礼——祭天于狼居胥山举行，祭地于姑衍山举行。

这是一个仪式，也是一种决心，更是一种经典。

狼居胥之后，霍去病继续率军深入追击匈奴，一直追到翰海——蒙古高原的东北，就是今天俄罗斯的贝加尔湖，方才回兵。从长安出发，一直奔袭至贝加尔湖，在一个几乎完全陌生的环境里沿路大胜，全程四千里，这是何等的大成就！经此一役，“匈奴远遁，漠南无王庭”。霍去病和他“封狼居胥”的故事，从此成为中国历代兵家人生的最高追求，终生奋斗的梦想。

一段后话，日后新疆阿古柏在沙俄的策动下叛乱，清朝老将左宗棠抬棺出战，并慷慨激昂地勉励将士：“一死何足惧？势必封狼山”。最终，血战建功，克复伊犁，巩固了清朝国家的西部边陲。左宗棠的英雄故事，以后说说他。

二十四岁的骠骑将军霍去病，在前往朔方的途中病死

第六爻 · 上九　莫益之，或击之，立心勿恒，凶。

“莫益之”就是没有人给予帮忙。“或击之”就是有人出来伤害。“立心勿恒”就是平素没有修养到，也就是立心不守恒常。上九以阳刚处《损》上《益》下之极，当极则变，反而损下以自养，求益无度不知满足，众所恶之，所以民无益之者，甚或攻击之。所以，损上益下是不易道理，而且贵在恒久。然而上九刚好相反，不能益下，反而要求损下以奉己，需索无度，这乃致凶之道。

漠北大战结束了。

卫青从漠北胜利归来，李广与右将军赵食其的右路

军团才姗姗来迟。原来，由于路途陌生没有向导的关系，李广在沙漠中迷路，延误了战斗时机，导致单于突围逃走。李广的部队一到，卫青立刻派人到李广的大帐中，询问李广迷路的情况，准备报告汉武帝，但是，李广拒绝回答。卫青再度派人传李广到大将军帐当面质询。

李广悲愤地对下属说："广结发与匈奴大小七十余战，今幸从大将军出接单于兵，而大将军又遣广部，行回远而又迷失道，岂非天哉？且广年六十余矣，终不能复对刀笔之吏。"李广不愿受军法审判，愤而抽刀自杀，享年六十余岁。李广自杀的消息传出，全军将士无不落泪，百姓也为他唏嘘扼腕，卫青也哭红了眼。可怜李广血性一男儿，命蹇时乖。司马迁在《史记》中对李广评价很高，曾用"桃李不言，下自成蹊"两句话来赞美李广。蹊，小路。意指，桃树、李树并不会说话，但提供美味可口的果实给人，其树下自然形成一条小路，喻意"真诚待人，自能感召人心"。其实，这也是《益》卦的智慧精髓。

但是，世间纯粹偶然的失败极少，确实有才的李广，他还是有诸多自我之过，他自负其才、不讲谋略，对一名指挥将军而言这是恃才而骄。从年轻将军开始，他便常常在战场铤而走险，陷整个部队于危惧之中。以前在文帝、景帝时代，对匈奴的作战策略多以防守为主，到了汉武帝时代，转而主动攻击，李广显然没有顺应新的时局，加上年纪已显得暮气有余，他过去的成功造成了他后来的失败。当然，他的陨落也是折翼英雄的悲剧。

唐朝诗人对李广多有赞颂，《滕王阁序》中说"冯唐易老，李广难封”，就是为飞将军李广不能封侯而感慨。王昌龄在《出塞》中写道：

> 秦时明月汉时关，万里长征人未还。
> 但使龙城飞将在，不教胡马度阴山。

李广死时，三子李敢当时是霍去病的部下，因立有战功，赐爵“关内侯”。听说父亲死讯，认为是卫青陷害李广，因此闹事打伤卫青。卫青因本性平易近人且作风低调，故没有张声，他本人并不追究李敢，但霍去病却不能接受部属殴打自己舅舅卫青，犯上乱纪。后来，班师回朝的路上，汉武帝狩猎，李敢与霍去病同去。霍去病趁打猎之时，射死了李敢为舅舅报仇。因为霍去病正得宠，最后，汉武帝为霍去病掩藏谋杀一事，对外发表了“李敢狩猎时被鹿撞死”的消息。

在汉匈作战史上，卫青、霍去病可以称之“绝代双骄”，他们共同完成了汉武帝讨伐匈奴的主要战役，也消灭了匈奴军的主力，给匈奴以沉重打击，也成就了各自的一世英名。后话：下次两国的冲突，是在二十年后了。

元狩四年秋，汉武帝设置大司马位，大将军卫青、骠骑将军霍去病皆加官为大司马。同时下令，骠骑将军俸禄与大将军相同。卫青和霍去病因为有了“大司马”这一称号，也得以名正言顺地管理日常的军事行政事务，不仅是带兵打仗。

元狩六年，二十四岁的骠骑将军霍去病在前往朔方的途中，生病去世了（历史上，没有太多线索，霍去病的真正死因不明）。霍去病从军经历只有六年，年纪轻轻如同划过天际的彗星，璀璨明亮但是短暂。汉武帝谥封他为“景桓侯”，取义“并武与广地”，彰显其克敌服远、英勇作战、扩充疆土之意。

霍去病是汉武帝亲自培养、一手提拔起来的超级英雄。汉武帝对霍去病的死非常悲伤，他对霍去病举行了隆重的国葬，下令边界上五个郡的百姓，穿上黑衣来到长安，护送霍去病的灵柩。他也调来铁甲军，排列成阵，沿着长安城一直排到“茂陵”霍去病的墓地，茂陵就是汉武帝为自己所建的寿陵，他要霍去病将来也一直陪同他。汉武帝还为他修建了一座仿照祁连山模样的坟墓，彰显他力克匈奴的奇功，也纪念这位立下赫赫战功的英雄。

后世英雄赵云、岳飞都曾引用过霍去病的名言“匈奴未灭，何以家为！”辞让皇上赐予的华屋美宅，足见英雄与英雄之间的相互认同感，真是绝美。

最后，我们来欣赏唐朝诗人孟郊的《羽林行》，他笔下的霍去病：

朔雪寒断指，朔风劲裂冰。
胡中射雕者，此日犹不能。
翩翩羽林儿，锦臂飞苍鹰。
挥鞭快白马，走出黄河凌。

东方朔、霍去病

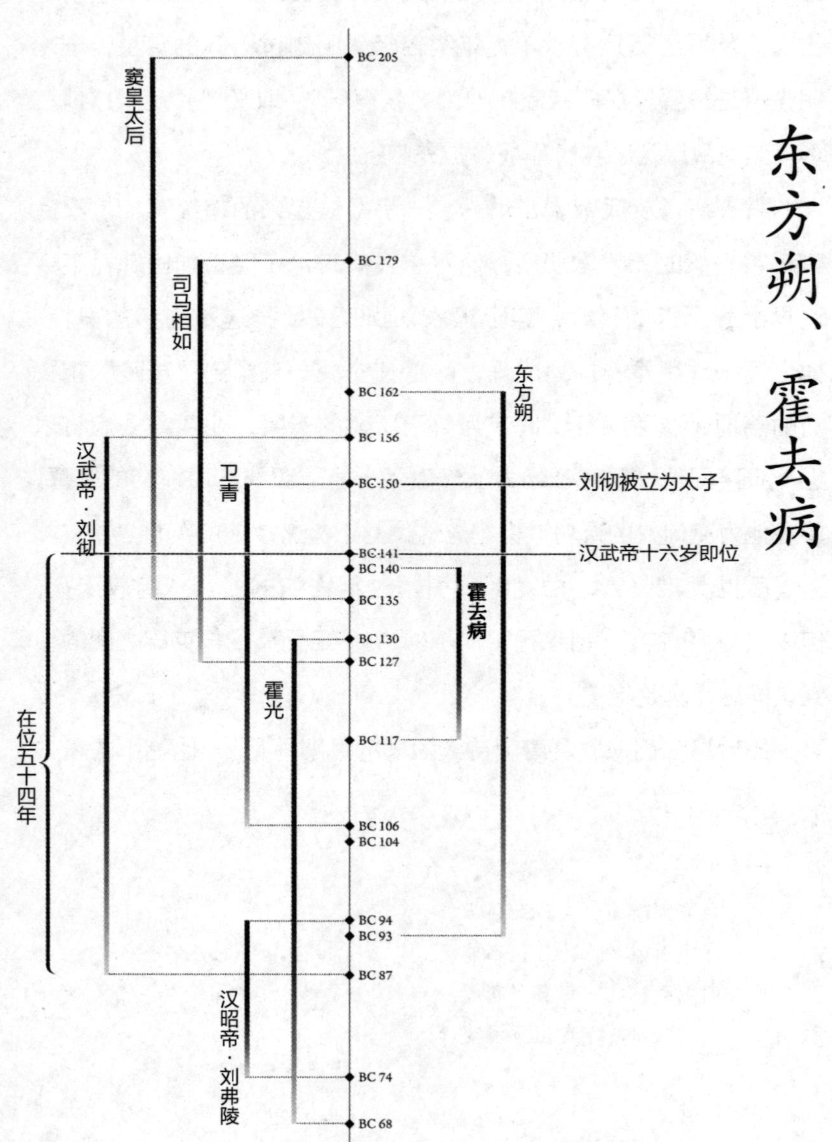

窦皇太后
司马相如
东方朔
汉武帝·刘彻
卫青
霍去病
霍光
在位五十四年
汉昭帝·刘弗陵
BC 205
BC 179
BC 162
BC 156
BC 150
刘彻被立为太子
BC 141
汉武帝十六岁即位
BC 140
BC 135
BC 130
BC 127
BC 117
BC 106
BC 104
BC 94
BC 93
BC 87
BC 74
BC 68

YING XIONG 英雄的十则潜智慧

东方朔

何必深山之中，蒿庐之下

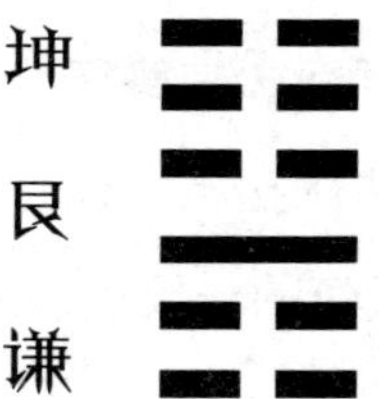

《谦》卦，上卦坤地，下卦艮山，

卦象就是高山潜低在地底之下，内心抑制，外表柔顺，

喻示“谦虚”的精神，地中有山，山体高大，但在地下，高能低，下谦之象。

东方朔是峥嵘的高山！汉武帝在位五十四年，他成就了一个新的历史高度，

也是争议性十足的帝王，伴君如伴虎，朝堂危机四伏。

东方朔这座山，本来高大，但处于地下，高大显示不出来。

古代对隐士分了三级，曰：“小隐隐于野，中隐隐于市，大隐隐于朝”，

东方朔被人们称之为“大隐”、“智圣”，他优游于汉武帝朝廷地底下，

我们用《谦》卦印证他的一生。

颜子就像是整座开满桂花的山，而孔子是那春风

在孔庙的大成殿里，神龛供奉着“至圣先师孔子神位”，左右两侧则是“四配”——四位配祀的圣人牌位，依序是：复圣颜回、宗圣曾参、述圣孔伋、亚圣孟子。这四位中首席是颜回，他是孔子最得意的学生，七十二门徒之首，也是德行修为最高者，所以特别受到尊重。

汉初，祭孔时，有时独以颜渊配享。甚至，当时仍有许多人觉得天资明睿，贫而好学的颜回，其德行修为不输孔子。然而，每当我权充文史导览人员，站在孔庙大成殿这两位圣贤神位前，我总喜欢引用东方朔回答汉武帝的一段话，来表彰这两位相知之深的师徒，他们的伟大馨香。

有一天，汉武帝问着身边的东方朔说：“你说说，孔子与颜子谁比较伟大？”东方朔徐徐回道：“颜子就像是整座开满桂花的山，而孔子是那春风。”

我总是思索着，能回答出如此聪明答案的东方朔，他究竟是何种人？年轻时，对他认知有限，印象深刻的是“长生酒”的一则辩论故事：

汉武帝听说“君山”上有一种美酒，人喝了它，可以长生不老。于是，汉武帝斋戒七日后，派遣男女几十人，到君山求得了这种酒。汉武帝准备于良辰吉日饮用，当正要喝酒的时候，东方朔说：“我能够识别这种酒，请让我看看，它到底是不是长生不老之酒。”

东方朔拿到酒后，竟一饮而尽。汉武帝气愤之极，要杀掉东方朔。东方朔说;“你即使杀我，我也不会死；如果我死了，说明这酒是假的。”一席话，把汉武帝说乐了，也说明白了，于是赦免了他。汉武帝从此不再派人去求购“君山长生不老酒”了，我想当年消费者意识尚未抬头，否则这种商品肯定有广告不实之嫌。而如此性格诙谐，滑稽多智，常在汉武帝面前谈笑的东方朔，该用何种心情认识他？甚至落笔介绍他？

年轻皇帝广征人才，东方朔以三千片竹简毛遂自荐

年轻时，总以为如此“举重若轻”博学多才的东方朔，形象上，应该是位老人家，站在十六岁就登基的汉武帝一旁，以无比睿智的“老人言”轻轻撩拨这位年轻的皇帝，让他不会犯下什么大错误，进而创建伟业。

事实上，东方朔只长了汉武帝六岁，汉武帝登基的第一年，东方朔已经上书自荐，从而在历史的扉页开始熠熠生辉。简单地说，二十二岁东方朔的“自传推荐信”已经让人惊艳:“臣朔年二十二，长九尺三寸，目若悬珠，齿若编贝，勇若孟贲，捷若庆忌，廉若鲍叔，信若尾生，若此可以为天子大臣矣。”

事情的细节是这样的，武帝即位，于建元元年，公元前一四〇年，才十六岁的他，雄心万丈，新官上任三把火的第一把火：征召天下贤良方正和有文学才能的人。各地士人、儒生纷纷上书

应聘，“四方士多上书言得失，自衒鬻者以千数”。这里的“衒，行卖也。鬻亦卖也。”就是说，这位有创意又活力十足的年轻皇帝，要大家“自我营销”。

东方朔也给汉武帝上书，落落长的自我介绍——他用了三千片竹简，两个人才扛得起，汉武帝读了两个月才阅毕。在自我推荐书中，他说：“我东方朔少年时就失去了父母，依靠兄嫂的扶养长大成人。我十三岁才读书，勤学刻苦，三个冬天读的文史书籍已够用了。十五岁学击剑，十六岁学《诗》、《书》，读了二十二万字。十九岁学孙吴兵法和战阵的摆布，懂得各种兵器的用法，以及作战时士兵进退的钲鼓，这方面的书也读了二十二万字。总共有四十四万字。”

东方朔又说“我钦佩子路的豪言”。也介绍了自己的外貌与品德：身高一百九十四公分，眼睛炯炯像明亮的珠子，齿牙白皙，整齐得像编排的贝壳。勇敢如战国时期的卫国勇士孟贲；敏捷如春秋时期的庆忌，可以走追奔兽，手接飞鸟；廉洁如春秋时期的齐国鲍叔牙：坚守信约又如春秋时期的尾生。最后说道：“我就是这样的人，够得上做天子的大臣吧！臣朔冒了死罪，再拜向上奏告。”在那个年代，敢如此大吹大擂地自我推销，东方朔是历史第一。

汉武帝给逗乐了，这个人有趣，录用！

汉武帝刘彻，十六岁登基，汉朝的第七位皇帝，他七岁时，已经被父亲汉景帝册立为皇太子，在“文景之治”——汉文帝与汉景帝的治理之下，国家已经开始出现了多年未有的稳定富裕的景象。汉武帝正式站在历史亮处，在位五十四年，期间汉朝盛极，史称“汉武盛世”。如此不平凡的“千年一帝”，他有辉煌的成就，当然也有争议性的地方。而东方朔就在如此雄霸四方的汉武大帝面前谈笑取乐，“然时观察颜色，直言切谏”。晋人夏侯湛写有《东方朔画赞》，对东方朔的高风亮节以及他的睿智诙谐，备加称颂，唐代大书法家颜真卿将此文书写刻碑——此碑至今仍保存在陵县，名《颜字碑》。

在位五十四年，一生叱咤风云的汉武帝，创下了中国历史上七个“第一”：

第一个以儒家学说统一思想文化。罢黜百家，表彰六经。

第一个建立年号。建元、元光、元朔、元狩等等，每一个年号六年。

第一个创立太学、乡学，设立举贤制度，培养人才。

第一个以正月为岁首。公元前一〇四年，改太初历，以正月为岁首，色尚黄。

第一个大力拓展疆土，奠定辽阔国域。

第一个开通西域。

第一个用罪己诏的形式，自我批评。

对此雄才大略的汉武帝，后世有两极评价，有批评他穷兵黩武、专制独裁的，也有盛赞他丰功伟绩的，这里我们全部暂时不表，因为两者都对。我们反而要从他的皇帝门票取得说起，因为没有门票，就没有皇权，也就没有毁誉参半的汉武帝。

从“七岁的太子”开始辅佐刘彻的领路人——卫绾老师

公元前一四一年，景帝的后元三年十月，太阳和月亮连续五天呈现红色。十二月最后一天，打雷了。太阳变成紫色。正月，十六岁的刘彻举行加冠典礼——这算是成人礼。几天后，四十八岁的汉景帝崩逝，在位十六年。太子刘彻即位，史称汉武帝。

汉武帝以他的老师卫绾当是首任丞相。

话说八年前，汉景帝为了让爱子刘彻能够当个平安太子，顺利继位，他费心给太子安排能辅佐他的领路人，寡言敦厚的卫绾就在如此思维下脱颖而出。早在卫绾年轻时，因为力气大，且有高超的御车之术，当汉文帝还是代王时，他就护驾于左右，汉文帝即位后，他随汉文帝至京师，为郎官——君主的侍从之官，不久升中郎将。谨慎小心，为汉文帝信任。

而当汉景帝刘启还是太子时，他曾请汉文帝身边的一些官员到太子宫酒宴，当天，几乎所有受邀的都忙不迭地准时赴会，想想，这是未来皇帝的盛大聚会，受邀，就代表在未来的新朝有了准入场券，当然要提早巴结，大家热烈赴会。唯一称病没有出席的就是卫绾。其实卫绾没病，但他心里清楚，老皇帝还在，你心急火燎地去太子宫喝酒，不是让老皇帝有了不老实的印象吗？哦，是不是觉得我不久于人世了？忙着找新靠山？要见风转舵了？其实，参加太子酒宴，这是非常危险的政治活动，工于心计的卫绾不会不懂，他谨慎，选择缺席。后话是，结果赴会的太子没印象，没去的倒是印象深刻。

汉景帝登基后，故意冷落卫绾，侧面观察依旧勤勉工作、任劳任怨的他。一天，汉景帝外出打猎，细雨轻飞，汉景帝竟让卫绾上了御车，当了个参乘——就是陪皇上坐车的。汉景帝开口就问，那天我请客，你为何没来？聪明的两个人很清楚政治潜规则，卫绾当然坚持当初的理由回答："请皇上原谅，那天我确实病了！"这是最高效忠的讯号，汉景帝明白。

卫绾临下车时，汉景帝意犹未尽地说："我赏你一把剑！"卫绾回答："这太珍贵了，我不敢要！先皇赏给我六把，还奉置在家里呢！"汉景帝不相信，他笑笑地说："爱卿说笑了，一般人得了剑，不是佩戴着，就是互赠他人，你摆家里干嘛！"之后，他真的遣派使者去卫绾家查验，果然，六把崭新的剑，烁烁发亮，整齐地挂在墙壁上。汉景帝清楚这是安安静静的卫绾的智慧——装傻充愣，但是又善于表达心迹。

刚愎自用者太重，用不动；逆来顺受者太轻，坐不稳；只有刚柔并济的人，分量正好，最为得力。卫绾，让机关重重的汉景帝，放心地把小太子刘彻交给了他。

太子，像是宝石，但易碎。太子，高贵的称谓与储君地位，立在权力的风口浪尖——未来的皇位接班人，却无一兵一卒的国家兵力来护卫自己，顶多有太子宫的仆役，这是高风险的位置，有人来选边靠，但也有竞争者随时扑来足以翻船的暗潮，而落海时，往往粉身碎骨。像是前一任太子刘荣，在母亲栗姬被诛后，他以废太子身份被贬为临江王，最后，再以一些罪名，被迫自杀。

汉景帝再跟着出手清除“废太子党”，为新太子清除障碍，汉景帝费尽心力为刘彻铺平登基大道。

聪明的刘彻，除了天资，一定从老谋深算的卫绾身上，学得领导统御和潜智慧。如今，十六岁的他正式坐上皇位，挽起袖子，他要大刀阔斧了。

董仲舒的政策论述是菲力牛排正餐，东方朔的则是甜品

卫绾，太老了，又是黄老政治——无为而治的信仰者。汉武帝以赵绾、王臧为主开始建元新政。

第一年，建元元年，汉武帝下诏举才。所谓“建元”寓有创始之意，表明武帝就位初始即有锐意变革之壮志。汉武帝要求丞相、御史、列侯、中二千石、二千石诸侯相这些大咖，举贤良方正直言敢谏之士。根据《东方朔传》记录：“武帝初即位，征天下举方正贤良文学之士，待以不次方位。四方士多上书言得失。冬十月，诏举贤良方正直言极谏之士，上亲策问以古今治道，对者百余人。”汉武帝亲自提问，考生回答，这个过程称之“对策”，一连三次提问即是“策问”。简单地说，汉武帝亲自“策问”了百来人。

这次，董仲舒“举首”，就是得了第一名。

三十九岁的董仲舒，长了汉武帝二十三岁，在面试时，很清

楚要激起年轻皇帝的兴趣，一定要有“亮点”，才能引起兴趣，而兴趣是最好的老师。

董仲舒在景帝朝时已经任职“博士”——这是一种职官——就是皇上的学术顾问。董仲舒是儒学博士，而景帝的国策是黄老之学。所以董博士平常没事，就是埋首读书作研究。国家配给他的宿舍有座姹紫嫣红的花园，可是他整天在书房钻研儒学，所以花园里春桃盛放，夏柳生姿，秋菊绽开，冬梅暗香，董仲舒三年都无暇观赏花园中的景致，任它寒来暑往，都没有踏入花园一步，因此别人誉他“三年不窥园”。成语“目不窥园”即是得自这里，用以比喻埋头钻研，不为外事分心。形容专心致志，埋头苦读。

面对汉武帝的提问，已经准备三年的董仲舒，说“新王要有新制”，先从外在的仪式开始：“改正朔”：将正月初一当是一年之首（以前都是冬至跨年）；“易服色”，以黄色为尊色，过去夏朝尚黑，商朝尚白，周朝尚赤，秦朝尚黑，大汉以象征中道的黄色标志新王朝。

接着是国家要高度地“中央集权”，过去景帝朝有“七国之乱”，那是因为地方诸侯权势过大，才会发生的枝强干弱情况，导致大汉王朝面对北方匈奴只能和亲苟安。董仲舒引述《春秋》的“大一统者，天地之常经，古今之通谊也。”他把此国策称之“大一统”，这与汉武帝的政治理想一拍即合，他边听边抚掌。

第三点是“兴太学，举贤良”，“举贤良”这件事汉武帝正在做，董仲舒特别提出，除了有肯定的意思，也要求制度化，我觉得里面有些马屁文化，但是，他还是提出了执行方案：各大咖每两年“岁贡各二人”，如果举才不当，处罚推荐人。至于“兴太学”，就非常有创意了，所谓“太学”就是设立在京城的皇家最高中央学府，用意是培养人才。任何时候，人才都是稀缺资源，制度化、规模化，才能保证人才的长期供应。所以汉朝长安有了首创的太学，地方则有了庠序，“是故，南面而治天下，莫不以教化为大务，立太学以教于国，设庠序以化于邑”。洋洋洒洒鼎新革故地论述，汉武帝不禁粲然。

至于东方朔呢？汉武帝花了两个月读毕九十公斤的竹简，然后呢？如果说董仲舒的政策论述是菲力牛排正餐，东方朔的自传文像是餐后甜点，里面没谈治国，尽是自我标榜，从头到尾，没有经纶之言。当然，二十二岁没有职场经验的东方先生，跟已经任职三年三十九岁的董博士比较，他要脱颖而出，困难度相对是高的，他端出精致甜品与牛排正餐做市场区分，这是聪明的。

结果，东方朔获得了待诏“公交车署”——这不是今天的大众运输公共汽车公司，而是汉武帝创设的新机构，为接待一般应试学士的馆驿。就是说，储备干部东方先生，在“公交车署”衙门里任职闲差，等待皇上的召见与进一步任用。面对如此一个低阶顾问，待遇又差，平常也难得见到汉武帝，东方朔当然有其他妙招接近皇上，他的第二阶段伺机而动。

在易经有一卦《谦》，说的是“屈躬下物，先人后己”的道理，指示人处“谦”之道，并且通过“谦虚”获得吉善的义理。在《易经》六十四卦中，除了《谦》卦，没有全部是吉或是凶的，《谦》卦是唯一六爻全都吉！可见自古以来，对谦虚这一美德的重视。在《谦》的理解中，看到东方朔，他满腹经纶但是治国安邦之言却不多；他放浪形骸，又疾恶如仇；汉武帝对他百依百顺，群臣眼中他又无举足轻重。在汉武帝朝中，许多大臣与将军，还有包含皇后在内，他们被戮、被迫自杀、被谪、被刑，而东方朔七十岁寿终正寝。谦，不是卑下，不是低调，不是装笨，而是智慧地以弓腰姿态展现自己的巨大。

从《易经·谦卦》看二十二岁的东方朔，如何伴君如伴虎

乾

艮

上六　鸣谦，利用行师，征邑国。

六五　不富以其邻，利用侵伐，无不利。

六四　无不利，㧑谦。

九三　劳谦，君子有终，吉。

六二　鸣谦，贞吉。

初六　谦谦君子，用涉大川，吉。

《谦》卦，上卦坤地，下卦艮山，卦象就是高山潜低在地底之下，内心知道抑制，外表柔顺，喻示“谦虚”的精神，地中有山，山体高大，但在地下，高能低，下谦之象。山本高大，但处于地下，高大显示不出来，此在人则像德行很高，但能自觉地不显扬。全卦阐明“卑下之中，蕴其崇高”的道理，也盛赞“谦虚的美德”。

东方朔有狂狷不恭的一面，此个性恰与传统的“谦虚”定义相左，以他当是《谦》卦的代言人，似乎是负面教材。可是，《谦》卦之所以成型，一定要是高山，东方朔是峥嵘的高山！汉武帝在位五十四年，他成就了一个新的历史高度，也是争议性十足的帝王，伴君如伴虎，朝堂危机四伏。古代对隐士分了三级，曰：“小隐隐于野，中隐隐于市，大隐隐于朝”，东方朔被人们称之为“大隐”、“智圣”，他优游于汉武帝朝廷地底下，我们用《谦》卦印证他的一生。不是伟大的一生，不是光辉的一生，不是灿烂的一生，却是成功的一生。其实，面对《谦》卦，小隐、中隐、大隐三种不同形态，所展现的姿态也就不同，我们就来欣赏最高等级的大隐代表——东方朔吧！

长安索米，不是争取高官厚禄，而是举重若轻地展现聪明才智

第一爻·初六　谦谦君子，用涉大川，吉。

以六处初，以柔处《谦》之始，在艮体的最下位置，处卑下之至，乃谦之又谦，故曰“谦谦”，君子有至谦之德，凡事不居德，不伐功。以此涉难行险，可获吉祥。

为了让汉武帝尽快召见自己，东方朔决定找“弼马温”当临时演员，所谓弼马温就是宫中养马的小吏，这个官衔，读过《西游记》的一定有印象，当齐天大圣孙

悟空大闹天宫时，玉皇上帝给他了个小差弼马温，安抚孙悟空。而汉朝帮皇上养马的弼马温都是侏儒。

东方朔故意吓唬他们说："皇帝说你们这些人既不能种田，又不能打仗，更没有治国安邦的才华，对国家毫无益处，因此打算杀掉你们。你们还不赶快去向皇帝求情！"侏儒们大为惶恐，吓得号啕大哭，求他出手相助。东方朔沉吟了一下说："假如，皇上路过这里，你们就跪下来求饶，或许会有点作用。"

没几天，汉武帝从这儿路过，侏儒们果真跪了整地，大声哭着向汉武帝求饶。汉武帝莫名其妙，问明原委，即招来东方朔责问。东方朔终于创造了一个直接面对皇帝的机会。他理直气壮地说："我是不得已才这样做的。侏儒身高不过三尺，我高九尺，所挣俸禄却一样多，一袋白米和二百四十钱。他们吃得肚皮都要撑破，而我却饿得前胸贴后背。圣上如果觉得我的口才还有用，就让臣吃饱饭，如果不愿意重用我，就干脆放我回家，我不愿再白白耗费京城的白米。"东方朔诙谐风趣的语言，逗得汉武帝捧腹大笑，遂任命他侍诏"金马门"。所谓金马门，宦者署门也，门傍有铜马，故谓之曰"金马门"。不久东方朔被擢为侍郎，侍从皇上左右。

这就是著名的"长安索米"的故事。东方朔高调地见了皇上，却低调地仅仅索取米饭，不是争取高官厚禄，这是东方朔的高明之处，他先把自己立成一座山，至于是小山还是高山，再由日后与皇上共事时再显露出来。《谦》卦，上坤下艮，上地下山，你一定要是一座"山"，才会成卦。当你是一座被认同的高山，低调，潜入地底下，才是六爻皆吉的《谦》卦。所以不管是心诚的“真谦”，还是像东方朔的“人造谦”，皆吉！

皇帝毕竟还是年轻，仍有贪玩习性，一天，他在宫里玩，他把一只小动物放在盆下让大臣猜是何物？大家都猜不准，善于占卜的东方朔说：“臣曾经学习过《易经》，请允许我占卜一下吧！”汉武帝同意，东方朔答道：“说它是龙吧，它没有角；说它是蛇吧，却有脚；能跂跂脉脉地在墙壁上爬，这不是守宫（壁虎）就是蜥蜴！”“猜得好！”东方朔得了十匹绢帛。接着汉武帝再让他猜其他东西，结果连连皆中，得了一大堆赏赐。

汉武帝身旁的宠优郭舍人，是个戏子出身的侍从，有些不服气，把灵芝放在盂盆下让他猜，如猜出他甘愿受笞一百。东方朔说：“此乃薪薮也！”薪薮就是用头搬运东西时，垫在头顶的软架子。郭舍人乐翻了，他高举着灵芝：“猜错了！”东方朔倒是不受他兴奋涨红脸的影响，徐徐说道：“生的肉叫脍，干的肉叫脯；生在树上寄生的东西叫芝菌，如今垫在盂盆下，就只能叫做薪薮了。”汉武帝知道这是狡辩，不过实在精彩，汉武帝便不由分说判他获胜，叫人打郭舍人一百下。郭舍人趴在椅蹬上，屁股被打得哇哇直叫。

东方朔笑说：“咄！口无毛，声嗷嗷，尻益高。”口上没有毛，声音嗷嗷叫，屁股翘得半天高。郭舍人是太监，不长胡须，被杖责一百，疼得乱叫，屁股也肿起来，听见东方朔这样嘲笑他，气坏了，怒道：“东方朔胆敢讥笑皇帝身旁的近臣，罪当弃市！”汉武帝问东方朔：“为何要侮辱他？”东方朔说：“臣并未笑他，只是与他作个谜语罢了！”武帝说：“这谜语的答案是怎么说的？”东方朔说：“那口上没有毛的，是狗洞，声音謷謷，是母乌在哺他的小乌，屁股翘得很高的，是仙鹤低头在啄食。”武帝笑道：“妙！妙！仙鹤啄食，不是要把屁股翘得很高吗？人家哪里是骂你呀？”

郭舍人吃了闷亏，当然不服气，说道：“我要再问他一个谜语，东方朔你如果猜不出也应受打。”接着他用谐音作一谜，郭舍人说的隐语很难猜。有的有声 无词，有的声音相同而音调有变化，模仿某种声音，想难倒东方朔：“令壶龃，老柏涂，伊优亚，狋吽牙。这是什么？”东方朔想了一会儿，以辩诈制辩诈，解释说：“令，就是命令。壶，是盛东西的器具；龃，是牙齿长得不整齐；老，是人们对他的敬重；柏，鬼神之庭府也；涂，是逐渐浸湿的路；伊优亚，是说话没想好词而发出的声音；狋吽牙，是两只狗在争斗的声音。”

就这样，只要是郭舍人所问的，东方朔都能随声对答，辩诈如刀锋四出，没办法难住他。汉武帝的左右侍者都大吃一惊，大臣们对东方朔的思路敏捷，幽默风趣都很惊讶，汉武帝也非常喜欢他，东方朔升官了，为常侍郎——就是要随时陪侍皇上的智囊官职。

第二爻 · 六二　鸣谦，贞吉。

鸣者，声名闻也。六二无应，当位而比乎九三。六二以柔居阴，得中，柔顺能谦退，得中则无过与不及。六二上比九三，柔得中正，谦居于中；而有求阳之意，而发于外。故曰“鸣谦，贞吉”：其谦之声名，由近而闻于远，长久固守于柔顺中正之德，则吉！

汉武帝活力四射，以儒学锐力改革。他虽年轻，可是颇有战略眼光，从大汉建国以来已有六十年，这些年来，面对北方让汉朝吃尽苦头的匈奴，都是以和亲低姿态的国策当是唯一选择。汉武帝有个梦想，他要与匈奴一决胜负。

建元二年，也就是登基的第二年，十七岁的汉武帝从匈奴俘虏口中意外得知强大的匈奴有个天敌——月氏，氏的读音是知。他决定要派人出使这个陌生的国家，联合月氏共同抗战匈奴。

背景是这样的：匈奴首领头曼单于因为宠爱幼子想改立其为太子，决定将原太子冒顿废掉，冒顿的读音是默毒。头曼单于使出毒计，派冒顿去当月氏的人质——示信于邦交国。不料头曼单于出兵偷袭月氏，如意算盘是，月氏一定会愤而杀掉冒顿。结果命不该绝的冒顿，偷得一匹快马乘隙逃回匈奴。故事最后是月氏被激怒了，头曼单于则被儿子冒顿杀了。

弑父的冒顿单于，率领匈奴精锐，灭掉东胡，打败月氏，快速强大起来。他的继任者老上单于继续征讨月氏，不仅杀了月氏国王，还用他的头颅当作酒杯——这个仇恨就深了。月氏对匈奴恨之入骨，可是实力有限，势单力薄，只能逃离他乡，到了西域。

充满勃勃雄心的年轻皇帝汉武帝又要征才了，这次的任务是前去一个没人去过的西域，月氏远在天边，地理位置不明。过程之中将充满风险，危机四伏。汉武帝需要一位勇敢、有才智，又能代表大汉王朝形象的人来完成这项任务。可是眼前在宫里挑选，显然不够，这趟出行不是游山玩水，他要昭告全国征才。

有一位来自汉中郡城固县的年轻人，他看到生命的转机，他从家乡来长安已有几年，当时家乡父老集资捐了“郎”这个官，在殿廷担任侍从，工作普通，算是个铁饭碗，可是冒险的野性在他看到招聘启事后快速滋长，燕雀安知鸿鹄之志。这个人就是张骞！当年二十六岁。后话是，他的西行，开辟了千古传诵的丝绸之路，司马迁誉他“凿空西域”。

年轻的皇帝，政治作为处处有亮点，大汉王朝也变得朝气勃勃。可是，面对他的锐意改革，有板有眼的建元新政，有一群保守的老臣害怕了，一些既得利益者要反扑了。

汉武帝他的背后有位“太皇太后”，她是汉文帝的皇后，汉景帝的皇太后，自然成了汉武帝的太皇太后。这位窦太皇太后信奉黄老之学。早在汉景帝时期，景帝和窦姓宗族不得不读《老子》，并推尊其学说，因此她在世时“故诸博士具官待问，未有进者”，就是说朝廷内的儒学博士们，统统没有机会上朝提供意见，这也就说明了董仲舒为何“三年不窥园”了。

景帝时，一次，她曾召博士辕固生问他《老子》是怎样的一部书，辕固生不识时务，猝然答道：“这不过是部平常人家读的书，没什么道理。”窦太后大怒道：“难道一定要司空城旦书吗？”话中讥讽儒教苛刻严法，比诸司空狱官，城旦刑法。辕固生一听，想转身就走，不料被窦太后喝住，要他到猪圈里去与山猪搏斗。当时还是太子的小刘彻见辕固生为一文弱书生，恐不敌山猪，就投进一把匕首，才让辕固生把山猪刺死。由此故事得知，这位窦太皇太后可不是贤淑婉约之辈。

当时御史大夫（副宰相）赵绾和郎中令王臧，迎鲁耆儒申公来朝，并建议仿古制，设明堂辟雍，改历易服，行巡狩封禅等礼仪，还建议今后政事“可不必事事请命东宫”，东宫就是窦太皇太后的寝宫啊！这下子要引爆火药库了 。太皇太后听罢，怒不可遏，她命武帝下令革去赵绾、王臧官职，不久双双死于狱中。整顿！废除！本来睁一眼闭一眼，老祖母在没看好新政的心思下，想想，年轻人，建功立业心切，由着他吧！

建元新政失败了，汉武帝要沉潜了。

建元三年，面对老祖母所领衔的老臣，汉武帝清楚目前老树根深，难撼动。刚满十八岁的他突然命令大规模扩建“上林苑”——皇家猎场，这是秦始皇当年阿房宫的位置，后来毁于项羽的一把火，到了刘邦建国后，将此地开放，成了农民的耕地。他知道必须有一些荒唐举动，让老祖母以为他不在意国事，他假称自己是“平阳侯”，常常率领一些精悍的骑从，沿途打猎，践踏庄稼，惊扰百姓，引发怨声。结果有人一状告到县令处，县令得报后要去瞧瞧这是何方少爷来此撒野，当然遭到拦阻，县令动用武力扣留了几名随从，随从只得出示是宫中人士，暴露了平阳侯的身份。县令大惊，速速放人。

他必须麻醉老祖母和母亲王太后，少年轻狂，他不再费心国家大事，他现在乐在冶游打猎。所以，他打算迁徙苑内的农民，扩建上林苑。

一向玩世不恭的东方朔却在此时，义正辞严向汉武帝提出“三不可”：

> 上乏国家之用，下夺农桑之业，不可一也。
>
> 坏民厮墓，发民庐舍，令幼小怀土而思，耆老流泪而悲，不可二也。
>
> 驰骑逐东西，车辇驾南北，有泱沟大渠险阻之危，不可三也。

东方朔说明，国家短缺税收，农民失去土地；毁坏了百姓的祖坟、住宅，让老百姓悲痛；车骑东奔西跑，皇上一旦车祸，后果难料。昔殷纣王建九市而诸侯叛乱，楚灵王造章华台而楚民离心，秦始皇修阿房宫而天下大乱。前事之鉴，不可不察。

汉武帝听完后，连连称是，擢升东方朔为太中大夫，赏赐黄金百金。但是上林苑照样扩建。这对君臣，我以为是唱了段双簧给老祖母看，东方朔一板一眼地上奏，汉武帝理会他的忠诚，但是，“荒于嬉”还是权力中空的现状下，不得不为的障眼法。反正窦太皇太后已经六十七岁了，等呗！

以贬低自己来垫高神兽现身的难得，以鼓励汉武帝坚持对匈奴的征战

第三爻·九三　劳谦，君子有终，吉。

九三以刚居阳，得正，尊为卦主，以一阳而应五阴，承上接下，乃上为君所任，下为众所从，犹如勤奋匪懈、守谦不骄之君子，朝勤夕惕，持恒以终。有功劳而能谦，难能可贵，要知道，谦非难事，有功而不伐，劳而能谦则难矣。九三最得"谦道"的卦义，故曰"君子有终"，得吉。

汉武帝登基后，便封了陈阿娇为皇后，可是陈皇后在后宫骄纵、霸道，汉武帝虽年轻，可是，大男人主义可没少，加上他有大志，个性张扬，对于这位名门闺秀陈皇后，汉武帝就极度隐忍吧，把她晾在后宫摆着。

建元二年，登基的第二年，一次，汉武帝外出灞上参加除灾求福的礼仪后，顺路到了姐姐平阳长公主家中用餐，宴中有十多名年轻貌美的歌妓献艺，汉武帝一眼就看上了卫子夫，当天，卫子夫伺候汉武帝更衣时，被临幸了。平阳长公主见机行事，奏请将卫子夫送入宫中，汉武帝幸得美女，十分高兴，当场赏赐黄金千金给平阳长公主。汉武帝也一起将卫子夫的弟弟卫青带入宫，这段故事在说霍去病一文已经叙述，不再补述。

根据《汉书》记载，卫子夫入宫一年多，汉武帝没有再宠幸她。后来武帝安排一部分宫人出宫，卫子夫得以再次见到武帝，涕泣请出。汉武帝猛然想起那天对她十分怜爱，再次宠幸了她。卫子夫于是怀孕了，也受到

尊宠。陈皇后的母亲刘嫖听闻她受到宠幸，便派人抓住卫青幽禁。卫青幸有公孙敖与壮士们解救，才得以不死。汉武帝听闻后，召卫青为建章监、侍中，得到的赏赐数日间累积至千金。公孙敖也由此益贵，而卫子夫被封为夫人，后宫地位仅次于皇后。后话是，陈皇后最终被废，卫皇后取而代之。

“望见葳蕤举翠华，试开金屋扫庭花。须臾宫女传来信，言幸平阳公主家。”这是唐朝大诗人刘禹锡笔下的七绝诗《阿娇怨》。短短四句小诗讲述了汉武帝刘彻的第一任皇后陈阿娇，从万千宠爱到长门宫冷的非常人生。当然，陈皇后因骄纵、轻狂到被废，这是有迹可循的，结局也是合理的。另一方面，这也与汉武帝因为老祖母“重整霞冠握重权”的新时局有关，他以儿女情长，和后宫纷争来表态他的“内患中，不上进”。

建元六年，窦太皇太后去世了，汉武帝又夺回政权。他抖擞精神，把眼光放在北方的匈奴。接着是卫青与霍去病，这两位舅甥二人组，横空而出的英雄大破强敌匈奴，内容已在霍去病一章中详文介绍了。

但是，元光六年，前一二八年，发生一件与东方朔有关的事：在一个有冬阳的日子，汉武帝亲自到雍郊祭拜五帝祠，忽然发现有一只神兽，全身白毛，头上只有一只角，样子像麋鹿，却有五只蹄子，这是何神物？缘何而来？有人猜这是麒麟吗？汉武帝传旨东方朔赶快前来瞧瞧。

东方朔非常聪明，博学多才。在后世的各种记载中，东方朔的事迹常被神化，将其描绘成暂居人间的神仙。李白也说他：“世人不识东方朔，大隐金门是谪仙”。民间传言东方朔就是天上土星神下凡。同时因其“滑稽多智”，被尊为相声业的祖师爷。

东方朔看过神兽后说：“臣知之，愿赐美酒粱饭大飧臣，臣乃言。”我知道它是什么，但是，皇上您一定要赐我美酒佳肴，让我我饱餐一顿后才说。汉武帝同意，东方朔酒喝了，饭吃了，并没立刻回答，反而又对着汉武帝说：“某所有公田鱼池蒲苇数顷，陛下以赐臣，臣朔乃言。”有一个地方，有公田、鱼塘、蒲苇，共几顷大，请陛下把这个地方赏给我，我就回答您的问题。”汉武帝急了，什么都答应他。东方朔不疾不徐：“驺牙！它叫驺牙！它的牙齿大小前后完全相同，排列得像驺骑一样整齐，所以叫做驺牙！”东方朔又接着说：“如果远方有人前来归降大汉，驺牙就会提前出现。”驺牙又名驺虞，在台南孔庙的大成门屋檐四隅，饰有此兽，它是一种义兽，不食生物，象征“至信至德”。

一年后，匈奴混邪王果然率领十万众来降汉。汉武帝乃复赐东方朔许多钱财。

对皇上的情伤表示关心，对皇上的自夸自满也能聪明地泼泼冷水

第四爻·六四　无不利，㧑谦。

“㧑”，读音辉，有挥的意思，㧑谦就是发挥谦德，也就是在视、听、言、动中都表现出谦德来。四是多惧之地，本该是不利的，但是为何能够无不利呢？就是因为发挥谦德，“无不利，㧑谦”，就是因为在谦德呈现时，所表现出来的视、听、言、动都自然合时合宜，合乎中道，不会违背自然法则。

六四以柔居阴，得正，处坤体之下，可为谦矣。上承六五之君，则柔顺奉上；下接九三劳谦之臣，则谦以待下，以其处无所不利之时，能发挥其谦德，使上下皆得其宜也。

卫子夫在元朔元年，生下汉武帝的长子刘据，被立为皇后。之后，卫子夫逐渐年长色衰，其实应该是“美学疲乏”吧，她失去汉武帝欢宠。后续受到汉武帝的宠幸的是王夫人。可是，元狩六年，王夫人病死。

汉武帝后宫佳丽虽多，但自从王夫人死后，却没有一个得到武帝专宠的。我们再来介绍一位先后拥有成语“倾国倾城”、“绝世佳人”、“姗姗来迟”的大美女吧！

宫廷首席乐师李延年精通音律，颇得汉武帝欢心，他所做的曲子凡听到者都会莫名感动。李延年有一个妹妹，是个歌女，生得姿容秀媚，体态轻盈。李延年想把她进献给汉武帝为妃。但因为自己出身微贱，不便自言，于是请求平阳长公主代为荐引。

一天，汉武帝在宫中置酒，平阳长公主也在座，李延年侍宴。待到酒酣，李延年起舞，唱自做的一首新歌，

其歌曰："北方有佳人，绝世而独立。一顾倾人城，再顾倾人国。宁不知倾城与倾国，佳人难再得。"听到李延年的歌词，触动了汉武帝掩藏已久的心事，不禁叹息说："世间哪有你所唱的那种佳人？"平阳长公主在一边揣摩得知李延年歌中的寓意，于是趁势说："陛下有所不知，延年的小妹，就是一位倾国倾城的绝世佳人。"爱的故事就此展开。

可是月有阴晴圆缺，李夫人入宫只短短几年，却不幸身染重病，红颜薄命，李夫人就此陨落。汉武帝是历史上有名的诗人，他写下《李夫人赋》哀悼："……惨郁郁其芜秽兮，隐处幽而怀伤……"

汉武帝思念李夫人之情日夕递增。体贴的东方朔遂献上一枝"怀梦草"，使武帝能在梦中和李夫人相遇。这种神草似蒲，色红，昼缩入地，夜则出。汉武帝把他收藏怀中，期待梦中与李夫人相遇。后话，《红楼梦》第八十九回："想象更无怀梦草，添衣还见翠云裘。脉脉使人愁！"说的即是东方朔所献的怀梦草。

汉武帝游昆明池思念早逝的李夫人，本为散闷解颐，谁知反添了许多新愁。回延凉室中休息，睡眼之间，忽见一人袅袅走进，原来竟是李夫人。她手携一物，赠与武帝，并说："这是蘅芜香。"武帝惊觉醒来，回忆刚才的梦境，历历如在眼前。又闻到一阵香气，芬芳经久不息。他记起李夫人梦中所赠的香，到处摸索却找不到。但是枕席衣襟，却不知怎么沾染了香气，因此改延凉室名为"遗芳梦室"。当然，东方朔又得到皇上的赏赐。

武帝怀思转切，招来一个方士，让他在宫中设坛招魂，好能与李夫人再见一面。于是在晚上点灯烛，请武帝在帐帷里观望，摇晃烛影中，隐约的身影翩然而至，却又徐徐远去。武帝痴痴看着那个仿如李夫人的身影，凄然写下《李夫人歌》:“是邪？非邪？立而望之，偏何姗姗其来迟。”成语姗姗来迟即是出自此处。

后话，汉武帝驾崩后，由于第一任皇后陈阿娇被废，第二任皇后卫子夫因巫蛊案自缢，第三任皇后候选人汉昭帝的生母赵婕妤也已被汉武帝杀害，一时竟无皇后合葬配飨。大臣霍光便揣度汉武帝生前的爱情指数，为他宠爱的李夫人追上尊号为孝武皇后，配祀汉武帝。

汉武帝受情伤，当然不是就此一蹶不振。一次，他在朝廷之上，问东方朔:“先生以为朕是一位什么样的君主呢？”东方朔回答说:“圣上功德，超过三皇五帝，要不众多贤人怎么都辅佐陛下？”他转手一指身后的大臣们，一一点名:“譬如周公旦、邵公奭都来做丞相、孔丘来做御史大夫、姜子牙来做大将军、毕公高拾遗于后、弁严子为卫尉、皋陶为大理寺卿、后稷为司农、伊尹为少府、子贡为外交部部长、颜回和闵损为博士、子夏为太常、益为右扶风、子路为执金吾……”东方朔一口气列名了古代三十二个治世能臣，绘声绘影地将他们都说成了汉武帝的大臣。

东方朔语带讽刺，但又装出一副滑稽，使汉武帝欲恨不能，转念之间，继而大笑，笑恨之余，这些话语让汉武帝他自觉到自己不如圣王。本来好大喜功，也喜欢臣下歌功颂德的汉武帝，明白了谦虚而务实的道理，至此收敛不少。

第五爻·六五　不富以其邻，利用侵伐，无不利。

在《易经》中，常常以阳实为富，阴虚为不富，六五之邻皆阴虚不富者。六五阴柔得中，尊居君位，然柔和谦逊，有天下而不据有之。显得谦柔有余，威武不足。为君之道，不可专尚谦柔，需与威武相济。所以，若仍有骄横不顺者，则利以征伐之，使天下尽归于谦道，此吊民伐罪之事，故无所不利。

汉武帝的姑妈刘嫖，馆陶大长公主，亦叫窦太主，其夫堂邑侯陈午去世后，守寡多年，已五十多岁。一个卖珠宝的女子经常到她家去，此珠宝女商总带个十三岁的儿子董偃随同。董偃长得很漂亮，窦太主就把他留在身旁，教他御射术数。到了十八岁，他已是个仪表堂堂的英俊少年。他与窦太主出则执辔，入则侍侧，关系非同一般，整个京师都知道他与窦太主的关系，称他董君。

一天，汉武帝到窦太主家做客，这位姑妈激动万分，亲自下厨做菜。刘彻坐定后对姑妈说："希望见见你的主人翁。"窦太主就把董偃引了出来。只见董偃头戴绿帽子，手套皮筒子，跟在大长公主的后面，对武帝说："臣董偃，公主家的庖人，冒死叩拜皇上万岁！"武帝见他长得很美貌，也很喜欢，赏赐他很多东西，并喊他"主人翁"。算是默认这对老妻少夫配的不伦关系，至此，说三道四的杂音也就少了。

有了这层认证关系，董偃经常与汉武帝斗鸡走狗，游猎踢球。由于他与汉武帝关系日趋亲热，董偃名声大噪，京城王公贵戚没有一个不认识他的。

一天，武帝在宣室设酒宴款待窦太主和董偃。当他们要进入宣室时，东方朔执戟上前阻拦，对汉武帝说："董偃有三个罪名可杀：他以人臣的名义，私侍公主，这是第一条死罪；败坏男女风化，搞乱婚姻礼制，有伤先王的制度，这是罪二；陛下正当壮盛之年，须积思放六经，留心于王事，追慕唐虞的政治，仰敬三代的教化，而董偃却不知依经书劝学，反而以靡丽为重，奢侈为称，尽狗马之乐，极耳目之欲，行邪枉之道，径淫辟之路，这是国家之大贼，社会之大害，这是他第三条死罪。"

汉武帝听后，默不作声，过一会说："我已经摆好酒宴，下次再改吧！"东方朔说："宫室是先帝处理国家大事的地方，跟国事无关的人，不能进去。"

接着东方朔又举出竖貂、易牙、庆父等人谄媚作乱的历史教训，这才迫使汉武帝下令把酒席改设在北宫，让董偃从未央宫东门内的一个杂工出入的侧门进来，此门即是"东司马门"，后来因此改称"东交门"。汉武帝感谢东方朔的诤言，赏赐了黄金三十金。后话是，从此，董偃逐渐失去了宠爱，三十岁就去世了。过了几年，窦太主也去世，董偃与她一起合葬在霸陵。

说到赏赐，一定要提到东方朔的婚姻观。这一点他大大地异于常人，根据《史记》记载："娶少妇于长安中好女，率取妇一岁所者即弃去，更娶妇。所赐钱财，尽索之于女子。"简单地说，这位东方朔娶妻有三条原则：一是专娶长安女子，二是专娶小美女，三是一年一换。而皇上赏给他的钱财丝帛，东方朔全部用来打发旧美女，迎娶新美女。

三伏天的一个祭祀之日，汉武帝赏赐肉食给身边的官员和侍从。主管分肉的大官丞迟迟不来，大家等得直流口水，不耐烦的东方朔对大家说："按照我朝先例，三伏大热天上朝可以早退，我这就接受武帝的赏赐。"于是拔剑割了一块肉，扬长而去。当然，有人跟皇上告了状。

第二天，汉武帝厉声斥责，东方朔立刻摘下帽子，俯伏在地，听候处置。看他今天这么听话，汉武帝童心大起，要他自责："你要是真心改过，就当着大家骂自己一顿，嗓门大一点！"东方朔拜谢了汉武帝，说："东方朔啊，你接受赏赐不等分赏，擅自拿走赐品，多么无礼啊！你拔剑割肉，多么豪壮啊！那么多肉，你只割了一小块，多么廉洁啊！一口没吃，全部带回送给妻子，又是多么仁爱啊！"汉武帝听了笑道："我让你自责，你反倒夸奖起自己来了！"说罢，又赏赐给东方朔一石酒，一百斤肉，要他带回去送给他的妻子。

第六爻 · 上六 鸣谦，利用行师，征邑国。

行师，就是动用武力；征邑国，就是自治其内部区域，有“克己”的意思。上六以柔处坤体之上，又处《谦》卦之极，有谦极而名声远闻之象，故利于行师讨逆，以刚武征伐不顺服之封邑小国——自治其邑国——而非征讨他人。面对“行师，征邑国”，上六凭借谦虚的声名使得四方群起响应，万民慕德，用箪食壶浆迎接他。即使是征战，也会兵不血刃，用德义使万民归化，这样做，还有什么不吉利的呢？

在学者聚集的辩论会上，许多人对东方朔大大地不以为然，当面对他质询：“苏秦、张仪辩才无碍，只要一见到万乘之主，就获得了卿相的高官，泽及后世。先生您深修先王之术，理解圣人之义，通晓诗书百家之言。著作于竹帛之上，自以为海内无双，即可谓博闻辩智矣。然而，您悉力尽忠陛下，旷日持久，也有数十年了，为何还是个侍郎官？是不是问题出在自己身上？”

东方朔答道：“你们怎么一点智慧都没有。彼一时也，此一时也，岂可同哉！”

“夫张仪、苏秦之时，周室大坏，诸侯不朝，力政争权，相禽以兵，并为十二国，未有雌雄，得士者强，失士者亡，故说听行通，身处尊位，泽及后世，子孙长荣。”那个苏秦、张仪年代，诸侯争霸，国家存亡都取决于人才。以人才当是兴亡的关键，当然，真正的人才就得宠了。你们只看到了国君不惜高官厚禄，礼贤下士，却没看到他们的私心，他们实在是别无选择。

“今非然也。圣帝在上，德流天下，诸侯宾服，威震四夷，连四海之外以为席，安于覆盂，天下平均，合为一家，动发举事，犹如运之掌中。贤与不肖，何以异哉？方今以天下之大，士民之众，竭精驰说，并进辐凑者，不可胜数。悉力慕义，困于衣食，或失门户。使张仪、苏秦与仆并生于今之世，曾不能得掌故，安敢望常侍侍郎乎！”到了今天，早就不是那个年代了。有圣君贤相治理万民，天下无事，百姓安和，能赶上如此太平岁月，就已经是莫大福分了，还要分出本领高低，有何必要？如果苏秦、张仪来到了今天，也一样没有办法施展，不得不把自己的才华隐藏起来。

东方朔又说：“《传》曰：天下无害菑，虽有圣人，无所施其才；上下和同，虽有贤者，无所立功。故曰时异则事异。虽然，安可以不务修身乎？”古人说得好，天下无灾无难，就算圣人，也没有施展才华的余地。君臣和睦相亲，就算大贤之士，也不能建立更大的功勋。话虽如此，可是今天的人也不能因此而懈怠，放松自己的修养。

“诗曰：鼓钟于宫，声闻于外。鹤鸣九皋，声闻于天。苟能修身，何患不荣！太公躬行仁义七十二年，逢文王，得行其说，封于齐，七百岁而不绝。此士之所以日夜孜孜，修学行道，不敢止也。”请看姜子牙，他从来都没有停止过修道，别人七十岁都已回家养老了，他却在八十岁时，得到了文王的器重，成就一番大事业，分封齐国，国脉长达有七百多年。

“今世之处士，时虽不用，崛然独立，决然独处，上观许由，下察接舆，策同范蠡，忠合子胥，天下和平，与义相扶，寡偶少徒，固其常也。子何疑于余哉！”如今，在朝廷之外，仍有许由（尧当年想把天下禅让给他，而他却躲藏到山里）一样坚持信念的高士，有接舆（楚国隐士，佯狂避世，曾劝孔子回头）一样澹泊名利的廉士，也有像范蠡一样明察秋毫的智者，有伍子胥一样心怀至诚的义士。相比之下，我又算得了什么？

东方朔说完，学者皆默然。

虽然志节高尚，但他面对皇上的赐饭，没啥规矩，就当着皇上的面，狼吞虎咽，跟别人毕恭毕敬，诚惶诚恐的态度，完全不同。“饭已尽，怀其余肉持去，衣尽污。”吃不完的，用衣服打包，油污肉渍都没在怕。如果皇上赏赐绢帛，他也不客气全部照收“檐揭而去”。

朝臣们无法理解东方朔，大家认同他聪明过人，却也以为他狂妄不恭。一次在殿中，有位好奇的侍从当面说：“人皆以先生为狂。”东方朔回道：“如朔等，所谓避世于朝廷间者也。古之人，乃避世于深山中。”说我狂有道理！因为我从没有把朝廷当朝廷，反而看作了隐逸修行的好场所。古人隐居都在深山，我没那么挑剔，哪里都好。东方朔当时坐席中，酒酣，据地，唱歌：

陆沉于俗，避世金马门。
宫殿中可以避世全身，

何必深山之中，蒿庐之下。

沉溺在世俗的海洋里，隐居在皇帝的宫殿中，也能守住纯洁的心，不被世俗沾染，我又何必非要去深山丛林之中，隐居在鄙陋的草庐里。